食品生产许可技术审查指导手册(2022)

山东省食品药品检验研究院 编

山东大学出版社
SHANDONG UNIVERSITY PRESS
·济南·

图书在版编目(CIP)数据

食品生产许可技术审查指导手册.2022/山东省食品药品检验研究院编.—济南:山东大学出版社,2023.6

ISBN 978-7-5607-7829-7

Ⅰ.①食… Ⅱ.①山… Ⅲ.①食品企业—生产管理—生产许可证—中国—手册 Ⅳ.①F426.82-62

中国国家版本馆 CIP 数据核字(2023)第 070400 号

责任编辑 宋亚卿
封面设计 张 荔

食品生产许可技术审查指导手册(2022)
SHIPIN SHENGCHAN XUKE JISHU SHENCHA ZHIDAO SHOUCE(2022)

出版发行 山东大学出版社
社　　址 山东省济南市山大南路 20 号
邮政编码 250100
发行热线 (0531)88363008
经　　销 新华书店
印　　刷 济南巨丰印刷有限公司
规　　格 787 毫米×1092 毫米 1/32
　　　　 12 印张 333 千字
版　　次 2023 年 6 月第 1 版
印　　次 2023 年 6 月第 1 次印刷
定　　价 58.00 元

各级党委和政府及有关部门要全面做好食品安全工作，坚持最严谨的标准、最严格的监管、最严厉的处罚、最严肃的问责，增强食品安全监管统一性和专业性，切实提高食品安全监管水平和能力。要加强食品安全依法治理，加强基层基础工作，建设职业化检查员队伍，提高餐饮业质量安全水平，加强从“农田到餐桌”全过程食品安全工作，严防、严管、严控食品安全风险，保证广大人民群众吃得放心、安心。

——习近平总书记对食品安全工作的指示（2017年1月）

《食品生产许可技术审查指导手册(2022)》编委会

前　言

民以食为天，食以安为先。食品安全是人民群众最关心，也是与民生关系最密切、最紧要的问题。关注并保证公众的食品安全，是一个社会文明进步的重要标志之一。确保食品安全，让人民群众吃上放心食品，是构建和谐社会、实现以人为本的重要体现。

我国在认识和应对食品安全领域挑战方面已经取得了长足进步。但是食品安全形势依然严峻，在食品原料供给、生产环境、加工包装及销售等环节还存在很多问题，近年来连续出现的食品安全事件严重损害了人民的生命健康，造成了极其恶劣的社会影响，教训深刻。

党和政府十分重视食品安全工作，为规范食品、食品添加剂生产许可活动，加强食品生产监督管理，保障食品安全，陆续颁布实施了《中华人民共和国行政许可法》、《中华人民共和国食品安全法》及其实施条例、《食品生产许可管理办法》、《食品生产许可审查通则》等一系列与食品安全有关的法律法规、规范规章及标准。山东省作为食品生产大省，虽然近些年食品安全状况稳中向好，但面临的形势依然复杂严峻，尤其是食品行业产品种类繁多，食品生产经营者数量庞大，对相关食品工作人员的专业能力提出了更高要求。为此，山东省食品药品检验研究院组织有关专家编写了本手册，将食品法律法规对食品生产企业的通用要求与各产品的特定专业要求相结合，从产品属性、原料验收、生产工艺、执行标准和产品检验等多个维度明确了许可核查的重点和要求，以帮助相关工作人员更好地学习和使用。同时，本手册也可作为食品生产企业开展食品安全自查和培训的参考。

由于编者时间仓促、水平有限，书中难免存在不妥和疏漏之处，敬请读者批评指正。

本手册编写组

2022年12月

目　录

第一章

豆制品

一、产品概述

（一）产品定义

豆制品是指以大豆或杂豆为主要原料，经加工制成的食品。

（二）产品分类

按《食品安全国家标准　豆制品》(GB 2712—2014)的规定，豆制品包括发酵豆制品、非发酵豆制品和大豆蛋白类制品。豆制品生产许可食品类别、类别名称、品种明细详见表1-1。

表1-1　豆制品生产许可食品类别目录

食品类别	类别编号	类别名称	品种明细
豆制品	2501	豆制品	1.发酵豆制品：腐乳（红腐乳、酱腐乳、白腐乳、青腐乳）、豆豉、纳豆、豆汁、其他。 2.非发酵豆制品：豆浆、豆腐、豆腐泡、熏干、豆腐脑、豆腐干、腐竹、豆腐皮、其他。 3.其他豆制品：素肉、大豆组织蛋白、膨化豆制品、其他

主要豆制品分类和定义详见表1-2。

表 1-2　主要豆制品分类和定义

<table>
<tr><td colspan="5">发酵豆制品</td></tr>
<tr><td colspan="5">定义:以大豆或杂豆为原料,经发酵制成的豆制品</td></tr>
<tr><td>二级分类</td><td>定义</td><td>三级分类</td><td>定义</td><td>备注</td></tr>
<tr><td rowspan="4">腐乳</td><td rowspan="4">以大豆为主要原料,经加工磨浆、制坯、培菌、发酵而制成的调味、佐餐制品</td><td>红腐乳</td><td>在后期发酵汤料中,配以着色剂红曲酿制成的腐乳</td><td rowspan="4">SB/T 10170—2007《腐乳》</td></tr>
<tr><td>酱腐乳</td><td>在后期发酵过程中,以酱曲(大豆酱曲、蚕豆酱曲、面酱曲等)为主要辅料酿制而成的腐乳</td></tr>
<tr><td>白腐乳</td><td>在后期发酵过程中,不添加任何着色剂,汤料以黄酒、酒酿、白酒、食用酒精、香料为主酿制而成的腐乳。在酿制过程中添加不同的调味辅料,使其呈现不同的风味特色,包括糟方、油方、霉香、醉方、辣方等品种</td></tr>
<tr><td>青腐乳</td><td>在后期发酵过程中,以低度盐水为汤料酿制而成的腐乳。具有特有的气味,表面呈青色</td></tr>
</table>

续表

二级分类	定义	三级分类	定义	备注
豆豉	以大豆为原料，经蒸煮后利用霉菌或细菌进行发酵，达到一定程度时，利用加盐、加酒、干燥等方法，延缓发酵过程而制成的产品	按加工原料不同分为黑豆豉和黄豆豉； 按口味不同分为咸豆豉和淡豆豉		SB/T 10686—2012《大豆食品工业术语》
纳豆	以大豆为原料，经蒸煮后接种纯种纳豆芽孢杆菌(纳豆菌)发酵而成的产品	—		SB/T 10528—2009《纳豆》
豆汁	以绿豆为原料，经浸泡、磨浆、沉淀、粉浆分离和熬制等一系列工艺得到的一种以酸味为主、掺杂着些许臭味的糊状流体食品	—		国家十二五科技支撑计划项目“豆汁的加工工艺研究”(论文作者卢晓丹、张敏)
天培	以大豆为原料，经脱壳、浸泡，再经接种根霉菌，经短时间发酵而成的产品	—		SB/T 10686—2012《大豆食品工业术语》

续表

非发酵豆制品				
定义：以大豆和水为主要原料，经过制浆工艺，凝固或不凝固、调味或不调味等加工工艺制成的产品				
二级分类	定义	三级分类	定义	备注
豆浆	大豆（不包括豆粕及粉）经脱皮或不脱皮，经浸泡或不浸泡，加水研磨、加热等使蛋白质等有效成分溶出，除去豆渣后所得的总固形物含量在6.0%以上的乳状液（SB/T 10633—2011《豆浆类》）	纯豆浆	以大豆和水为原料，经制浆、杀菌等工艺加工而成的液态产品	GB/T 22106—2008《非发酵豆制品》
		调制豆浆	大豆或食品豆粕经浸泡或不浸泡、加水研磨使蛋白质等有效成分溶出，除去豆渣后，添加或不添加豆油或其他的植物油脂、糖类、食盐等辅料，添加或不添加食品添加剂、食品营养强化剂，可采用高于巴氏杀菌或超高温灭菌等工艺过程温度制成的总固形物含量在6.0%以上的液体产品，包括调味豆浆和营养强化豆浆	SB/T 10687—2012《大豆食品分类》
		调味豆浆	在豆浆中添加了风味物质的液态产品	GB/T 22106—2008《非发酵豆制品》

续表

二级分类	定义	三级分类	定义	备注
豆腐	在豆浆中加入凝固剂凝固，经过或不经过压榨，含水量在80%～90%之间的凝胶状产品（SB/T 10687—2012《大豆食品分类》）	内酯豆腐	以葡萄糖酸-δ-内酯为凝固剂制成的豆腐	GB/T 22106—2008《非发酵豆制品》
		老豆腐（北豆腐）	以盐卤为主要凝固剂制成的豆腐	
		嫩豆腐（南豆腐）	以石膏为主要凝固剂制成的豆腐	
		调味豆腐（含豆腐泡）	以豆腐为原料，经炸、卤、炒、烤、熏等工艺中的一种或多种和（或）添加调味料加工而成的产品	
		冷冻豆腐	以豆腐或调味豆腐为原料，经冷冻而成的产品	
		脱水豆腐	以豆腐或调味豆腐为原料，经脱水、干燥而成的干制产品	
豆腐脑（豆腐花）	大豆经浸泡、研磨、制浆、煮浆、加入凝固剂点脑、凝固，再经调味或不调味而成的产品	—		SB/T 10687—2012《大豆食品分类》

续表

二级分类	定义	三级分类	定义	备注
豆腐干	熟豆浆经添加凝固剂、挤压脱水而成的含水分较低的各种形状的产品	熏制豆腐干(熏干)	以豆腐干为原料，经烟熏及相关工艺加工而成的具有薰香味的产品	GB/T 22106—2008《非发酵豆制品》
		炸制豆腐干	以豆腐干为原料，经植物油炸制而成的产品	
		调味豆腐干	以豆腐干、熏制豆腐干或炸制豆腐干为原料，添加调味料，经卤、炒等工艺中的一种或多种制成的产品	
		脱水豆腐干	以豆腐干或调味豆腐干为原料，经过脱水、干燥而成的干制产品	
干豆腐	薄片状白豆腐干，含水量在40%～65%之间，有一定的弹性、韧性	—		SB/T 10687—2012《大豆食品分类》
腐竹	从熟豆浆静止表面揭起的凝结厚膜折叠成条状，经干燥（或不干燥）而成的产品	按是否干燥分为干燥腐竹和未经干燥的腐竹		GB/T 22106—2008《非发酵豆制品》

续表

二级分类	定义	三级分类	定义	备注
腐皮（豆腐皮）	从熟豆浆静止表面揭起的凝结薄膜，经干燥而成的产品	按是否干燥分为干燥腐皮和未经干燥的腐皮		GB/T 22106—2008《非发酵豆制品》
其他豆制品				
定义：以大豆或杂豆为原料制成的，除发酵豆制品和非发酵豆制品以外的豆制品				
二级分类	定义	三级分类	定义	备注
食用大豆粕	大豆经浸出法（预榨浸出或直接浸出）去除油脂后制得，适合食品加工用的富含蛋白质的物质	低温食用豆粕：采用溶剂浸出法制油后，经低温或闪蒸脱溶处理的水溶性蛋白质含量较高的食用大豆粕（GB 21494—2008《低温食用豆粕》）		GB/T 13382—2008《食用大豆粕》
大豆蛋白	以大豆为原料，去除或部分去除其非蛋白成分（如水分、脂肪、碳水化合物等），蛋白质含量不低于40%的产品	大豆粗提蛋白	通过初级提取，部分去除大豆中的非蛋白成分（如水分、脂肪、碳水化合物等）而制得的产品	GB 20371—2016《食品安全国家标准　食品加工用植物蛋白》
		大豆浓缩蛋白	通过提取、浓缩、分离等工艺，去除或部分去除大豆中的非蛋白成分（如水分、脂肪、碳水化合物等）而制得的产品	

续表

二级分类	定义	三级分类	定义	备注
大豆蛋白	以大豆为原料，去除或部分去除其非蛋白成分（如水分、脂肪、碳水化合物等），蛋白质含量不低于40%的产品	大豆分离蛋白	通过提取、浓缩、分离、精制等工艺，去除或部分去除大豆中的非蛋白成分（如水分、脂肪、碳水化合物等）而制得的产品	GB 20371—2016《食品安全国家标准　食品加工用植物蛋白》
		大豆水解蛋白	大豆蛋白经酶适度水解制得的以蛋白质为主要成分的产品	
		大豆组织蛋白	以大豆蛋白为原料，经挤压或纺丝工艺加工制成的、具有特定组织结构的产品	
膨化豆制品	以大豆粉、食用大豆粕、大豆蛋白粉等为原料，添加或不添加调味料，经挤压膨化的方法加工而成的具有一定组织状态或纤维结构的产品	—		SB/T 10453—2007《膨化豆制品》

续表

二级分类	定义	三级分类	定义	备注
大豆蛋白制品	以大豆蛋白(或膨化豆制品)为主要原料配以相关的辅料,经浸泡(或不浸泡)、脱水(或不脱水)、斩拌(或搅拌)、滚揉、调味、成型(或不成型)、蒸煮(或油炸)、速冻(或不速冻)、包装、杀菌(或不杀菌)等工艺制成的食品	按是否油炸分为速冻油炸大豆蛋白制品和非速冻油炸大豆蛋白制品; 按是否蒸煮分为速冻蒸煮大豆蛋白制品和非速冻蒸煮大豆蛋白制品		SB/T 10649—2012《大豆蛋白制品》
大豆膳食纤维	大豆加工过程中产生的大豆皮和大豆渣,经提纯、分离、干燥、粉碎(全部通过孔径0.15 mm筛)等处理而成的产品	—		GB/T 22494—2008《大豆膳食纤维粉》

续表

二级分类	定义	三级分类	定义	备注
大豆肽粉	以大豆粕或大豆蛋白等为主要原料，用酶解或微生物发酵法生产的，相对分子质量在5000以下，主要成分为肽的粉末状物质	—		GB/T 22492—2008《大豆肽粉》
素鸡	蒸煮豆腐干经过或不经过调味的产品	—		SB/T 10687—2012《大豆食品分类》
植物基肉制品	以植物原料（如豆类、谷物类等，也包括藻类及真菌类等）或其加工品作为蛋白质、脂肪的来源，添加或不添加其他辅料、食品添加剂（含营养强化剂），经加工制成的具有类似于畜、禽、水产等动物肉制品质构、风味、形态等特征的食品	生制品	未经加热或加热未达到可食用程度的制品	TCIFS/T 001—2020《植物基肉制品》
		熟制品	经加热熟制至可食用程度的制品	

(三)其他事项说明及与豆制品加工有关的主要术语定义

1.其他事项说明

(1)分装:纳入生产许可管理的豆制品中仅有干燥腐竹允许分装,干燥腐竹以外的豆制品均不允许分装。

(2)豆浆(乳)类饮料、速溶豆粉(豆浆粉、豆奶粉等)不纳入豆制品发证范围,建议按饮料发证及监管。

(3)各种熟制豆类(蒸煮豆类、烘焙豆类)不纳入豆制品发证范围,建议按炒货食品及坚果制品发证及监管,如烘焙大豆、煮(焖)黄豆、炒豌豆等。

(4)各种豆类粉(生制)不纳入豆制品发证范围,建议按粮食加工品发证及监管,如绿豆粉、黄豆粉、红豆粉、黑豆粉、豌豆粉、芸豆粉、蚕豆粉等。

(5)用于糕点馅料的豆沙、豆馅等建议按糕点中的食品馅料发证及监管。

(6)以豆制品为主要原料(豆制品用量大于 50 g/100 g)的复合产品建议纳入豆制品发证范围,如大豆蛋白用量大于 50 g/100 g 的千页豆腐等。

2.与豆制品加工有关的主要术语定义

(1)制浆:大豆经选料、浸泡、磨糊、分离、煮浆等工序,制取熟豆浆的工艺过程,是豆制品加工的基础工艺。

(2)煮浆:将豆浆加热到沸腾(95 ℃以上)的过程。

(3)点脑(点浆):往煮沸后的豆浆内加入凝固剂,使热变性的蛋白质凝固的操作过程。

(4)凝固剂:加入豆浆中,使已经发生热变性的大豆蛋白质发生凝固作用,由蛋白质溶胶变成蛋白质凝胶的物质。常用的凝固剂有:盐类凝固剂,如氯化镁、硫酸钙、氯化钙等;酸类凝固剂,如有机酸、葡萄糖酸-δ-内酯、酸黄浆水等;酶类凝固剂,如转谷氨酰胺酶和蛋白酶等。

(5)前期培菌:俗称“前期发酵”。腐乳生产中,豆腐白坯制成后,接上菌种,在培菌室内进行保温培养的过程。

(6)后期发酵:腐乳生产中,前期培菌结束后,通过腌制,加入汤料或辅料装坛密封,再经一段较长时间的保温或常温发酵,至腐乳成熟的过程。

(7)腌坯(腌渍、腌制):腐乳生产中,毛坯长成后,加入一定量的食盐,利用渗透作用排出水的过程。

(8)揭竹:腐竹成型后,用手或杆子把膜挑起的过程。

二、相关标准

(一)标准执行原则

(1)根据《中华人民共和国食品安全法》的规定,食品安全标准是唯一强制执行的食品标准,包括食品安全国家标准、食品安全地方标准。无论企业是否明示,其产品均应符合相应的食品安全标准的要求。食品安全标准以外的标准原则上均是推荐性标准,包括国家标准、行业标准、地方标准、团体标准和企业标准。

(2)企业申报产品可以执行适用的食品安全标准,也可以执行推荐性标准或企业标准。

(3)企业标准不得低于食品安全国家标准或食品安全地方标准的要求。食品生产企业制定食品安全指标严于食品安全国家标准或者地方标准的企业标准的,应当报省卫生行政部门备案。鼓励企业制定严于食品安全国家标准或者地方标准的企业标准。制定企业标准时应关注适用的食品安全国家标准的相关规定,如GB 2760—2014《食品安全国家标准　食品添加剂使用标准》、GB 14880—2012《食品安全国家标准　食品营养强化剂使用标准》对于食品添加剂、营养强化剂的使用要求,GB 7718—2011《食品安全国家标准　预包装食品标签通则》、GB 28050—2011《食品安全国家标准　预包装食品营养标签通则》等对于标签的要求等。

(4)《豆制品生产许可证审查细则》中引用的标准应按现行有效的版本执行。

(二)豆制品产品执行标准(见表 1-3)

表 1-3　豆制品产品执行标准

豆制品通用性产品执行标准			
序号	标准号	标准名称	注意事项
1	GB 2712—2014	食品安全国家标准　豆制品	该标准适用于预包装豆制品,但不适用于大豆蛋白粉
发酵豆制品执行标准			
1	GB 2712—2014	食品安全国家标准　豆制品	该标准适用于预包装豆制品
2	SB/T 10170—2007	腐乳	该标准中的 4.4 条规定:卫生指标应符合 GB 2712—2014 的规定
3	SB/T 10528—2009	纳豆	食品安全要求应符合 GB 2712—2014 的规定
非发酵豆制品执行标准			
1	GB 2712—2014	食品安全国家标准　豆制品	该标准适用于预包装豆制品
2	GB/T 22106—2008	非发酵豆制品	食品安全要求应符合 GB 2712—2014 的规定
3	GB/T 23494—2009	豆腐干	食品安全要求应符合 GB 2712—2014 的规定
4	SB/T 10527—2009	臭豆腐(臭干)	食品安全要求应符合 GB 2712—2014 的规定
5	SB/T 10632—2011	卤制豆腐干	食品安全要求应符合 GB 2712—2014 的规定

续表

序号	标准号	标准名称	注意事项
6	SB/T 10633—2011	豆浆类	食品安全要求应符合 GB 2712—2014 的规定(不包括豆浆饮料)
7	NY/T 1052—2014	绿色食品　豆制品	该标准适用于以豆类为原料加工制成的绿色食品豆制品(包括豆腐、豆腐干、腐竹和腐皮、干燥豆制品),不适用于豆类饮料、膨化豆制品和发酵性豆制品
其他豆制品执行标准			
1	GB 2712—2014	食品安全国家标准　豆制品	该标准适用于预包装豆制品和大豆蛋白制品,但不适用于大豆蛋白粉
2	GB 14932—2016	食品安全国家标准　食品加工用粕类	产品标签应标示产品的生产工艺(溶剂浸出工艺或压榨工艺等)
3	GB 20371—2016	食品安全国家标准　食品加工用植物蛋白	该标准适用于蛋白质含量不低于40%的产品(主要包括大豆蛋白、豌豆蛋白、蚕豆蛋白等)。产品名称、标签等应符合该标准"4　其他"中的相关规定
4	GB/T 13382—2008	食用大豆粕	食品安全要求应符合 GB 14932—2016 的规定
5	GB/T 21494—2008	低温食用豆粕	食品安全要求应符合 GB 14932—2016 的规定
6	GB/T 22492—2008	大豆肽粉	该标准规定大豆肽粉的卫生要求按 GB 16740—2014 及国家有关标准和规定执行

续表

序号	标准号	标准名称	注意事项
7	GB/T 22494—2008	大豆膳食纤维粉	该标准适用于以大豆加工过程中产生的大豆皮和大豆渣为原料,经提纯、分离、干燥、粉碎(全部通过孔径 0.15 mm 筛)等处理而成的产品
8	SB/T 10453—2007	膨化豆制品	1.该标准适用于以大豆粉、食用大豆粕、大豆蛋白粉等为原料,添加或不添加调味料,经挤压膨化的方法加工而成的具有一定组织状态或纤维结构的产品。 2.食品安全要求应符合 GB 2712—2014 的规定
9	SB/T 10649—2012	大豆蛋白制品	1.该标准适用于以大豆蛋白(或膨化豆制品)为主要原料配以相关的辅料,经浸泡(或不浸泡)、脱水(或不脱水)、斩拌(或搅拌)、滚揉、调味、成型(或不成型)、蒸煮(或油炸)、速冻(或不速冻)、包装、杀菌(或不杀菌)等工艺制成的食品。 2.蒸煮大豆蛋白食品安全要求应符合 GB 2712—2014 的规定
10	NY/T 1052—2014	绿色食品　豆制品	该标准适用于以豆类为原料加工制成的绿色食品豆制品(包括干燥豆制品、豆粉、大豆蛋白),不适用于豆类饮料、膨化豆制品和发酵性豆制品

（三）豆制品执行的通用标准（见表 1-4）

表 1-4 豆制品执行的通用标准

序号	标准号	标准名称
1	GB 7718—2011	食品安全国家标准　预包装食品标签通则
2	GB 28050—2011	食品安全国家标准　预包装食品营养标签通则
3	GB 2760—2014	食品安全国家标准　食品添加剂使用标准
4	GB 2761—2017	食品安全国家标准　食品中真菌毒素限量
5	GB 2762—2022	食品安全国家标准　食品中污染物限量
6	GB 2763—2021	食品安全国家标准　食品中农药最大残留限量
7	GB 14880—2012	食品安全国家标准　食品营养强化剂使用标准
8	GB 29921—2013	食品安全国家标准　食品中致病菌限量

（四）豆制品生产加工规范标准（见表 1-5）

表 1-5 豆制品生产加工规范标准

序号	标准号	标准名称
1	GB 14881—2013	食品安全国家标准　食品生产通用卫生规范
2	GB 31605—2020	食品安全国家标准　食品冷链物流卫生规范
3	GB/T 29876—2013	非发酵豆制品生产管理规范
4	SB/T 10829—2012	豆制品企业良好操作规范

（五）豆制品检验项目和检验方法

发酵豆制品、非发酵豆制品、其他豆制品的检验项目和检验方法详见表 1-6、表 1-7 和表 1-8。

表 1-6 发酵豆制品的检验项目和检验方法

<table>
<tr><th>序号</th><th>检验项目</th><th>标准号</th><th>标准名称</th><th>检验方法</th></tr>
<tr><td rowspan="3">1</td><td rowspan="3">感官</td><td>GB 2712—2014</td><td>食品安全国家标准 豆制品</td><td rowspan="2">GB 2712—2014 中的表 1</td></tr>
<tr><td>SB/T 10170—2007</td><td>腐乳</td></tr>
<tr><td>SB/T 10528—2009</td><td>纳豆</td><td>SB/T 10528—2009 中的 5.1</td></tr>
<tr><td rowspan="2">2</td><td rowspan="2">水分</td><td>SB/T 10170—2007</td><td>腐乳</td><td>SB/T 10170—2007 中的 6.1</td></tr>
<tr><td>SB/T 10528—2009</td><td>纳豆</td><td>GB 5009.3—2016</td></tr>
<tr><td rowspan="2">3</td><td rowspan="2">氨基酸态氮</td><td>SB/T 10170—2007</td><td>腐乳</td><td>SB/T 10170—2007 中的 6.2</td></tr>
<tr><td>SB/T 10528—2009</td><td>纳豆</td><td>GB 5009.235—2016</td></tr>
<tr><td>4</td><td>水溶性蛋白质</td><td rowspan="3">SB/T 10170—2007</td><td rowspan="3">腐乳</td><td>SB/T 10170—2007 中的 6.4</td></tr>
<tr><td>5</td><td>总酸</td><td>SB/T 10170—2007 中的 6.5</td></tr>
<tr><td>6</td><td>食盐</td><td>SB/T 10170—2007 中的 6.3</td></tr>
<tr><td>7</td><td>铅</td><td>GB 2762—2022</td><td>食品安全国家标准 食品中污染物限量</td><td>GB 5009.12—2017</td></tr>
<tr><td>8</td><td>黄曲霉毒素 B_1</td><td>GB 2761—2017</td><td>食品安全国家标准 食品中真菌毒素限量</td><td>GB 5009.22—2016</td></tr>
</table>

续表

序号	检验项目	标准号	标准名称	检验方法
9	大肠菌群	GB 2712—2014	食品安全国家标准　豆制品	GB 4789.3—2016 中的平板计数法
10	沙门氏菌	GB 29921—2013	食品安全国家标准　食品中致病菌限量	GB 4789.4—2016
11	金黄色葡萄球菌			GB 4789.10—2016 中的第二法
12	食品添加剂	GB 2760—2014	食品安全国家标准　食品添加剂使用标准	按相应的食品添加剂检测方法标准执行
14	标签	GB 7718—2011	食品安全国家标准　预包装食品标签通则	—
		GB 28050—2011	食品安全国家标准　预包装食品营养标签通则	

注：本表按照发酵豆制品相关产品标准汇总，仅供参考。

表 1-7　非发酵豆制品的检验项目和检验方法

序号	检验项目	标准号	标准名称	检验方法
1	感官	GB 2712—2014	食品安全国家标准　豆制品	GB 2712—2014 中的表 1
		GB/T 22106—2008	非发酵豆制品	GB/T 22106—2008 中的 6.1
		GB/T 23494—2009	豆腐干	GB/T 23494—2009 中的 6.1

续表

序号	检验项目	标准号	标准名称	检验方法
1	感官	NY/T 1052—2014	绿色食品 豆制品	NY/T 1052—2014 中的表1
		SB/T 10632—2011	卤制豆腐干	SB/T 10632—2011 中的6.1
		SB/T 10527—2009	臭豆腐(臭干)	SB/T 10527—2009 中的5.1
		SB/T 10633—2011	豆浆类	SB/T 10633—2011 中的6.1
2	水分	GB/T 22106—2008	非发酵豆制品	GB 5009.3—2016
		GB/T 23494—2009	豆腐干	
		NY/T 1052—2014	绿色食品 豆制品	
		SB/T 10632—2011	卤制豆腐干	
		SB/T 10527—2009	臭豆腐(臭干)	
3	总固形物	SB/T 10633—2011	豆浆类	SB/T 10633—2011 中的6.3
4	脲酶定性			GB/T 5009.183—2003
5	脲酶试验	GB 2712—2014	食品安全国家标准 豆制品	GB/T 5009.183—2003
		GB/T 22106—2008	非发酵豆制品	

续表

序号	检验项目	标准号	标准名称	检验方法
6	蛋白质	GB/T 22106—2008	非发酵豆制品	GB 5009.5—2016
		GB/T 23494—2009	豆腐干	
		NY/T 1052—2014	绿色食品 豆制品	
		SB/T 10632—2011	卤制豆腐干	
		SB/T 10527—2009	臭豆腐(臭干)	
		SB/T 10633—2011	豆浆类	
7	脂肪	GB/T 22106—2008	非发酵豆制品	GB 5009.6—2016
8	食盐	GB/T 23494—2009	豆腐干	GB 5009.44—2016
9	盐分	NY/T 1052—2014	绿色食品 豆制品	
10	过氧化值	GB/T 23494—2009	豆腐干	GB 5009.227—2016
		SB/T 10632—2011	卤制豆腐干	
		NY/T 1052—2014	绿色食品 豆制品	
11	酸价	GB/T 23494—2009	豆腐干	GB 5009.229—2016
		NY/T 1052—2014	绿色食品 豆制品	
12	铅	GB 2762—2022	食品安全国家标准 食品中污染物限量	GB 5009.12—2017
		NY/T 1052—2014	绿色食品 豆制品	

续表

序号	检验项目	标准号	标准名称	检验方法
13	镉	NY/T 1052—2014	绿色食品　豆制品	GB 5009.15—2014
14	无机砷			GB 5009.11—2014
15	苯并[a]芘			GB 5009.27—2016
16	氯氰菊酯			GB/T 5009.110—2003
17	溴氰菊酯			
18	氰戊菊酯			
19	苯甲酸			GB 5009.27—2016
20	亚硝酸盐			GB 5009.33—2016
21	甲醛次硫酸氢钠			GB/T 21126—2007
22	黄曲霉毒素 B_1			GB 5009.22—2016
23	赭曲霉毒素 A	NY/T 1052—2014	绿色食品　豆制品	GB 5009.96—2016
24	霉菌和酵母			GB 4789.15—2016
25	菌落总数			GB 4789.2—2022
26	大肠菌群	GB 2712—2014	食品安全国家标准　豆制品	GB 4789.3—2016 中的平板计数法
27	沙门氏菌	GB 29921—2013	食品安全国家标准　食品中致病菌限量	GB 4789.4—2016
28	金黄色葡萄球菌			GB 4789.10—2016 中的第二法
29	食品添加剂	GB 2760—2014	食品安全国家标准　食品添加剂使用标准	按相应的食品添加剂检测方法标准执行

续表

序号	检验项目	标准号	标准名称	检验方法
30	食品营养强化剂	GB 14880—2012	食品安全国家标准 食品营养强化剂使用标准	按相应的营养强化剂检测方法标准执行
30	标签	GB 7718—2011	食品安全国家标准 预包装食品标签通则	—
		GB 28050—2011	食品安全国家标准 预包装食品营养标签通则	

注：本表按照非发酵豆制品相关产品标准汇总，仅供参考。

表 1-8 其他豆制品规定的检验项目和检验方法

序号	检验项目	标准号	标准名称	检验方法
1	感官	GB 2712—2014	食品安全国家标准 豆制品	GB 2712—2014 中的表 1
		GB 14932—2016	食品安全国家标准 食品加工用粕类	GB 14932—2016 中的表 1
		GB/T 13382—2008	食用大豆粕	GB/T 5492—2008
		GB/T 21494—2008	低温食用豆粕	
		GB/T 22493—2008	大豆蛋白粉	
		GB 20371—2016	食品安全国家标准 食品加工用植物蛋白	GB 20371—2016 中的表 1

续表

序号	检验项目	标准号	标准名称	检验方法
1	感官	NY/T 1052—2014	绿色食品　豆制品	NY/T 1052—2014 中的表 1
		SB/T 10453—2007	膨化豆制品	SB/T 10453—2007 中的 6.1
		SB/T 10649—2012	大豆蛋白制品	SB/T 10649—2012 中的 8.1
		GB/T 22494—2008	大豆膳食纤维粉	GB/T 22494—2008 中的 4.1
		GB/T 22492—2008	大豆肽粉	GB/T 22492—2008 中的 5.2
2	水分	GB/T 13382—2008	食用大豆粕	GB/T 10358—2008
		GB/T 21494—2008	低温食用豆粕	
		GB/T 22493—2008	大豆蛋白粉	GB 5009.3—2016
		GB 20371—2016	食品安全国家标准　食品加工用植物蛋白	
		NY/T 1052—2014	绿色食品　豆制品	
		SB/T 10453—2007	膨化豆制品	
		GB/T 22494—2008	大豆膳食纤维粉	
		GB/T 22492—2008	大豆肽粉	
3	粗蛋白质	GB/T 13382—2008	食用大豆粕	GB 5009.5—2016
		GB/T 21494—2008	低温食用豆粕	
		GB/T 22493—2008	大豆蛋白粉	
		GB/T 22492—2008	大豆肽粉	
		NY/T 1052—2014	绿色食品　豆制品	

续表

序号	检验项目	标准号	标准名称	检验方法
4	氯化物	SB/T 10649—2012	大豆蛋白制品	GB 5009.44—2016
5	蛋白质	GB 20371—2016	食品安全国家标准　食品加工用植物蛋白	GB 5009.5—2016
		SB/T 10453—2007	膨化豆制品	
		NY/T 1052—2014	绿色食品　豆制品	
		SB/T 10649—2012	大豆蛋白制品	
6	脂肪	NY/T 1052—2014	绿色食品　豆制品	GB 5009.6—2016
7	粗脂肪	GB/T 13382—2008	食用大豆粕	
		GB/T 21494—2008	低温食用豆粕	
		GB/T 22493—2008	大豆蛋白粉	
		GB/T 22492—2008	大豆肽粉	
		NY/T 1052—2014	绿色食品　豆制品	
8	粗纤维素	GB/T 13382—2008	食用大豆粕	GB/T 5515—2008
		GB/T 21494—2008	低温食用豆粕	
		GB/T 22493—2008	大豆蛋白粉	
		NY/T 1052—2014	绿色食品　豆制品	
9	灰分	GB/T 13382—2008	食用大豆粕	GB 5009.4—2016
		GB/T 21494—2008	低温食用豆粕	
		GB/T 22493—2008	大豆蛋白粉	

续表

序号	检验项目	标准号	标准名称	检验方法
9	灰分	GB/T 22494—2008	大豆膳食纤维粉	GB 5009.4—2016
		SB/T 10453—2007	膨化豆制品	
		NY/T 1052—2014	绿色食品　豆制品	
		GB/T 22492—2008	大豆肽粉	
10	杂质	GB/T 13382—2008	食用大豆粕	GB/T 13382—2008中的附录 A
		GB/T 21494—2008	低温食用豆粕	GB/T 21494—2008中的附录 A
11	含砂量	GB/T 13382—2008	食用大豆粕	GB 5009.4—2016中的第三法
		NY/T 1052—2014	绿色食品　豆制品	
		GB/T 21494—2008	低温食用豆粕	GB/T 5508—2011
12	真实性要求	GB/T 13382—2008	食用大豆粕	GB/T 13382—2008中的附录 B
13	氮溶解指数	GB/T 21494—2008	低温食用豆粕	GB/T 21494—2008中的 5.4
		GB/T 22493—2008	大豆蛋白粉	GB/T 22493—2008中的 6.5
14	细度	GB/T 22493—2008	大豆蛋白粉	GB/T 22493—2008中的表 2
		GB/T 22492—2008	大豆肽粉	GB/T 22427.5—2008
15	可溶性膳食纤维	GB/T 22494—2008	大豆膳食纤维粉	GB 5009.88—2014

续表

序号	检验项目	标准号	标准名称	检验方法
16	总膳食纤维	GB/T 22494—2008	大豆膳食纤维粉	GB 5009.88—2014
		NY/T 1052—2014	绿色食品　豆制品	
17	≥80%肽段的相对分子质量	GB/T 22492—2008	大豆肽粉	GB/T 22492—2008 中的附录 A
18	肽含量	GB/T 22492—2008	大豆肽粉	GB/T 22492—2008 中的附录 B
19	脲酶定性	SB/T 10453—2007	膨化豆制品	GB 5413.31—2013
		NY/T 1052—2014	绿色食品　豆制品	
20	脲酶(尿素酶)活性	GB 20371—2016	食品安全国家标准　食品加工用植物蛋白	GB 5413.31—2013 或 GB 20371—2016 中的附录 A
		GB/T 22492—2008	大豆肽粉	GB/T 22492—2008 中的 5.10
21	溶剂残留量	GB 14932—2016	食品安全国家标准　食品加工用粕类	GB 5009.262—2016
		GB/T 22493—2008	大豆蛋白粉	
		NY/T 1052—2014	绿色食品　豆制品	
22	酸价	NY/T 1052—2014	绿色食品　豆制品	GB 5009.229—2016
23	过氧化值			GB 5009.227—2016
24	羰基价			GB 5009.230—2016

续表

序号	检验项目	标准号	标准名称	检验方法
25	铅	GB 2762—2022	食品安全国家标准　食品中污染物限量	GB 5009.12—2017
		NY/T 1052—2014	绿色食品　豆制品	
		GB/T 22492—2008	大豆肽粉	
26	总砷	GB/T 22493—2008	大豆蛋白粉	GB 5009.11—2014
		GB/T 22494—2008	大豆膳食纤维粉	
		SB/T 10649—2012	大豆蛋白制品	
		SB/T 10453—2007	膨化豆制品	
		GB/T 22492—2008	大豆肽粉	
27	总汞	GB/T 22492—2008	大豆肽粉	GB 5009.17—2021
28	镉	NY/T 1052—2014	绿色食品　豆制品	GB 5009.15—2014
29	无机砷			GB 5009.11—2014
30	氯氰菊酯			GB/T 5009.110—2003
31	溴氰菊酯			
32	氰戊菊酯			
33	亚硝酸盐			GB 5009.33—2016
34	黄曲霉毒素 B_1			GB 5009.22—2016
35	赭曲霉毒素 A			GB 5009.96—2016

续表

序号	检验项目	标准号	标准名称	检验方法
36	霉菌和酵母	GB/T 22493—2008	大豆蛋白粉	GB 4789.15—2016
		NY/T 1052—2014	绿色食品　豆制品	
		GB/T 22494—2008	大豆膳食纤维粉	
		GB/T 22492—2008	大豆肽粉	
37	菌落总数	GB/T 22493—2008	大豆蛋白粉	GB 4789.2—2022
		GB/T 22494—2008	大豆膳食纤维粉	
		SB/T 10649—2012	大豆蛋白制品	
		NY/T 1052—2014	绿色食品　豆制品	
		GB 20371—2016	食品安全国家标准　食品加工用植物蛋白	
		GB/T 22492—2008	大豆肽粉	
38	大肠菌群	GB 2712—2014	食品安全国家标准　豆制品	GB 4789.3—2016 中的平板计数法
		GB 20371—2016	食品安全国家标准　食品加工用植物蛋白	
		NY/T 1052—2014	绿色食品　豆制品	GB 4789.3—2016 中的第一法

续表

序号	检验项目	标准号	标准名称	检验方法
38	大肠菌群	SB/T 10649—2012	大豆蛋白制品	蒸煮类：按 GB 4789.3—2016 中的平板计数法 油炸类：按 GB/T 4789.3—2016 中的方法
		GB/T 22494—2008	大豆膳食纤维粉	GB/T 4789.3—2016
		GB/T 22493—2008	大豆蛋白粉	
		GB/T 22492—2008	大豆肽粉	GB 4789.3—2016 中的 MPN(最可能数)计数法
39	沙门氏菌	GB 29921—2013	食品安全国家标准　食品中致病菌限量	GB 4789.4—2016
		GB/T 22493—2008	大豆蛋白粉	
		GB/T 22494—2008	大豆膳食纤维粉	
		SB/T 10649—2012	大豆蛋白制品	
		NY/T 1052—2014	绿色食品　豆制品	
		GB/T 22492—2008	大豆肽粉	
40	志贺氏菌	GB/T 22493—2008	大豆蛋白粉	GB 4789.5—2012
		GB/T 22494—2008	大豆膳食纤维粉	
		SB/T 10649—2012	大豆蛋白制品	

续表

序号	检验项目	标准号	标准名称	检验方法
41	金黄色葡萄球菌	GB 29921—2013	食品安全国家标准　食品中致病菌限量	GB 4789.10—2016中的第二法
		GB/T 22493—2008	大豆蛋白粉	GB 4789.10—2016中的第一法
		GB/T 22494—2008	大豆膳食纤维粉	
		SB/T 10649—2012	大豆蛋白制品	
		GB/T 22492—2008	大豆肽粉	
42	食品添加剂	GB 2760—2014	食品安全国家标准　食品添加剂使用标准	按相应的食品添加剂检测方法标准执行
43	标签	GB 7718—2011	食品安全国家标准　预包装食品标签通则	—
		GB 28050—2011	食品安全国家标准　预包装食品营养标签通则	

注:本表按照其他豆制品相关产品标准汇总,仅供参考。

(六)其他相关标准(见表1-9)

表1-9　与豆制品相关的其他标准

序号	标准号	标准名称
1	GB 1352—2009	大豆
2	GB 2715—2016	食品安全国家标准　粮食
3	GB/T 10462—2008	绿豆

续表

序号	标准号	标准名称
4	GB/T 10461—2008	小豆
5	GB/T 10459—2008	蚕豆
6	GB/T 10460—2008	豌豆
7	NY/T 599—2002	红小豆
8	NY/T954—2006	小粒黄豆
9	GB 2721—2015	食品安全国家标准　食用盐
10	GB 2716—2018	食品安全国家标准　植物油
11	GB/T 1535—2017	大豆油
12	GB/T 317—2018	白砂糖
13	GB 2757—2012	食品安全国家标准　蒸馏酒及其配制酒
14	GB 2758—2012	食品安全国家标准　发酵酒及其配制酒
15	GB 25584—2010	食品安全国家标准　食品添加剂　氯化镁
16	GB 1886.6—2016	食品安全国家标准　食品添加剂　硫酸钙
17	GB 7657—2020	食品安全国家标准　食品添加剂　葡萄糖酸-δ-内酯
18	GB/T 22493—2008	大豆蛋白粉
19	GB 5749—2022	生活饮用水卫生标准
20	GB 14930.2—2012	食品安全国家标准　消毒剂
21	GB 31640—2016	食品安全国家标准　食用酒精
22	GB 27948—2020	空气消毒剂通用要求
23	GB 27950—2020	手消毒剂通用要求
24	GB 27952—2020	普通物体表面消毒剂通用要求

续表

序号	标准号	标准名称
25	GB 25580—2010	食品安全国家标准　食品添加剂　稳定态二氧化氯溶液
26	GB 4806.1—2016	食品安全国家标准　食品接触材料及制品通用安全要求
27	GB 4806.5—2016	食品安全国家标准　玻璃制品
28	GB 4806.6—2016	食品安全国家标准　食品接触用塑料树脂
29	GB 4806.7—2016	食品安全国家标准　食品接触用塑料材料及制品
30	GB 4806.9—2016	食品安全国家标准　食品接触用金属材料及制品
31	GB 9683—1988	复合食品包装袋卫生标准
32	GB/T 191—2008	包装储运图示标志

企业生产加工过程中用到的食品原料、食品添加剂、消毒剂、食品相关产品应符合相应的食品安全国家标准。

三、现场核查程序

（一）编制核查计划

审查部门应当自收到申请材料之日起三个工作日内组成核查组。现场核查应当由至少两名食品安全监管人员进行，必要时可以邀请技术专家。

日常监管部门应当派食品安全监管人员作为观察员，配合并协助现场核查工作。核查组成员中有日常监管部门的食品安全监管人员时，不再指派观察员。

（二）实施现场核查

核查人员应当自接受现场核查任务之日起五个工作日内，完成对生产场所的现场核查。

1.召开首次会议

由核查组长向申请人介绍核查目的、依据、内容、工作程序、核查人员及工作安排等内容。

2.现场核查

核查组应当依据“食品、食品添加剂生产许可现场核查评分记录表”中所列核查项目，采取核查现场、查阅文件、核对材料及询问相关人员等方法实施现场核查。必要时，核查组可以对申请人的食品安全管理人员、专业技术人员进行抽查考核。

3.核查组内讨论

现场核查完毕后，核查组长应当召集核查人员对各自负责的核查项目的评分意见共同研究，汇总核查情况，形成初步核查意见，并与申请人进行沟通。

4.形成核查结论

核查组对核查情况和申请人的反馈意见进行会商后，应当根据不同食品类别的现场核查情况分别进行评分判定，并汇总评分结果，形成核查结论，填写“食品、食品添加剂生产许可现场核查报告”。

5.召开末次会议

由核查组长宣布核查结论，组织核查人员及申请人在“食品、食品添加剂生产许可现场核查评分记录表”“食品、食品添加剂生产许可现场核查报告”上签署意见并签名、盖章。申请人拒绝签名、盖章的，核查人员应当在“食品、食品添加剂生产许可现场核查报告”上注明情况。

参加首、末次会议人员应当包括申请人的法定代表人(负责人)、相关食品安全总监、食品安全管理人员、专业技术人员、核查组成员。

参加首、末次会议人员应当在“食品、食品添加剂生产许可现场核查首/末次会议签到表”上签到。

四、审查要点

（一）生产车间区域划分和车间环境控制

1.生产车间区域划分

应按产品特点、生产工艺、生产特性以及生产过程对清洁程度的要求合理划分作业区，并采取有效分离或分隔。一般将作业区划分为非食品生产作业区（办公室、配电间、动力装备间、检验室等）、一般作业区（原辅料仓库、包装材料仓库、外包装车间、成品库等）、准清洁作业区（除外包装及清洁作业区内的车间以外的生产车间，包括原料预处理间）、清洁作业区（即食豆制品成品、裸露待包装的半成品冷却间和暂存间，内包装暂存间及填充、内包装车间等）。非即食的豆制品或包装后有杀菌工序的即食豆制品内包装车间可按准清洁作业区要求，采用全封闭自动灌装或包装设备的可不单设内包装间。

2.物料传递口设置

当物料（原料、包装容器）、废弃物在不同清洁度的区域传递时，应设置物流传递口、废弃物专用通道等，必要时配备缓冲、消毒设施，防止交叉污染。

3.洗手、更衣等设施设置

当人流由低清洁区进入高清洁区时，应设置洗手、更衣等设施。

生产场所或生产车间入口处应设置更衣室，洗手、干手和（或）消毒设施，换鞋（穿戴鞋套）或工作鞋靴消毒设施。

清洁作业区入口应设置二次更衣区，洗手、干手和（或）消毒设施，换鞋（穿戴鞋套）设施或工作鞋靴消毒设施。符合下列条件之一的，可豁免设置二次更衣区和上述相关设施：采用自带洁净室及洁净环境自动恢复功能的内包装设备的；使用灌装和封盖（口）都在无菌密闭环境下进行的灌装设备的（如豆浆类）。

4.豆制品产品车间环境的控制

准清洁作业区及清洁作业区应相对密闭，清洁作业区应设有空气处理装置和空气消毒设施。

(二)生产设备设施

生产设备设施应根据实际工艺需要配备，且应与生产的产品品种、数量相适应，设备的性能和精度应当满足生产加工的要求。生产设备应保持清洁卫生，直接接触食品的设备、工器具材质应当无毒、无味、抗腐蚀、不易脱落、表面光滑、无吸收性，并易于清洁保养和消毒。豆制品生产常见设备设施见表1-10。

表1-10 豆制品生产常见设备设施

品种名称	常见设备设施	备注
发酵豆制品	原料处理设备、煮浆或蒸煮设备、发酵设备（设施）、包装设备	有制浆工序的品种应增加制浆设备，有成型工序的品种应增加成型设备
非发酵豆制品	原料处理设备、制浆设备、成型设备、包装设备	有蒸煮工序的品种应增加蒸煮设备，有干燥工序的品种应增加干燥设备(设施)，以非发酵豆制品为原料生产的再制豆制品不需要制浆设备，分装企业应至少有包装设备
其他豆制品	包装设备	应根据其他豆制品的生产需要，配备相应的生产设备设施

注：1.除以上设备设施以外，生产企业应根据其不同生产工艺配备相应的生产设备设施，如有冷藏或冷冻要求的应增设冷藏或冷冻设备设施。

2.分装企业应配备包装设备。

（三）工艺流程及关键控制环节

1.工艺流程及关键控制环节

企业应根据产品特性、质量要求、风险控制等因素制定合理的工艺流程，明确关键控制环节。豆制品产品基本工艺流程及关键控制环节详见表1-11。

表1-11　豆制品产品基本工艺流程及关键控制环节

类别名称	基本工艺流程	关键控制环节
腐乳	原料→预处理→磨浆→滤浆→煮浆→凝固→成型→压榨→切块→接种→发酵→包装→成品	原料、煮浆、接种、发酵、包装
豆豉	原料→预处理→蒸煮→接种→发酵→包装→成品	原料、蒸煮、接种、发酵、包装
纳豆	原料→预处理→蒸煮→接种→包装→发酵→成品	原料、蒸煮、接种、包装、发酵
豆汁	原料→预处理→磨浆→滤浆→发酵→煮浆→冷却→包装→成品	原料、发酵、煮浆、包装
天培	原料→预处理→蒸煮→接种→包装→发酵→成品	原料、蒸煮、接种、包装、发酵
毛豆腐	原料→预处理→磨浆→滤浆→煮浆→凝固→压制成型→切块→发酵(乳化)→包装→成品	原料、煮浆、发酵(乳化)、包装
纯豆浆	原料→预处理→磨浆→滤浆→煮浆→冷却→包装	原料、煮浆、包装
调味豆浆	原料→预处理→磨浆→滤浆→煮浆→冷却→调味→包装	原料、煮浆、包装
豆腐花（豆腐脑）	原料→预处理→磨浆→滤浆→煮浆→凝固→包装(或包装→凝固)	原料、煮浆、包装

续表

类别名称	基本工艺流程	关键控制环节
豆腐	原料→预处理→磨浆→滤浆→煮浆→凝固→压制成型→包装	原料、煮浆、包装
调味豆腐	原料→预处理→磨浆→滤浆→煮浆→调味→凝固→压制成型→包装	原料、煮浆、包装
冷冻豆腐（冻豆腐）	原料→预处理→磨浆→滤浆→煮浆→凝固→压制成型→冷冻→包装	原料、煮浆、包装
脱水豆腐	原料→预处理→磨浆→滤浆→煮浆→凝固→压制成型→脱水→包装	原料、煮浆、包装
豆腐干	原料→预处理→磨浆→滤浆→煮浆→凝固→成型→压榨→切块→包装	原料、煮浆、包装
干豆腐	原料→预处理→磨浆→滤浆→煮浆→凝固→成型→压榨→脱包布（或不脱包布）→包装	原料、煮浆、包装
熏制豆腐干（以豆腐干为原料）	豆腐干→熏制→包装→杀菌或不杀菌（若以大豆为原料，增加预处理→磨浆→滤浆→煮浆→凝固→成型→压榨→切块工序）	原料、包装、杀菌（若有）
炸制豆腐干（以豆腐干为原料）	豆腐干→油炸→包装→杀菌或不杀菌（若以大豆为原料，增加预处理→磨浆→滤浆→煮浆→凝固→成型→压榨→切块工序）	原料、油炸、包装、杀菌（若有）

续表

类别名称	基本工艺流程	关键控制环节
调味豆腐干（以豆腐干为原料）	豆腐丁→卤制（炸卤、炒制、蒸煮）→包装→杀菌或不杀菌（若以大豆为原料，增加预处理→磨浆→滤浆→煮浆→凝固→成型→压榨→切块工序）	原料、包装、杀菌（若有）
脱水豆腐干（以豆腐干为原料）	豆腐干→干燥→包装（若以大豆为原料，增加预处理→磨浆→滤浆→煮浆→凝固→成型→压榨→切块工序）	原料、干燥、包装
腐皮	原料→预处理→磨浆→滤浆→煮浆→揭竹成型→干燥→包装	原料、煮浆、干燥、包装
腐竹（未经干燥）	原料→预处理→磨浆→滤浆→煮浆→揭竹成型→包装	原料、煮浆、包装
腐竹（干燥）	原料→预处理→磨浆→滤浆→煮浆→揭竹成型→干燥→包装	原料、煮浆、干燥、包装
食用大豆粕	原料→清理→脱油→干燥（脱溶）→筛选→包装	原料、干燥（脱溶）、包装
大豆粗提蛋白（以食用大豆粕为原料）	食用大豆粕→粉碎→初级提取→制粒或制片或制粉→包装	原料、包装
大豆浓缩蛋白（以食用大豆粕为原料）	食用大豆粕→粉碎→提取→浓缩→分离→干燥→成品	原料、干燥、包装
大豆分离蛋白（以食用大豆粕为原料）	食用大豆粕→粉碎→提取→浓缩→分离→精制→干燥→成品	分离、干燥、包装

续表

类别名称	基本工艺流程	关键控制环节
大豆水解蛋白(以食用大豆粕为原料)	食用大豆粕→粉碎→调浆→杀菌→冷却→水解→过滤→浓缩→干燥→包装	原料、杀菌、水解、干燥、包装
大豆组织蛋白制品	原料→粉碎→调和→挤压(或挤压膨化)→干燥→(调味加工)→包装→成品	原料、干燥、包装
膨化豆制品	原料→粉碎→调和→挤压膨化→干燥→(调味加工成型)→包装→成品	原料、干燥、包装
大豆蛋白制品(含素肉)	原料→浸泡或不浸泡→脱水或不脱水→斩拌或不斩拌→滚揉→调味→成型或不成型→蒸煮或油炸→速冻或不速冻→包装→杀菌或不杀菌	原料、包装、杀菌
大豆膳食纤维	原料→预处理→分离→提纯→干燥→包装	原料、干燥、包装
大豆肽粉	大豆粕或大豆蛋白→调浆→杀菌→冷却→酶解或微生物发酵→过滤→浓缩→干燥→包装	原料、杀菌、酶解或微生物发酵、干燥、包装

注:1.预处理工序包括挑选、清理、清洗、浸泡等。

2.豆腐干类产品的成型工序包括破脑、浇制。

3.腐竹类产品的成型工序为保温拉条。

4.凝固剂包括氯化镁、氯化钙、硫酸钙、葡萄糖酸-δ-内酯等。

5.关键控制环节中的包装为内包装。

如果企业采用不同于表1-11所列的生产工艺,或者生产表1-11所列产品以外的豆制品,可以根据实际情况制定工艺流程和关键控制环节，但应科学合理。

2.重点关键控制环节控制要求

(1)使用的原辅料应符合国家相关法律、法规及标准等的规定，原料大豆按供货者提供的转基因或非转基因证明进行验收，不能提供证明的按自行检验的结果确定是否为转基因原料。

(2)热加工工序(煮浆、杀菌、干燥、油炸、蒸煮、炒制等)应严格控制加热温度、时间，满足工艺要求，保证产品安全和质量。豆浆类产品经煮浆后应确保脲酶试验呈阴性。

(3)包装，重点是内包装，应能充分保护豆制品不受污染，必要时应对内包装材料进行消毒和杀菌处理。

(4)油炸工序用食用植物油应符合 GB 2716—2018 的相关要求。首次使用的食用植物油应符合 GB 2716—2018 中食用植物油的相关要求，使用一次以上的食用植物油应符合 GB 2716—2018 中煎炸过程中的食用植物油的相关要求。

(5)纯种发酵豆制品使用的菌种要定期分纯，以保证菌株的性能；菌种的选择、接种、制曲、发酵、培养等都应严格按工艺要求操作，注意温度、湿度的控制。

(6)菌种培养场所、发酵场所应定期进行消毒，防止杂菌生长。

(7)发酵豆制品应严格控制培养基成分、培养温度和培养时间，防止杂菌污染。

(四)进货查验

1.进货查验记录制度

企业应建立进货查验记录制度。对原辅料、包装容器供应商应进行审核，并定期进行审核评估；应在和供应商签订的合同中明确双方承担的食品安全责任。对供货者无法提供合格证明的原料，应按照食品安全标准进行检验。应如实记录进货查验相关信息，并保存记录和相关凭证。包装容器应符合相应食品安全国家标准和相应产品标准的要求。所使用的食品添加剂、食品营养强化剂、新食品原料应符合相应产品标准及国务院卫生行政部门相关公告的规定。

2.主要原辅料的要求

(1)主要豆类原料的验收标准:主要豆类原料在符合GB 2715—2016《食品安全国家标准　粮食》的基础上,还应符合相应的质量标准要求,详见表1-12。

表1-12　主要豆类原料的验收标准

序号	豆类品种名称	执行标准
1	大豆	GB 1352—2009《大豆》
2	绿豆	GB/T 10462—2008《绿豆》
3	小豆	GB/T 10461—2008《小豆》
4	蚕豆	GB/T 10459—2008《蚕豆》
5	豌豆	GB/T 10460—2008《豌豆》
6	红小豆	NY/T 599—2002《红小豆》
7	小粒黄豆	NY/T 954—2006《小粒黄豆》

(2)生产用水应符合GB 5749—2022《生活饮用水卫生标准》的要求。

(3)食品添加剂(含加工助剂)和营养强化剂质量应符合相应的标准及国家有关规定。豆制品常用的凝固剂验收标准详见表1-13。

表1-13　常用的凝固剂验收标准

序号	名称	执行标准
1	氯化钙	GB 1886.45—2016《食品安全国家标准　食品添加剂　氯化钙》
2	氯化镁	GB 25584—2010《食品安全国家标准　食品添加剂　氯化镁》

续表

序号	名称	执行标准
3	硫酸钙	GB 1886.6—2016《食品安全国家标准　食品添加剂　硫酸钙》
4	葡萄糖酸-δ-内酯	GB 7657—2020《食品安全国家标准　食品添加剂　葡萄糖酸-δ-内酯》

(五)产品检验管理要求

企业应建立产品检验管理制度,包括对原辅料、过程、出厂检验的管理规定。综合考虑产品特性、工艺特点、原料控制等因素,制定检验管理制度,合理界定产品批次,明确相关检验项目,确保产品符合食品安全标准的要求。同一品种不同包装的产品,不受包装规格和包装形式影响的检验项目可以一并检验。

1.企业自行检验项目及一般应具备的检验设备设施(见表1-14)

表1-14　企业自行检验项目及一般应具备的检验设备设施

序号	品种名称	检验项目	检验设备设施
1	发酵豆制品	感官、水分、氨基酸态氮、水溶性蛋白质(腐乳)、总酸(标准有此项目的)、食盐、大肠菌群	分析天平(0.1 mg)、天平(0.1 g)、恒温干燥箱、灭菌锅、恒温培养箱、恒温水浴锅、无菌室或超净工作台、生物显微镜(按标准需要)、酸度计(附磁力搅拌器)、定氮蒸馏装置(腐乳)

续表

序号	品种名称		检验项目	检验设备设施
2	非发酵豆制品		感官、水分(豆浆类除外)、蛋白质、脲酶试验(豆浆类)、菌落总数(标准有此项目的)、大肠菌群、食盐(标准有此项目的)	分析天平(0.1 mg)、天平(0.1 g)、恒温干燥箱、灭菌锅、恒温培养箱、恒温水浴锅、无菌室或超净工作台、生物显微镜(按标准需要)、定氮蒸馏装置
3	其他豆制品	食用大豆粕、低温食用豆粕	感官、水分、杂质、粗蛋白质、氮溶解指数(低温食用豆粕)、粗纤维素、粗脂肪、灰分、含砂量、真实性要求、掺杂物(食用大豆粕)	分析天平(0.1 mg)、天平(0.01 g)、定氮蒸馏装置、粉碎设备、马弗炉、索氏抽提器、恒温水浴锅、电热鼓风干燥箱
		大豆蛋白	感官、水分、粗蛋白质或蛋白质、氮溶解指数(低变性大豆蛋白粉)、粗纤维素、粗脂肪或脂肪、灰分、细度(大豆蛋白粉)、脲酶(尿素酶)活性、菌落总数、大肠菌群	分析天平(0.1 mg)、天平(0.1 g)、定氮蒸馏装置、电热鼓风干燥箱、粉碎设备、索氏抽提器、恒温水浴锅、马弗炉、0.154 mm筛(大豆蛋白粉)、恒温培养箱、生物显微镜(按标准需要)、无菌室或超净工作台、灭菌锅
		膨化豆制品	感官、水分、蛋白质、脲酶定性	分析天平(0.1 mg)、定氮蒸馏装置、电热鼓风干燥箱、恒温水浴锅

续表

序号	品种名称		检验项目	检验设备设施
3	其他豆制品	大豆蛋白制品	感官、菌落总数（标准有此项目的）、大肠菌群	天平（0.1 g）、恒温干燥箱、灭菌锅、恒温培养箱、恒温水浴锅、无菌室或超净工作台、生物显微镜（按标准需要）
		大豆膳食纤维	感官、总膳食纤维、可溶性膳食纤维、水分、灰分、菌落总数、大肠菌群	分析天平（0.1 mg）、天平（0.1 g）、真空抽滤装置、真空干燥箱、恒温振荡水浴锅、恒温干燥箱、酸度计、马弗炉、灭菌锅、恒温培养箱、无菌室或超净工作台、生物显微镜（按标准需要）
		大豆肽粉	感官、细度、粗蛋白、肽含量、水分、灰分、粗脂肪、脲酶（尿素酶）活性、菌落总数、大肠菌群	分析天平（0.1 mg）、天平（0.1 g）、0.250 mm 筛、定氮蒸馏装置、氨基酸自动分析仪、马弗炉、索氏抽提器、恒温水浴锅、恒温干燥箱、灭菌锅、恒温培养箱、无菌室或超净工作台

注：1.应综合考虑产品特性、工艺特点、原料控制情况等因素，合理确定检验项目和检验频次，以有效验证生产过程中的控制措施。容易受生产过程影响而变化的检验项目的检验频次应大于其他检验项目。

2.检验项目应按产品明示的执行标准中的项目执行，标准中有本表规定检验项目的，应具备本表要求的相应检验设备设施。

2.检验管理要求

(1)原辅料检验：企业应根据原辅料、包装材料及成品特点，制定原辅料的内控指标要求，进行进货检验或查验。

(2)过程检验：企业应根据产品工艺和产品特点，确定过程控制及检验项目。过程检验包括过程产品的检验和过程控制环节的卫生监测，企业应根据过程检验项目配备相应的化验室和设备等以满足过程检验需要。过程检验项目一般是对终产品质量有重要影响的项目。过程控制环节一般包括对人员、环境的微生物监控等，可制订周期监测计划，对各环节按计划进行监控，以验证环境消毒的结果及消毒措施的有效性。

(3)出厂检验：企业可以自行进行出厂检验，也可以委托有资质的机构检验。

①出厂检验项目：产品执行标准已明确出厂检验要求时，应按标准的规定执行。产品执行标准未明确产品出厂检验项目及频次时，企业应综合考虑产品特性、工艺特点、原料控制等因素，科学合理地界定产品出厂检验项目和频次。界定的原则是既要保证产品符合食品安全标准的要求，又要避免不必要的重复检验。

②自行检验的，应当具备出厂检验项目的检验能力。

③委托检验的，可部分项目或全项目委托，应与有资质的检验机构签订检验协议，协议应写明产品批批检验。检验管理制度中应该对委托检验有关事项进行规定，能够落实批批检验的主体责任。委托检验要具有可操作性，应能从时间、空间(企业与检验机构的距离)等因素确保批批检验的可行性。

(4)非标准方法的使用要求：企业可以使用快速检验方法及设备，但应保证检验结果的准确性。应定期与国家标准规定的检验方法比对或验证，确保非标准方法检验结果的准确性。非标准方法检验结果显示异常时，应使用国家标准规定的检验方法进行确认。企业应提供非标准方法(含快速检验方法)与国标方法的比对报告，证明检验结果的准确性。

3.检验能力核查要求

(1)细则规定检验核查:核查企业是否具备细则规定的检验设备和检验项目的检验能力。

(2)自行检验核查:应核查企业化验室和化验人员能力。应当查看企业是否具备所检项目必备的检验设备。化验室是否水电齐全、通风良好,各功能区是否分隔合理,设备的精度、性能、数量是否满足检验项目的要求,药品试剂是否齐全,是否能够按照标识储存方法存放。人员是否符合管理制度中的任职要求。现场应对化验员的检验能力进行验证,包括对检验方法、技术指标等的掌握情况,还应该对化验员实际操作和原始记录的书写水平进行评价。

(3)全项委托检验核查:若企业全项委托第三方,应查看被委托方的检验资质,是否具备委托项目的全部技术要求,查看双方委托协议的合理性,比如批次的界定、产品到达实验室的方式、出具报告的时限等,并标注被委托方对委托方的产品质量批批负责字样等。

(4)委托加自检核查:若企业出厂检验项目部分委托,应按照(2)和(3)的要求分别进行评价。

(5)出厂检验报告:企业出具的出厂检验报告的数据,可来源于自行检验加委托检验项目的合集,但检验样品必须为同一批次产品。

(六)配方管理

应对产品配方实施有效管理,列明配方中使用的食品添加剂、食品营养强化剂、新食品原料的使用依据和规定使用量;所使用的食品添加剂、食品营养强化剂、新食品原料应符合相应产品标准及国务院卫生行政部门相关公告的规定。

不得超范围、超限量使用食品添加剂。严禁使用非食品原料(如饲料用豆、饲料用大豆粕、非食用盐等)、食品添加剂以外的化学物质(如次硫酸氢钠甲醛即吊白块等)、超过保质期的原料和其他可能危害人体健康的原辅料生产加工豆制品。

（七）清场

每次生产前应检查设备是否处于正常状态，防止影响产品安全的情形发生；出现故障应及时排除并记录故障发生时间、原因及可能受影响的产品批次。

开封后的原料未用尽时必须密封，存放于适当场所，防止污染，在确保产品质量的前提下，在保质期内尽快使用。固体原料在进入投料间时，应先除去外包装或采取有效措施防止交叉污染。

清洁作业区生产前应启动空气净化系统，对车间内空气进行净化。

半成品的贮存应严格控制温度和时间，配制好的半成品应尽快使用。因故延缓生产时，应对已调配好的半成品及时进行有效处理，防止污染或腐败变质，恢复生产时应对其进行检验，不符合标准的应予以废弃。

五、现场审查要求

见“附录一　豆制品生产许可现场核查指南”。

六、检验报告核查原则

（一）试制产品检验合格报告

根据审查细则、所执行的食品安全标准，核查试制产品检验合格报告的种类、检验项目及检验结论是否符合规定要求。

（二）试制产品检验合格报告提供原则

（1）按照产品执行标准和工艺特性提供检验报告，即按申报标准分别提供检验报告；执行同一标准但工艺存在明显差别的，应分别提供。

（2）新办企业、生产条件发生重大变更、增加产品的，经核实需进行现场核查的，需要提供试制产品检验合格报告；生产条件未发生变化、未增加产品的，无须提供试制产品报告。企业可以全项自检、自检加委托(需为同批次产品)、全项委托的形式进行检验，但不可同一产品委托多个机构。

七、现场核查结论判定原则

现场核查的最小判定单位为类别名称，若同一类别名称下的品种明细全部通过现场核查，则该类别名称核查结论为通过现场核查；若该类别名称下的任一产品未通过现场核查，则该类别名称核查结论为未通过现场核查。

八、现场核查需提交的资料和文书

根据实际情况参照执行，现场核查需提交的资料和文书具体见表 1-15。

表 1-15　现场核查需提交材料清单

序号	项目	数量/份
1	食品生产许可申请书	1
2	食品生产加工场所周围环境平面图	1
3	食品生产加工场所平面图	1
4	食品生产加工场所各功能区间布局平面图	1
5	生产设备布局图	1
6	生产工艺流程图	1
7	企业标准复印件	1
8	食品安全管理制度文本	1
9	食品生产许可审查纪律书	1
10	食品生产许可审查工作廉政卡存根	1
11	食品生产许可现场核查通知书	1

续表

序号	项目	数量/份
12	食品、食品添加剂生产许可现场核查首次会议签到表	1
13	食品、食品添加剂生产许可现场核查末次会议签到表	1
14	食品、食品添加剂生产许可现场核查评分记录表	1
15	食品、食品添加剂生产许可现场核查报告	1
16	产品配方(包括食品及食品添加剂企业,审查组签字,加盖企业公章)	1
17	产品执行非食品安全国家标准的标准文本	1
18	试制食品检验报告	1
19	许可机关要求提交的其他材料(如取水证、采矿证、产业政策证明等)	1

九、企业取证后的食品安全风险

(一)原辅料及食品添加剂方面

(1)豆类原料应符合 GB 2715—2016 及其相应质量标准的要求,不应使用发霉变质的原辅料生产豆制品。

(2)豆制品生产中使用的凝固剂,如氯化钙、氯化镁、硫酸钙等,应为食品添加剂,不应使用化工原料。

(3)凝固剂等食品添加剂应专库(区)存放、专人保管。使用时应配备专人负责投料,并执行至少两个人参与,一人配料,一人复核、监督的保障措施。

(二)许可条件方面

(1)只为了方便原辅料输送及生产操作,取得生产许可证后擅自拆除一般作业区与准清洁作业区或准清洁作业区与清洁作业区之间的分隔设施,或采取其他方式使不同作业区之间直接连通,大幅增加了洁净度要求不同的各作业区之间交叉污染的风险。

（2）未严格按照准清洁作业区、清洁作业区的要求进行人员和物流的管理和控制，尤其是未严格按清洁作业区的要求控制和管理即食豆制品成品暂存区、内包装区等的环境洁净度，增加了产品的微生物限量不合格风险。

（三）超许可范围生产方面

未按照许可要求和许可范围实施生产。例如：只取得了发酵豆制品生产许可，却生产非发酵豆制品和大豆蛋白类制品；或只取得了非发酵豆制品生产许可，却生产了大豆蛋白类制品等。

（四）产品标签标识方面

预包装豆制品食品标签应符合 GB 7718—2011《食品安全国家标准　预包装食品标签通则》的规定；食品营养标签应符合GB 28050—2011《食品安全国家标准　预包装食品标签通则》的规定；以转基因大豆为原料生产加工的豆制品，应按国家相关规定显著标示。

豆制品标签标识还应符合产品执行标准中关于标签标识的标注要求，其主要执行标准中的标签标识相关要求详见表 1-16。

表 1-16　豆制品标签标识相关要求

序号	标准号	标准名称	标签标识要求
1	SB/T 10170—2007	腐乳	外包装箱上除应标明产品名称、制造者的名称地址外，还应标明单位包装的净含量和总数量
2	NY/T 1052—2014	绿色食品　豆制品	标志应符合《中国绿色食品商标标志设计使用规范手册》的规定
3	SB/T 10633—2011	豆浆类	产品名称应按产品标准规定标示分类名称，即豆浆（浓型、普通型、淡型）、调制豆浆。没有标明的豆浆产品为普通豆浆

续表

序号	标准号	标准名称	标签标识要求
4	GB/T 13382—2008	食用大豆粕	符合本标准的规定和要求的产品，允许标注的名称为“食用大豆粕”；应注明产品原料的生产国名
5	GB 14932—2016	食品安全国家标准 食品加工用粕类	产品标签应标识产品的生产工艺(溶剂浸出工艺或压榨工艺等)
6	GB/T 21494—2008	低温食用豆粕	凡标识“低温食用豆粕”的产品应符合本标准
7	GB/T 22493—2008	大豆蛋白粉	凡标识“大豆蛋白粉”的产品应符合本标准规定的相应指标
8	GB 20371—2016	食品安全国家标准 食品加工用植物蛋白	产品名称应标注具体植物来源，如大豆蛋白、豌豆蛋白等；产品名称可标注具体的分类，如大豆分离蛋白、大豆组织蛋白等；产品名称中可包含描述产品成型后物理形态的词语，如颗粒、碎片、粉等；大豆蛋白产品应按下列方式标识脲酶活性和安全性文字说明：脲酶活性为阴性，脲酶活性为非阴性(需加热灭酶处理后方可食用的产品)
9	GB/T 22494—2008	大豆膳食纤维粉	凡标注“大豆膳食纤维粉”的产品应符合本标准，应注明产品原料的生产国名
10	GB/T 22492—2008	大豆肽粉	应注明产品原料的生产国名

第二章

蜂产品

一、产品概述

(一)产品定义与分类

纳入生产许可范围的蜂产品主要有蜂蜜、蜂王浆(含蜂王浆冻干品)、蜂花粉、蜂产品制品四类,其许可食品类别、类别名称、品种明细详见表2-1。

表2-1　蜂产品生产许可食品类别目录

食品类别	类别编号	类别名称	品种明细
蜂产品	2601	蜂蜜	蜂蜜
	2602	蜂王浆(含蜂王浆冻干品)	蜂王浆、蜂王浆冻干品
	2603	蜂花粉	蜂花粉
	2604	蜂产品制品	蜂产品制品

主要蜂产品分类和定义详见表2-2。

表2-2　主要蜂产品分类和定义

食品类别	分类	二级分类	定义	备注
蜂产品	蜂蜜	蜂蜜	以蜜蜂采集植物的花蜜、分泌物或蜜露,与自身分泌物混合后,充分酿造而成的天然甜物质为原料,经过滤、灌装等工艺加工而成的产品	《食品安全国家标准　蜂蜜》(GB 14963—2011)、《蜂产品生产许可审查细则》
	蜂王浆(含蜂王浆冻干品)	蜂王浆	别名"蜂皇浆",指以工蜂咽下腺和上颚腺分泌的,主要用于饲喂蜂王和蜂幼虫的浆状物质为原料,经过滤、灌装等工艺加工而成的产品	《蜂王浆》(GB 9697—2008)、《王台蜂王浆》(GB/T 35027—2018)、《蜂产品生产许可审查细则》
		蜂王浆冻干品	以蜂王浆为原料经冷冻干燥、粉碎、包装等工艺加工而成的产品	《蜂王浆冻干粉》(GB/T 21532—2008)、《蜂产品生产许可审查细则》

续表

食品类别	分类	二级分类	定义	备注
蜂产品	蜂花粉	蜂花粉	以工蜂采集花粉，用唾液和花蜜混合后形成的物质为原料，经干燥、消毒灭菌、包装等工艺加工而成的产品	《食品安全国家标准　花粉》（GB 31636—2016）、《蜂产品生产许可审查细则》
	蜂产品制品	蜂产品制品	以蜂蜜、蜂王浆（含蜂王浆冻干品）、蜂花粉或其混合物为主要原料，且在成品中含量大于50%，添加或不添加其他食品原料，经加工制成的产品	—

（二）涉及许可的其他事项说明

（1）蜂花粉品种：按照《食品安全国家标准　花粉》（GB 31636—2016）的要求，油菜花粉、向日葵花粉、紫云英花粉、荞麦花粉、芝麻花粉、高粱花粉、玉米花粉等纳入生产许可管理范围。其他品种依据卫生行政部门后续的相关公告执行。

（2）松花粉属风媒花粉，对应产品参照蜂花粉的相关要求执行。

（3）蜂蜜、蜂王浆（含蜂王浆冻干品）和蜂花粉中不得添加任何其他物质。

（4）蜂产品制品中蜂蜜、蜂王浆（含蜂王浆冻干品）、蜂花粉或其混合物在成品中含量要大于50%，且以蜂蜜为原料生产蜂产品制品不得添加淀粉糖、糖浆、食糖。

（5）鼓励企业使用巢蜜为原料生产蜂蜜。巢蜜是指在封盖的蜜脾内贮存的蜂蜜，由蜂巢和蜂蜜两部分组成，巢房封盖90%以上（包括大块巢蜜、格子巢蜜、切块巢蜜）。巢蜜属于食用农产品，不纳入生产许可，但鼓励企业以巢蜜为原料生产蜂产品。

（6）蜂产品不允许分装，蜂花粉除外。

分装一般指没有其他任何工艺，仅进行大包换小包的生产方式。

二、相关标准

（一）标准执行原则

（1）按《中华人民共和国食品安全法》的规定，食品安全标准是唯一强制执行的食品标准，包括食品安全国家标准、食品安全地方标准。无论企业是否明示，其产品均应符合相应的食品安全标准的要求。食品安全标准以外的标准原则上均是推荐性标准，包括国家标准、行业标准、地方标准、团体标准和企业标准。

（2）企业申报产品可以执行适用的食品安全标准，也可以执行推荐性标准或企业标准。

（3）企业标准不得低于食品安全国家标准或食品安全地方标准的要求。食品生产企业制定食品安全指标严于食品安全国家标准或者地方标准的企业标准的，应当报省卫生行政部门备案。鼓励企业制定严于食品安全国家标准或者地方标准的企业标准。制定企业标准时应关注适用的食品安全国家标准的相关规定，如 GB 2760—2014、GB 14880—2012 对于食品添加剂、营养强化剂的使用要求，GB 7718—2011、GB 28050—2011 等对于标签的要求等。

（4）《蜂产品生产许可审查细则》中引用的标准应按现行有效的版本执行。

（二）相关文件与标准（见表 2-3 至表 2-7）

表 2-3　相关文件与标准

序号	编号	名称
1	GB 14963—2011	食品安全国家标准　蜂蜜
2	GH/T 18796—2012	蜂蜜
3	GB 9697—2008	蜂王浆
4	GB/T 21532—2008	蜂王浆冻干粉

续表

序号	编号	名称
5	GB 31636　2016	食品安全国家标准　化粉
6	GB/T 30359—2021	蜂花粉
7	GB/T 325.1—2018	包装容器　钢桶　第1部分:通用技术要求
8	GH/T 1015—1999	蜂蜜包装钢桶
9	GB 4806.4—2016	食品安全国家标准　陶瓷制品
10	GB 4806.5—2016	食品安全国家标准　玻璃制品
11	GB 4806.7—2016	食品安全国家标准　食品接触用塑料材料及制品
12	GB 4806.9—2016	食品安全国家标准　食品接触用金属材料及制品
13	GB 9683—1988	复合食品包装袋卫生标准
14	GB/T 191—2008	包装储运图示标志
15	GB 5749—2016	生活饮用水卫生标准
16	GB 2760—2014	食品安全国家标准　食品添加剂使用标准
17	GB 14880—2012	食品安全国家标准　食品营养强化剂使用标准
18	GB 2762—2022	食品安全国家标准　食品中污染物限量
19	GB 14881—2013	食品安全国家标准　食品生产通用卫生规范
20	GB 7718—2011	食品安全国家标准　预包装食品标签通则
21	GB 28050—2011	食品安全国家标准　预包装食品营养标签通则
22	原国家质检总局令第75号	定量包装商品计量监督管理办法

表 2-4　蜂蜜的检验项目和检验方法

序号	检验项目	标准号	标准名称	检验方法
1	感官	GB 14963—2011 GH/T 18796—2012	食品安全国家标准 蜂蜜	GB 14963—2011
2	果糖和葡萄糖			GH/T 18796—2012
3	蔗糖			GB 5009.8—2016
4	锌	GB 14963—2011	食品安全国家标准 蜂蜜	GB 5009.14—2017
5	菌落总数			GB 4789.2—2022
6	大肠菌群			GB 4789.3—2016
7	霉菌计数			GB 4789.15—2016
8	嗜渗酵母计数			GB 14963—2011
9	水分	GH/T 18796—2012	蜂蜜	SN/T 0852—2012
10	酸度			
11	羟甲基糠醛			GB/T 18932.18—2003
12	淀粉酶活性			GB/T 18932.16—2003
13	灰分			GB 5009.4—2016
14	碳 4 植物糖			GB/T 18932.1—2022
15	铅	GB 2762—2022	食品安全国家标准 食品中污染物限量	GB 5009.12—2017
16	标签	GB 7718—2011	食品安全国家标准 预包装食品标签通则	GB 7718—2011

续表

序号	检验项目	标准号	标准名称	检验方法
17	营养标签	GB 28050—2011	食品安全国家标准 预包装食品营养标签通则	GB 28050—2011
18	净含量	国家质检总局令第75号	定量包装商品计量监督管理办法	JJF 1070—2016
19	兽药残留、农药残留等指标	按照相关规定执行	—	按照对应方法标准执行

注：本表按照蜂蜜相关标准汇总，仅供参考。

表 2-5　蜂王浆（含蜂王浆冻干品）的检验项目和检验方法

序号	检验项目	标准号	标准名称	检验方法
1	感官	GB 9697—1988 GB/T 21532—2008	蜂王浆 蜂王浆冻干粉	GB 9697—1988
2	水分			GB/T 21532—2008
3	10-羟基-2-癸烯酸			GB 9697—1988
4	蛋白质			
5	总糖			
6	灰分			
7	酸度			
8	淀粉			
9	标签	GB 7718—2011	食品安全国家标准　预包装食品标签通则	GB 7718—2011

续表

序号	检验项目	标准号	标准名称	检验方法
10	净含量	国家质检总局令第 75 号	定量包装商品计量监督管理办法	JJF 1070—2016

注:本表按照蜂王浆(含蜂王浆冻干品)相关标准汇总,仅供参考。

表 2-6　蜂花粉的检验项目和检验方法

序号	检验项目	标准号	标准名称	检验方法	备注
1	感官	GB 31636—2016 GB/T 30359—2021	食品安全国家标准　花粉 蜂花粉	GB 31636—2016 GB/T 30359—2021	—
2	水分			GB 5009.3—2016 中的减压干燥法	
3	灰分			GB 5009.4—2016	
4	蛋白质			GB 5009.5—2016 中的凯氏定氮法	
5	单一品种蜂花粉的花粉率			GB 31636—2016 GB/T 30359—2021	仅对单一品种蜂花粉有要求
6	酸度			GB 31636—2016 GB/T 30359—2021	—

续表

序号	检验项目	标准号	标准名称	检验方法	备注
7	菌落总数	GB 31636—2016	食品安全国家标准　花粉	GB 4789.2—2022	—
8	大肠菌群			GB 4789.3—2016	
9	霉菌			GB 4789.15—2016	
10	碎蜂花粉率	GB/T 30359—2021	蜂花粉	GB/T 30359—2021	对碎蜂花粉不作要求
11	脂肪			GB 5009.6—2016 中的第二法	—
12	总糖			GB/T 30359—2021	
13	黄酮类化合物				
14	过氧化值				
15	铅	GB 2762—2022	食品安全国家标准　食品中污染物限量	GB 5009.12—2017	
16	标签	GB 7718—2011	食品安全国家标准　预包装食品标签通则	GB 7718—2011	
17	净含量	国家质检总局令第 75 号	定量包装商品计量监督管理办法	JJF 1070—2016	

注：本表按照蜂花粉相关标准汇总，仅供参考。

表 2-7　蜂产品制品的检验项目和检验方法

序号	检验项目	标准号	标准名称	检验方法	备注
1	感官	产品明示标准	产品明示标准	产品明示标准	—
2	水分			产品明示标准	
3	果糖和葡萄糖			GB 5009.8—2016	以蜂蜜为主要原料的产品
4	10-羟基-2-癸烯酸			GB 9697—1988	以蜂王浆为主要原料的产品
5	蛋白质			GB 5009.5—2016 中的凯氏定氮法	以蜂王浆、蜂花粉为主要原料的产品
6	菌落总数			GB 4789.2—2022	—
7	大肠菌群			GB 4789.3—2016	
8	霉菌计数			GB 4789.15—2016	
9	标签	GB 7718—2011	食品安全国家标准 预包装食品标签通则	GB 7718—2011	
10	营养标签	GB 28050—2011	食品安全国家标准 预包装食品营养标签通则	GB 28050—2011	对每日食用量不大于 10 g 或 10 mL 的产品不作要求
11	净含量	国家质检总局令第 75 号	定量包装商品计量监督管理办法	JJF 1070—2016	—

续表

序号	检验项目	标准号	标准名称	检验方法	备注
12	食品添加剂、污染物等指标	按照相关规定	—	按照对应标准	—

注：本表按照蜂产品制品相关标准汇总，仅供参考。

企业生产加工过程中用到的食品原料、食品添加剂、消毒剂、食品相关产品应符合相应的食品安全国家标准。

三、现场核查程序

（一）编制核查计划

审查部门应当自收到申请材料之日起三个工作日内组成核查组。现场核查应当由至少两名食品安全监管人员进行，必要时可以邀请技术专家。

日常监管部门应当派食品安全监管人员作为观察员，配合并协助现场核查工作。核查组成员中有日常监管部门的食品安全监管人员时，不再指派观察员。

（二）实施现场核查

核查人员应当自接受现场核查任务之日起五个工作日内，完成对生产场所的现场核查。

1.召开首次会议

由核查组长向申请人介绍核查目的、依据、内容、工作程序、核查人员及工作安排等内容。

2.现场核查

核查组应当依据“食品、食品添加剂生产许可现场核查评分记录表”中所列核查项目，采取核查现场、查阅文件、核对材料及询问相关人员等方法实施现场核查。必要时，核查组可以对申请人的食品安全管理人员、专业技术人员进行抽查考核。

3.核查组内讨论

现场核查完毕后，核查组长应当召集核查人员对各自负责的核查项目的评分意见共同研究，汇总核查情况，形成初步核查意见，并与申请人进行沟通。

4.形成核查结论

核查组对核查情况和申请人的反馈意见进行会商后，应当根据不同食品类别的现场核查情况分别进行评分判定，并汇总评分结果，形成核查结论，填写“食品、食品添加剂生产许可现场核查报告”。

5.召开末次会议

由核查组长宣布核查结论，组织核查人员及申请人在“食品、食品添加剂生产许可现场核查评分记录表”“食品、食品添加剂生产许可现场核查报告”上签署意见并签名、盖章。申请人拒绝签名、盖章的，核查人员应当在“食品、食品添加剂生产许可现场核查报告”上注明情况。

参加首、末次会议人员应当包括申请人的法定代表人（负责人）、相关食品安全总监、食品安全管理人员、专业技术人员、核查组成员、观察员。

参加首、末次会议人员应当在“食品、食品添加剂生产许可现场核查首/末次会议签到表”上签到。

四、审查要点

（一）生产车间区域划分和车间环境控制

1.生产车间区域划分

应按产品特点、生产工艺、生产特性以及生产过程对清洁程度的要求合理划分作业区，并采取有效分离或分隔。具体分区见表2-8。

表 2-8　蜂产品生产车间及作业区划分

类别名称	清洁作业区	准清洁作业区	一般作业区
蜂蜜	—	割蜜摇蜜区、投料区、融蜜区、过滤区、灌装间、内包装清洗消毒间等	周转桶清洗间、外包装间、原料库、包装材料库、成品库、烘房等
蜂王浆（含蜂王浆冻干品）	蜂王浆：过滤区、灌装区。 蜂王浆冻干品：过滤间、冷冻干燥间、粉碎间、成型间、内包装间等	解冻区、内包装清洗消毒间等	外包装区、原料冷库、包装材料库、成品（冷）库等
蜂花粉	内包装间等	除杂间、粉碎间、破壁间、干燥区、杀菌区、内包装清洗消毒间等	外包装区、原料（冷）库、包装材料库、成品库等
蜂产品制品	内包装（灌装）间等	原料处理区、配料区、混合加工区、杀菌区、内包装清洗消毒间等	外包装间、原辅料库、包装材料库、成品库等

注：表中所列加工区域为常规分区，企业可根据实际生产情况优化调整。

2.车间材质

蜂蜜及其制品由于糖度高、黏性大、易吸引蝇虫等，其生产车间地面、墙壁应易于清洗，保持清洁，设置有效的防尘、防蝇、防虫、防鼠设施。

3.库房的设置

原料、成品库房应满足相应的温度、湿度等贮存要求，避免阳光直射，保持干燥，并设置有效的防尘、防蝇、防虫、防鼠设施及产品防护措施。

以巢蜜为原料生产蜂蜜的，应设立蜜脾储存库。

蜂王浆（含蜂王浆冻干品）原料及成品储存温度应在－18 ℃以下（常温储存产品除外）。

未经干燥的原料蜂花粉应冷藏或冷冻储存。

（二）生产设备设施

生产设备设施根据实际工艺需要配备，应与生产的产品品种、数量相适应，设备的性能和精度应当满足生产加工的要求。生产设备应保持清洁卫生，直接接触食品的设备、工器具材质应当无毒、无味、抗腐蚀、不易脱落、表面光滑、无吸收性，并易于清洁保养和消毒。

（1）蜂产品常规生产设备设施见表 2-9。

表 2-9　蜂产品常规生产设备设施

类别名称	常规生产设备设施
蜂蜜	周转桶、周转桶清洗消毒设施、原料罐、摇蜜设备、融蜜设施、过滤设备、成品罐、灌装设备、灯检设备、生产设备清洗消毒设施、内包装清洗消毒设施等
蜂王浆（含蜂王浆冻干品）	蜂王浆：解冻设施、过滤设备、灌装设备、温度控制设施、生产设备清洗消毒设施、内包装清洗消毒设施等。 蜂王浆冻干品：解冻设施、过滤设备、真空冷冻干燥设备、粉碎设备、成型设备、空气净化设施、温湿度控制设施、包装设备、生产设备清洗消毒设施、内包装清洗消毒设施等
蜂花粉	筛选设备、干燥设备、杀菌设备、粉碎破壁设施、包装设备、内包装清洗消毒设施等
蜂产品制品	应具备满足产品生产工艺的相关设备，如原料罐、配料设备、混合设备、成型设备、包装设备、生产设备清洗消毒设施等

注：本表所列设备设施为企业常规设备设施，可根据实际生产情况优化调整。

(2)盛装原料蜂蜜的周转桶,应符合食品安全要求,可使用蜂蜜包装钢桶、塑料桶,不得使用镀锌铁桶。

企业应具备生产设备、管道、周转桶等清洗消毒设施,及时进行清洗消毒,防止对产品造成污染。

使用蜂蜜包装钢桶的,还应定期检查内部涂层的完整性。

(3)清洁作业区、准清洁作业区入口处应设置更衣室,配备洗手、干手、消毒设施,按需设置换鞋(穿戴鞋套)或工作鞋靴消毒设施。

(4)生产蜂王浆冻干品的清洁作业区空气洁净度静态时应达到《食品工业洁净用房建筑技术规范》(GB 50687—2011)中的2级要求,生产状态下企业每月至少对清洁作业区沉降菌按照标准要求监测一次。

蜂花粉粉碎破壁车间应根据粉碎破壁方式设置适宜的通风、除尘设施,保持空气洁净,有效去除和隔离飞溅的花粉粉末。

(5)生产蜂王浆(含蜂王浆冻干品)的车间应配备温度控制设施,加工过程环境温度不得高于25 ℃;生产蜂王浆冻干品的车间应配备湿度控制设施,冷冻干燥后的加工环境相对湿度不得高于65%。

(三)工艺流程及关键控制环节

1.工艺流程及关键控制环节

企业应根据产品特性、质量要求、风险控制等因素制定合理的工艺流程,明确关键控制环节。蜂产品生产常规工艺流程及关键控制环节详见表2-10。

表2-10　蜂产品生产常规工艺流程及关键控制环节

类别名称	常规工艺流程	关键控制环节
蜂蜜	用桶装原料蜂蜜生产蜂蜜:原料验收→融蜜→过滤→灌装; 用巢蜜原料生产蜂蜜:原料验收→割蜜→摇蜜→过滤→灌装	1.原料的质量安全控制; 2.融蜜过程中的温度控制; 3.灌装设备的清洗消毒

续表

类别名称	常规工艺流程	关键控制环节
蜂王浆（含蜂王浆冻干品）	蜂王浆：原料验收→解冻→过滤→灌装； 蜂王浆冻干品：原料验收→解冻→过滤→真空冷冻干燥→粉碎→成型→包装	1.原料的质量安全控制； 2.解冻过程中的温度、时间控制； 3.真空冷冻干燥过程中的真空度、温度控制； 4.灌装（包装）过程中的卫生控制； 5.蜂王浆贮存过程中的温度控制
蜂花粉	原料验收→筛选→干燥→破壁→灭菌→包装	1.原料的质量安全控制； 2.干燥过程中的温度控制； 3.灭菌方式及相关参数控制； 4.包装过程中的卫生控制
蜂产品制品	原料验收→预处理→配料→混合→灭菌→灌装（包装）等	1.原料的质量安全控制； 2.配料过程中的投料控制； 3.灌装（包装）过程中的卫生控制

注：表中所列工艺流程为企业常规工艺流程，可根据实际生产情况优化调整。

2.重点关键控制环节控制要求

蜂蜜生产过程中融蜜温度不得高于 60 ℃。有需要进行脱水的，应采取适宜的方式，脱水温度不得高于 65 ℃。

蜂王浆（含蜂王浆冻干品）应在包装密闭状态下解冻，解冻温度不得高于 25 ℃，解冻时间不应超过 72 h；生产过程中环境温度不得高于 25 ℃；解冻完毕至包装或灌装完成不得超过 12 h（不含真空冷冻干燥环节）。

盛装蜂王浆的容器需要清洗消毒的，应当清洗后用 75％食用酒精等进行消毒。

蜂花粉生产过程中应采用适宜的干燥方式，干燥温度不得高于 45 ℃。

采用辐照方式灭菌的蜂花粉生产企业应取得相应资质或委托具有资质的机构代为辐照。辐照过程应符合国家相关法律法规和标准的要求。

(四)进货查验

(1)建立原料采购管理制度,保证采购的原料符合国家法律法规和食品安全标准的要求。

原料蜂蜜供应商应相对固定,并签订质量协议,在协议中明确双方所承担的质量责任及供应商采收后的存储、初加工及产品防护要求。鼓励企业加强蜜源管理,与蜜源基地签订稳定的采购协议。

(2)建立原料供应商审核制度,定期对主要原料供应商进行评价、考核,确定合格供应商名单。对原料蜂蜜供应商的审核至少应当包括供应商的资质,原料蜂蜜来源、品种、价格,原料蜂蜜质量安全状况等。

(3)建立食品原料、食品相关产品验收规范及进货查验记录制度,根据原料特性、风险因素等确定验收项目和要求。

原料蜂蜜的验收应当加强对氯霉素、喹诺酮类、甲硝唑等硝基咪唑类兽药残留的监测,不得采购含有淀粉糖、糖浆、食糖的原料蜂蜜。

(五)生产过程控制

建立蜂产品生产过程控制制度,按照生产工艺流程对原料验收、生产过程、贮存运输等全过程质量安全进行控制。

1.蜂蜜生产过程控制要求

蜂蜜生产过程控制应当在投料环节对原料蜂蜜品种进行核对,避免品种混淆;在储存环节对原料蜂蜜、半成品蜂蜜存储时间建立管理控制措施。

企业应确定原料蜂蜜、半成品蜂蜜的储存期限。不得使用回收的蜂蜜再次生产蜂产品。

以巢蜜为原料生产蜂蜜的,应制定蜜脾运输、储存等环节产品防护要求。

2.蜂产品制品生产过程控制要求

蜂产品制品生产过程中应当制定产品配方，明确蜂蜜、蜂王浆（含蜂王浆冻干品）、蜂花粉或其混合物的投料比例，严格按照配方投料，在产品标签配料表中如实标注添加量或在成品中的含量。

建立生产设备管理制度，制定设备、容器具的清洗消毒管理要求，定期维护保养做好记录，出现故障应及时排除。

（六）产品检验管理要求

建立产品出厂检验管理制度，综合考虑产品特性、工艺特点、原料控制等因素，明确出厂检验项目、批次、频次和检验要求。

当执行的标准列出出厂检验项目及要求的，应按标准的规定执行。当执行标准未列出出厂检验项目及要求的，企业应当确定出厂检验项目及要求。蜂蜜、蜂王浆（含蜂王浆冻干品）、蜂花粉、蜂产品制品相关标准列出的检验项目和方法见表 2-4 至表 2-7。

企业产品出厂检验可自行检验，也可委托具有检验资质的第三方检测机构进行检验。企业自行检验的，应具备相应的检验能力，每年至少进行一次全项目检验能力验证。

企业可使用快速检验方法进行出厂检验，但应定期与国家标准规定的检验方法进行比对或者验证。当快速检验方法检验结果显示异常时，应使用国家标准规定的检验方法进行验证。

产品自行检验的，企业应按照产品执行标准及检验管理制度中规定的检验项目配备满足原料、半成品、成品检验所需的检验设备、设施，并确保检验设备的性能、精度满足检验要求。蜂产品常用检验设备见表 2-11。

表 2-11　蜂产品常用检验设备

类别名称	常用检验设备
蜂蜜	天平、恒温培养箱、高压灭菌锅、无菌室或洁净工作台
蜂王浆（含蜂王浆冻干品）	天平、分析天平（0.1 mg）、真空干燥箱、高效液相色谱仪（紫外检测器）

续表

类别名称	常用检验设备
蜂花粉	天平、分析天平(0.1 mg)、真空干燥箱、恒温培养箱、高压灭菌锅、无菌室或洁净工作台
蜂产品制品	根据产品检验项目，配备相应的检验设备

（七）其他管理要求

(1)建立产品留样制度，产品留样间应满足产品贮存条件要求，留样数量应满足复检要求，产品留样应保存至保质期满并有记录。

(2)建立产品追溯制度，如实记录原料验收、生产加工、产品检验、出厂销售等全过程信息，实现产品有效追溯。

企业应当合理设定产品批次，建立批生产记录。蜂产品制品批生产记录应当如实记录投料的原料名称、投料数量、产品批号、投料日期等信息。记录内容应当完整、真实、准确，记录保存时限不得少于产品保质期满后 6 个月。

(3)建立食品标签审核制度，产品标签应当符合法律法规及食品安全标准等规定，反映产品真实属性。蜂产品的产品标签应当符合以下要求：

①蜂蜜产品名称可根据蜜源植物命名，不得虚假标注。

②蜂产品制品应当在产品标签主展示面上醒目标示反映真实属性的专用名称“蜂产品制品”，字号不得小于同一展示面板其他文字，不得使用“蜂蜜”“××蜜”“蜂蜜膏”“蜂蜜宝”等名称。

③蜂产品制品标签上的配料表应当如实标明蜂蜜、蜂王浆(含蜂王浆冻干品)、蜂花粉或其混合物的添加量或在成品中的含量。

(4)建立产品召回制度，制定召回管理规定，对召回的食品采取补救、无害化处理、销毁等措施，记录召回和处理情况，并向当地监管部门报告。

五、现场审查要求

见“附录二　蜂产品生产许可现场核查指南”。

六、检验报告核查原则

(一)试制产品检验合格报告

根据审查细则、所执行的食品安全标准，核查试制产品检验合格报告的种类、检验项目及检验结论是否符合规定要求。

(二)试制产品检验合格报告提供原则

(1)按照产品执行标准和工艺特性提供检验报告，即按申报标准分别提供检验报告；执行同一标准但工艺存在明显差别的，应分别提供。

(2)新办企业、生产条件发生重大变更、增加产品的，经核实需进行现场核查的，需要提供试制产品检验合格报告；生产条件未发生变化、未增加产品的，无须提供试制产品报告。企业可以全项自检、自检加委托(需为同批次产品)、全项委托的形式进行检验，但不可同一产品委托多个机构。

七、现场核查结论判定原则

现场核查的最小判定单位为类别名称，若同一类别名称下的品种明细全部通过现场核查，则该类别名称核查结论为通过现场核查；若该类别名称下的任一产品未通过现场核查，则该类别名称核查结论为未通过现场核查。

八、现场核查需提交的资料和文书

根据实际情况参照执行，现场核查需提交的资料和文书具体见表 2-12。

表 2-12　现场核查需提交材料清单

序号	项目	数量/份
1	食品生产许可申请书	1
2	食品生产加工场所周围环境平面图	1
3	食品生产加工场所平面图	1
4	食品生产加工场所各功能区间布局平面图	1
5	生产设备布局图	1
6	生产工艺流程图	1
7	企业标准复印件	1
8	食品安全管理制度文本	1
9	食品生产许可审查纪律书	1
10	食品生产许可审查工作廉政卡存根	1
11	食品生产许可现场核查通知书	1
12	食品、食品添加剂生产许可现场核查首次会议签到表	1
13	食品、食品添加剂生产许可现场核查末次会议签到表	1
14	食品、食品添加剂生产许可现场核查评分记录表	1
15	食品、食品添加剂生产许可现场核查报告	1
16	产品配方(包括食品及食品添加剂企业,审查组签字,加盖企业公章)	1
17	产品执行非食品安全国家标准的标准文本	1
18	试制食品检验报告	1
19	许可机关要求提交的其他材料(如取水证、采矿证、产业政策证明等)	1

第三章

酱　油

一、产品概述

(一)产品定义

依据《食品安全国家标准　酱油》(GB 2717—2018),酱油是指以大豆和/或脱脂大豆、小麦和/或小麦粉和/或麦麸为主要原料,经微生物发酵制成的具有特殊色、香、味的液体调味品。[①]

(二)产品分类

酱油的申证类别为调味品大类,类别编号为0301。酱油生产许可食品类别、类别名称、品种明细及执行标准等见表3-1。

表3-1　酱油生产许可食品类别目录列表

食品类别	类别名称	品种明细	执行标准
调味品	酱油	酱油	《食品安全国家标准　酱油》(GB 2717—2018) 《酿造酱油》(GB/T 18186—2000)

企业可制定严于食品安全国家标准的企业标准,在本企业使用,并报所在地省、自治区、直辖市人民政府卫生行政部门备案。

根据《酱油分类》(SB/T 10173—1993)和《酿造酱油》(GB/T 18186—2000),酿造酱油的分类和定义见表3-2。

① 《酿造酱油质量通则》(GB/T 18186)(报批稿)中定义酿造酱油为"以大豆和/或脱脂大豆(食用大豆粕)、小麦和/或小麦粉和/或麦麸(食用小麦麸皮)为主要原料,经微生物发酵制成的具有特殊色、香、味的液体调味品"。因该标准尚未正式发布,特此提示关于酱油定义的变化,原料中增加了食用大豆粕,强调了麦麸为食用小麦麸皮。

表 3-2　酱油产品分类和定义

<table>
<tr><td colspan="6">SB/T 10173—1993《酱油分类》</td></tr>
<tr><td colspan="2">人类</td><td colspan="2">业类</td><td colspan="2">细类</td></tr>
<tr><td rowspan="6">酿造酱油</td><td rowspan="6">以豆、谷类或勘察粮食为主要原料，经曲菌酶分解，使其发酵熟成的调味汁液。可供调味及复制用</td><td rowspan="3">高盐发酵酱油</td><td rowspan="3">指原料在生产过程中应用高盐发酵工艺酿制的调味汁液。可供调味及复制用</td><td>高盐固态发酵酱油</td><td>指原料在发酵阶段采用高盐度、小水量的固态制醅工艺，分解熟成后再稀释浸取的调味汁液</td></tr>
<tr><td>高盐固稀发酵酱油</td><td>指原料在发酵阶段先以高盐度、小水量固态制醅，然后在适当条件下再稀释成醪，继续分解熟成制取的调味汁液</td></tr>
<tr><td>高盐稀态发酵酱油</td><td>指原料在发酵阶段采用高盐度、多水量的稀态制醪工艺，分解熟成后直接制取或适量稀释滤出的调味汁液</td></tr>
<tr><td rowspan="2">低盐发酵酱油</td><td rowspan="2">指原料在生产过程中应用低盐发酵工艺酿制的调味汁液。产品通常用于调味及复制</td><td>低盐固态发酵酱油</td><td>指原料在发酵阶段采用低盐度、小水量固态制醅工艺，分解熟成后再经稀释浸取的调味汁液</td></tr>
<tr><td>低盐固稀发酵酱油</td><td>指原料在发酵阶段先以低盐度、小水量固态制醅，然后在适当条件下再以一定浓度盐水稀释成醪，继续分解熟成制取的调味汁液</td></tr>
<tr><td colspan="2">无盐发酵酱油</td><td>无盐发酵酱油</td><td>指原料在生产过程中不添加食盐，采用固态发酵工艺以进行酿制的调味汁液。产品通常用于调味及复制</td></tr>
</table>

续表

GB/T 18186—2000《酿造酱油》			
大类		细类	
酿造酱油	以大豆和/或脱脂大豆、小麦和/或麸皮为原料，经微生物发酵制成的具有特殊色、香、味的液体调味品	高盐稀态发酵酱油（含固稀发酵酱油）	以大豆和/或脱脂大豆、小麦和/或小麦粉为原料，经蒸煮、曲霉菌制曲后与盐水混合成稀醪，再经发酵制成的酱油
		低盐固态发酵酱油	以脱脂大豆及麦麸为原料，经蒸煮、曲霉菌制曲后与盐水混合成固态酱醅，再经发酵制成的酱油

《酱油分类》(SB/T 10173—1993)中除“酿造酱油”大类外，还有“再制酱油”和“酱油状调味汁”两个类别。再制酱油是指以酿造酱油为基料，添加其他调味品或辅助原料进行加工再制的产品。其体态有液态和固态两种，均供调味用。其中，液态再制酱油是指各种酿造型调味汁液的直接配制品或经简易再加工的复制品；固态再制酱油是指以酿造酱油为基料，经加热或以其他方式浓缩并加入适量充填料制成的产品，稀释后用于调味。酱油状调味汁是指以主要原料的水解液再经发酵后熟制成的调味汁液。以上均不属于《食品生产许可分类目录》中品种明细类别编号 0301 的酱油。

(三)易交叉产品的界定及其他注意事项

1.酱油产品的界定

2021 年 6 月 23 日，国家市场监督管理总局发布了《市场监管总局关于加强酱油和食醋质量安全监督管理的公告(2021 年第 23 号)》(以下简称《公告》)，《公告》强调了《食品安全国家标准 酱油》(GB 2717—2018)中酱油的定义，明确酱油生产应当具有完整的发酵酿造工艺，不得使用酸水解植物蛋白调味液等原料配制生产酱油。

应注意区分《配制酱油》(SB/T 10336—2012)（已废止）中的“配制酱油”，定义是以酿造酱油为主体，与酸水解植物蛋白调味液、食品添加剂等配制而成的液体调味品，其中酿造酱油的含量(以全氮计)不得少于50%。该类产品应按照液体复合调味料许可，应符合《食品安全国家标准　复合调味料》(GB 31644—2018)的相关规定。

2.酱油标签标识的要求

《公告》规定酱油产品应当真实合法标注食品标识，在标签醒目位置清晰标注“酱油”等标准规定名称，真实准确标注各种食品原料和食品添加剂。不符合酱油食品安全国家标准的调味品，不得标注“酱油”名称或类别。同时规定酱油生产企业不得再生产销售标示为“配制酱油”的产品。

各类酱油产品标签标识应符合《食品安全国家标准　预包装食品标签通则》(GB 7718—2011)的相关规定，标签上营养信息的描述和说明应符合《食品安全国家标准　预包装食品营养标签通则》(GB 28050—2011)的相关规定。在流通领域，酱油还可按色泽、口味、用途分为生抽酱油、老抽酱油，按食用方法分为佐餐酱油、烹调酱油，按风味分为普通酱油、菌菇酱油、海鲜酱油等，按是否有机分为普通酱油、有机酱油，按氨基酸态氮等指标分为特级、一级、二级、三级等。

3.不得以分装方式生产酱油

酿造酱油半成品不属于直接供人消费的食品，不对其实行生产许可。企业仅有包装场地和设备，没有完整生产工艺条件和工序的，不予许可。

二、相关标准

(一)酱油产品和原料标准(见表 3-3)

表 3-3　酱油及其原料涉及的标准

序号	标准号	标准名称
1	GB 1351—2008	小麦
2	GB 1352—2009	大豆
3	GB 2717—2018	食品安全国家标准　酱油
4	GB 2721—2015	食品安全国家标准　食用盐
5	GB 5749—2022	生活饮用水卫生标准
6	GB 8953—2018	食品安全国家标准　酱油生产卫生规范
7	GB/T 13382—2008	食用大豆粕
8	GB/T 18186—2000	酿造酱油
9	NY/T 3218—2018	食用小麦麸皮

注:本表为酱油及其原料涉及的主要标准,仅供参考。

(二)酱油生产相关通用标准(见表 3-4)

表 3-4　酱油生产执行的通用标准

序号	标准号	标准名称
1	GB 14881—2013	食品安全国家标准　食品生产通用卫生规范
2	GB 2760—2014	食品安全国家标准　食品添加剂使用标准
3	GB 2761—2017	食品安全国家标准　食品中真菌毒素限量
4	GB 2762—2022	食品安全国家标准　食品中污染物限量
5	GB 2763—2021	食品安全国家标准　食品中农药最大残留限量

续表

序号	标准号	标准名称
6	GB 29921—2021	食品安全国家标准　食品中致病菌限量
7	GB 14880—2012	食品安全国家标准　食品营养强化剂使用标准
8	GB 7718—2011	食品安全国家标准　预包装食品标签通则
9	GB 28050—2011	食品安全国家标准　预包装食品营养标签通则

注：本表为酱油生产过程涉及的主要标准，仅供参考。

（三）检验方法标准

食品企业应按产品标准中规定的检验方法开展检验工作，企业的自检能力应满足感官、净含量、氨基酸态氮、可溶性无盐固形物、全氮、铵盐等理化指标和菌落总数、大肠菌群等卫生指示菌项目的检测要求。企业应每年至少一次对出厂项目的自检能力进行验证和评价，验证形式可采用外部比对等方式，并对能力进行评价并做相关记录。其他检验能力如检测真菌毒素类指标，企业可以使用经国家有关部门发布的快速检验方法，应保证检验结果的准确性。使用快速检验方法实施原辅料、过程及出厂检验时，企业应按照快速检验方法中规定的参比方法或定期与食品安全标准检验方法进行对比或者验证。快速检验结果不合格时，应进行再次确认。企业应保留对比、验证和确认不合格结果的记录，以便溯源。

正常生产时，型式检验应每半年进行一次（季节性产品每年一次），有下列情况之一时亦应进行：新产品投产前；停产半年以上，恢复生产时；更改主要原料，可能影响产品质量时；更改关键工艺或设备，可能影响产品质量时；出厂检验结果与上一次型式检验结果有较大差异时；食品安全监督部门提出进行型式检验要求时。型式检验是为了对产品安全和质量进行全面考核，即对产品标准中规定的技术要求全部进行检验。酱油产品主要检验项目与判定依据见表3-5。

表 3-5 酱油主要检验项目与判定依据

序号	检验项目	检测方法	依据法律法规/标准
1	感官	GB 2717—2018 中的 3.2	GB 2717—2018、GB/T 18186—2000、产品明示标准及质量要求
2	标签	—	GB 7718—2011、GB 28050—2011、GB/T 18186—2000、GB 14880—2012 等
3	净含量	JJF 1070—2016	JJF 1070—2016
4	氨基酸态氮	GB 5009.235—2016	GB 2717—2018、GB/T 18186—2000、产品明示标准及质量要求
5	可溶性无盐固形物	GB 18186—2000 中的 6.2	GB/T 18186—2000、产品明示标准及质量要求
6	全氮	GB 18186—2000 中的 6.3	GB/T 18186—2000、产品明示标准及质量要求
7	铵盐	GB 5009.234—2016	GB/T 18186—2000、产品明示标准及质量要求
8	总砷(以 As 计)	GB 5009.11—2014	GB 2762—2022
9	铅(以 Pb 计)	GB 5009.12—2017	GB 2762—2022
10	3-氯-1,2-丙二醇	GB 5009.191—2016	GB 2762—2022
11	黄曲霉毒素 B_1	GB 5009.22—2016	GB 2761—2017
12	苯甲酸及其钠盐(以苯甲酸计)	GB 5009.28—2016	GB 2760—2014

续表

序号	检验项目	检测方法	依据法律法规/标准
13	山梨酸及其钾盐（以山梨酸计）	GB 5009.28—2016	GB 2760—2014
14	脱氢乙酸及其钠盐(以脱氢乙酸计)	GB 5009.121—2016	GB 2760—2014
15	对羟基苯甲酸酯类及其钠盐(以对羟基苯甲酸计)	GB 5009.31—2016	GB 2760—2014
16	防腐剂混合使用时各自用量占其最大使用量的比例之和	GB 2760—2014	GB 2760—2014
17	糖精钠（以糖精计）	GB 5009.28—2016	GB 2760—2014
18	菌落总数	GB 4789.2—2016	GB 2717—2018
19	大肠菌群	GB 4789. 3—2016 中的平板计数法	GB 2717—2018
20	金黄色葡萄球菌	GB 4789.10—2016	GB 29921—2021
21	沙门氏菌	GB 4789.4—2016	GB 29921—2021

注:本表参照现行酱油相关产品标准和国家食品安全监督抽检实施细则等列出,仅供参考。

（四）其他相关标准（见表 3-6）

表 3-6 包装材料、消毒剂及洗涤剂等其他相关标准

序号	标准号	标准名称
1	GB 9683—1988	复合食品包装袋卫生标准
2	GB/T 191—2008	包装储运图示标志
3	GB 14930.2—2012	食品安全国家标准 消毒剂
4	GB 27948—2020	空气消毒剂通用要求
5	GB 27950—2020	手消毒剂通用要求
6	GB 27952—2020	普通物体表面消毒剂通用要求
7	GB 25580—2010	食品安全国家标准 食品添加剂 稳定态二氧化氯溶液

三、现场核查程序

（一）编制核查计划

审查部门应当自收到申请材料之日起三个工作日内组成核查组。现场核查应当由至少两名食品安全监管人员进行，必要时可以邀请技术专家。

日常监管部门应当派食品安全监管人员作为观察员，配合并协助现场核查工作。核查组成员中有日常监管部门的食品安全监管人员时，不再指派观察员。

（二）实施现场核查

核查人员应当自接受现场核查任务之日起五个工作日内，完成对生产场所的现场核查。

1.召开首次会议

由核查组长向申请人介绍核查目的、依据、内容、工作程序、核查人员及工作安排等内容。

2.现场核查

核查组应当依据“食品、食品添加剂生产许可现场核查评分记录表”中所列核查项目，采取核查现场、查阅文件、核对材料及询问相关人员等方法实施现场核查。必要时，核查组可以对申请人的食品安全管理人员、专业技术人员进行抽查考核。

3.核查组内讨论

现场核查完毕后，核查组长应当召集核查人员对各自负责的核查项目的评分意见共同研究，汇总核查情况，形成初步核查意见，并与申请人进行沟通。

4.形成核查结论

核查组对核查情况和申请人的反馈意见进行会商后，应当根据不同食品类别的现场核查情况分别进行评分判定，并汇总评分结果，形成核查结论，填写“食品、食品添加剂生产许可现场核查报告”。

5.召开末次会议

由核查组长宣布核查结论，组织核查人员及申请人在“食品、食品添加剂生产许可现场核查评分记录表”“食品、食品添加剂生产许可现场核查报告”上签署意见并签名、盖章。申请人拒绝签名、盖章的，核查人员应当在“食品、食品添加剂生产许可现场核查报告”上注明情况。

参加首、末次会议人员应当包括申请人的法定代表人（负责人）、相关食品安全总监、食品安全管理人员、专业技术人员、核查组成员、观察员。

参加首、末次会议人员应当在“食品、食品添加剂生产许可现场核查首/末次会议签到表”上签到。

四、审查要点

（一）原辅料验收

1.原辅料进货查验

采购的食品原料应当查验供货者的相关资质和产品合格证明文

件；对无法提供合格证明文件的食品原料，应当依照食品安全标准进行检验，验收合格后方可使用。经验收不合格的食品原料应在指定区域与合格品分开放置并明显标记，并应及时进行退货、换货等处理。

2.原辅料使用

加工前宜进行感官检验，必要时应进行实验室检验；检验发现涉及食品安全项目指标异常的，不得使用；特别关注不得使用含法律、法规、公告和标准中禁止使用成分的单一或复合配料。生产过程中使用的菌种等发酵剂应符合生产工艺的要求，选用的菌种应有措施保障其有效性，必要时应进行鉴定。原料必须经过熟化、冷却，尽快降至规定的温度后，立即接入种曲，投入制曲池。

3.原辅料储存

食品原料仓库应设专人管理，建立管理制度，贮藏过程中注意防潮防霉，并定期或不定期检查，及时清理有变质迹象和霉变的原料。仓库出货应遵循先进先出的原则，必要时应根据不同食品原料的特性确定出货顺序。有特殊贮存条件要求的，应对其贮存条件进行控制并做好记录。合格与不合格食品原料应分别存放，并应有明确醒目的标识加以区分。

4.原辅料风险识别

食品原辅料风险主要有以下几方面：供应商资质不合规，原辅料验收不符合食品安全国家标准，原辅料质量等级不符合执行标准要求，原料中有禁止使用的食品添加剂、农药残留和其他非法添加物，菌种及包装材料质量不合格，食品添加剂使用未按照配方调配导致的超范围和超限量使用等。

（二）生产车间区域划分和车间环境的控制

1.检查原则

结合工艺查看申报设备布局图，明确企业功能间划分，结合细则中功能间划分及车间控制要求，策划到现场后重点核查的功能间（区）、空气过滤系统的安装设置，不同洁净区划分的合理性，重点核对清洁作业区车间环境控制程序及落实情况。

2.车间区域划分

(1)车间区域划分原则:厂房和车间应根据产品特点、生产工艺、生产特性以及生产过程对清洁程度的要求合理划分作业区。通常可将作业区划分为清洁作业区、准清洁作业区和一般作业区。不同洁净级别的作业区域之间应设置有效的物理隔离,防止交叉污染。

酱油车间清洁度设置可参考表3-7。

表3-7 酱油车间清洁度设置

清洁度划分	车间清洁度设置
一般作业区	原料仓库、包材仓库、成品仓库、原料处理间、盐水溶解澄清间、室外发酵区(场)、内包装容器洗涤间、空瓶(罐)整理间、杀菌处理间(调配采用密闭设备及管路输送)
准清洁作业区	原料预处理区(破碎、蒸料等)、种曲室、制曲室、室内发酵间、压榨车间、调配车间、内包装材料准备室、缓冲间、杀菌处理间(敞开式调配灭菌设备)
清洁作业区	包材清洁消毒间、内包装间、灌装区、自培菌种间(外购不要求)
非食品处理区	实验室、办公室、更衣及洗手消毒室、卫生间、其他

注:本表参照酱油一般生产流程设置列出,仅供参考。室外发酵区(场)应注意恶劣天气的防护和保持容器外部的清洁。

(2)清洁作业区物流(原辅料、包材)控制:为了保障清洁作业区的空气洁净度要求,防止污染物进入清洁作业区,对于出入清洁作业区的物料应有合理的限制和控制措施。内包装材料等应按要求采取清洁消毒措施后方可进入清洁作业区。

(3)清洁作业区人流控制:清洁作业区入口应设置二次更衣室,其空气洁净度应达到清洁作业区的要求,更衣室开向不同洁净区两边的门应防止同时被开启，防止低洁净区的空气流向清洁作业区。

如采用自带洁净室及洁净环境自动恢复功能的灌装设备，以及灌装和封口都在清洁密闭环境下的灌装设备，灌装防护区入口可不设置二次更衣区，但应对灌装设备洁净效果进行监控。

(4)车间环境控制：不同洁净级别的作业区之间应设置有效的分隔，防止交叉污染；应及时清洁或更换过滤器，保证过滤效果；清洁作业区原则上应保持干燥，避免湿度过高而导致微生物的增长繁殖和扩散。

清洁作业区空气洁净度静态时应达到《食品工业洁净用房建筑技术规范》(GB 50687—2011)中的 2 级要求，生产状态下企业每月至少对清洁作业区沉降菌按照标准要求监测一次。

清洁作业区的空气洁净度应定期进行检测，每年应有第三方检测报告。要求和监控参考《洁净厂房设计规范》(GB 50073—2013)执行。清洁作业区应保持正压，现场压差表显示的区域压差应满足要求。应重点查看清洁作业区监控计划及相关记录。

(三)工艺流程及关键控制环节

1.酱油生产关键控制环节

酱油生产的主要工艺流程如下：原料→预处理→(制曲)→发酵→(淋油)→(调配)→灭菌→灌装→成品。其中原料、种曲、制曲、发酵工艺环节需控制其质量指标。酱油主要工艺流程中的关键控制环节和检查标准见表 3-8。

表 3-8　酱油主要工艺流程中的关键控制环节和检查标准

关键控制环节		检查标准
原料	1.原料(大豆、豆粕、麸皮、小麦、小麦粉)质量验收。 2.食盐质量验收。 3.生产用水验收	产品质量标准及其检测报告

续表

关键控制环节		检查标准
预处理	1.原料破碎以细而均匀为宜。 2.加水量应根据原料情况确定。 3.蒸料程度和冷却速度应严格控制	企业制定的工艺说明应包含具体控制措施和控制参数，现场核查时应查看其记录并对照现场实施情况进行检查
制曲（含种曲）	1.严格控制各类工艺要求的原料比例。 2.控制原料熟化到冷却的温度和时间。 3.保证制曲室消毒和清洗效果。 4.控制制曲所需菌种的品质。 5.保持制曲室空气调节设施和排气设备性能良好。 6.控制环境温湿度等	
发酵	1.设置适宜的具有良好卫生条件的发酵场所(发酵区)。 2.控制发酵过程中的盐水浓度。 3.控制过程中加入乳酸菌、酵母菌以及糖类等物质后的菌群变化。 4.针对不同季节控制发酵时间和环境温度。 5.选择具有防雨、防虫装置的发酵容器,涂料应无毒、无害。 6.选择合理的搅拌频次等	
淋油	1.控制浸提过程的温度、时间和浸提液性质等。 2.掌握压榨过程酱醅厚度、黏度、温度和过滤层的疏松程度。 3.酱渣中残留的食盐或可溶性无盐固形物含量应不大于4%	
灭菌与灌装	1.控制清洁作业区环境条件。 2.控制监控灭菌设备的灭菌效果。 3.防止灌装设备引入二次污染。 4.采取金属检测等防止异物混入的措施等	洁净厂房设计规范及外检报告、灌装设备定期监控记录、金检校准记录

注:企业可根据实际工艺情况将关键控制指标文件化,以上仅供参考。

(1)原料:酱油生产的原料主要由蛋白质和淀粉质两部分构成，由于大豆中含有的脂肪对酿造过程作用不大,因此普遍采用豆粕或大豆作为蛋白质原料,以麸皮、小麦或小麦粉作为淀粉质原料,辅以食盐和水组成了生产酱油的主要原辅料。酱油生产主要原料质量指标见表3-9。

表3-9 酱油生产主要原料质量指标

成分	主要原料			
	豆粕	小麦	麸皮	大豆
粗蛋白质/%	>43	>12	>12	35～40
粗淀粉/%	>25	>50	>40	—
水分/%	<10	<13	<12	7～12
粗脂肪/%	—	—	—	12～20
糖类/%	—	—	—	21～31
纤维素/%	—	—	—	4.3～5.2
灰分/%	—	—	—	4.4～5.4

注:企业可根据原料实际情况确定质量指标,表中指标仅供参考。

(2)种曲(外购不要求):种曲即酱油生产的“种子”,是由酱油生产所需的菌种(米曲霉、酱油曲霉、黑曲霉等)经培养而得到含有大量孢子的曲种。种曲的优劣将直接影响酱油曲的质量高低、酱醅杂菌含量高低、发酵速度快慢、蛋白质和淀粉水解程度等。自培菌种的企业需配备种曲室,要求密闭且保温、保湿性能好,保证种曲有一个既卫生又符合生长繁殖所需要条件的环境。种曲室墙面一般由易清洗消毒、平整光滑的材质制成,上为圆弧形房顶,以防冷凝水滴入种曲中,室内需要有门、窗及天窗,并配备调温调湿装置和排水装置。种曲应尽量防止杂菌污染，曲室和工具在使用前后需经洗刷消毒灭菌；应严格按工艺操作要求生产，控制好温、湿度；应对种曲质量进行检查并做记录，培养好的种曲应低温干燥保存。种曲质量标准见表3-10。

表3-10　种曲质量标准

项目		具体标准
感官特征	外观	菌丝整齐健壮、孢子旺盛，米曲霉呈新鲜黄绿色，黑曲霉呈新鲜黑褐色。无夹心，无杂菌，无异色
	香气	具有种曲固有的曲香，无霉味、酸味、氨味等不良气味
	手感	用手指触及种曲，松软而光滑，孢子飞扬
质量指标	孢子数	≥60亿个/g（以干基计）
	孢子发芽率	≥90％
	细菌数	≤10^7个/g

注：企业可根据种曲实际情况确定质量指标，表中指标仅供参考。

（3）制曲：制曲是酿造酱油的主要工序之一，制曲过程的实质是创造米曲霉生长最适宜的条件，保证优良曲霉菌等有益微生物得以充分繁殖发育，同时尽可能地减少有害微生物的繁殖，分泌酿造酱油需要的各种酶类，这些酶类是发酵过程中原料分解、转化合成的前提。在制曲过程中，控制好温、湿度是关键。评价成曲优劣的标准见表3-11。

表 3-11　成曲质量标准

项目		具体标准
感官特征	外观	菌丝丰满，质地均匀，密生黄绿色孢子，无杂色、夹心
	香气	具有曲香气，无霉臭及其他异味
	手感	曲料蓬松柔软，具有弹性，不粗糙
质量指标	水分	第一、四季度含水量为28%～32%，第二、三季度含水量为26%～30%
	蛋白酶活力	1000～1500 U（福林法）
	细菌数	$\leqslant 5\times10^9$个/g（以干基计）

注：企业可根据成曲实际情况确定质量指标，表中指标仅供参考。

（4）发酵：发酵是利用制曲过程培养米曲霉在原料上生长繁殖和分泌的各种酶类，将蛋白质分解成氨基酸，将淀粉分解成糖。

发酵过程主要分为生物化学变化和微生物变化两部分：生物化学变化包括原料植物组织的分解、蛋白质的分解、淀粉的糖化、脂肪的水解、色素的生成以及酒精和酸类的发酵作用；微生物变化包括曲霉、酵母和细菌的联合作用。在发酵过程中，与原料的利用率、发酵成熟的快慢、成品颜色的浓淡以及味道的鲜美程度具有直接关系的微生物是曲霉。与酱油风味有直接关系的微生物是酵母菌和乳酸菌。

2.工艺文件要求

企业应建立生产技术文件，内容包括工艺文件、操作规程等。生产技术文件内容应与实际生产相一致。生产工艺和操作规程应经验证，形成验证报告。验证时应对可能影响产品质量的关键因素进行考查，这些因素通常包括但不限于起始物料、工艺变量、中间过程控制、成品质量测试、稳定性研究、取样计划、设备等。通过生产工艺和操作规程的验证，证明工艺在预期参数范围内运行时，能有效地、重复地生产出符合预定要求的产品。应制定灭菌的工艺规程，控制灭菌的温度和时间，并对灭菌工艺进行效果验证。新增或调整产品工艺流程及关键设备时，应进行必要性论证和安全性确认，保证工艺流程科学合理、产品质量安全符合相关要求，企业应保留验证记录。

3.关键控制环节要求

企业应通过危害分析的方法对产品从源头到终端，列出生产所用物料、直接接触产品的物品（设备、工具、包装材料等）、产品生产步骤、运输过程有关的所有潜在危害，确定影响食品安全的显著危害，通过食品安全风险识别、评估分析确定影响产品质量的关键工序或关键点，并建立关键限值、关键控制环节的监控、纠偏措施等，对关键工序或关键点实施质量控制，制定操作规程。企业应记录关键工序或关键点工艺参数，以完整追溯各关键工序或关键点的情况。

（四）主要生产设备设施

1.生产设备设施配备要求

生产设备设施一般包括厂房地面、屋顶、天花板及墙壁，生产、包装、贮存等设备及工器具，生产用管道，裸露食品接触表面等。

生产设备应与产品加工工艺相符，并按照工序有序排列，避免交叉污染。应具备与生产工艺相适应的生产设备，设备的数量、性能和精度应当满足生产加工的要求。与原料、半成品、成品直接或间接接触的所有设备、设施与用具，应使用安全、无毒、无臭味或异味、耐磨损、防吸收、耐腐蚀且可承受反复清洗和消毒的材料制造，直接接触面的材质应符合食品相关产品的有关标准，应使用无邻苯二甲酸酯类物质（俗称“塑化剂”）、无铅、无毒、无异味、耐腐蚀、易清洗、不与产品起化学反应的食品级材料制作，确保塑化剂、铅等污染物符合临时限量值或标准等要求。管道等表面应光滑，无裂缝。使用的可能直接或间接接触产品的润滑剂、冷却剂等不得对料液或容器造成污染。

2.主要生产设备设施(见表3-12)

表3-12 酱油生产主要设备设施

设备设施	组成及要求
原辅料预处理设备	包括计量、输送设备,小麦前处理、焙炒或脱皮设备,破碎(粉碎)设备;原料(黄豆)筛选、清洗浸泡设备或(豆粕)筛选、润水设备,蒸煮与熟料输送设备;食盐处理设备(去除沙石杂物)等
种曲与制曲设备	制曲设备、翻曲机、出曲(送料)设备等
发酵酿造设施	发酵池、发酵罐、酵母培养罐等
淋油或压榨设备	压榨与渣、布分离和清洗设备,淋油设备,薄膜蒸发浓缩设备,高速离心分离设备等
调配与贮存设备	调配设备、贮存设备、输送系统等
灭菌与灌装设备	杀菌设备、管路就地清洗(CIP)设备、过滤设备、包装系统设备(包括卸垛机、开箱机、自动装箱机、码垛机)等
通用设施	供水设施、排水设施、清洁消毒设施、废弃物存放设施、个人卫生设施、通风设施、照明设施、仓储设施、温控设施

(五)产品检验管理

1.检验能力核查要求

现场查看企业申报主要检验设备表,根据产品类别、产品明细、执行标准(自检的)核实企业具备的检验设备是否与其申报的产品品种和检测方法相适应。现场查看文件并与检验人员交流,检查标准是不是现行有效,设备精度、性能,试剂,人员实操,数据处理等是否满足产品检验要求。化验室布局应合理,水电、通风、配套设施应满足检测要求。核实生产过程中监测设备(含原料、半成品、环境)的数量、精度、运行环境是否满足要求，数据记录是否真实、完整、有效，检验报告是否合规、正确。车间内化验室的设置不应对生产造成影响。检验设备的配备应满足产品检验方法标准要求。

2.委托检验的核查要求

委托检验的，可部分项目或全项目委托，应与有资质的检验机构签订检验协议。检验管理制度中应该对委托检验有关事项进行规定，应能够落实检验的主体责任。批检全部或部分由外部机构提供服务的，重点核查可操作性，应能从时间、空间（企业与检验机构的距离）等方面确保批批检验的可行性。

查看委托检验协议中是否明确规定了双方的责任和义务，签署单位的资质认证项目是否涵盖企业委托项目，与委托单位的距离是否便于样品及时送达，协议的有效性是否得当。审查时还应审查生产计划、合同交付日期、生产数量、检测项目所需有效时间，送样距离等，综合判断委托的可操作性。

3.共用化验室的核查要求

在法律上有隶属关系的总公司、分公司（子公司）之间可以共用一个化验室进行出厂检验。共用化验室应能满足共用方的出厂检验需要，包括时效（相距不能太远）和检验能力等方面。共用化验室的各方应承诺负有连带责任，即一方因质量问题被责令停产，另一方也应当因化验室不得使用而停产。

4.常用检验设备设施

一般来说，酱油检验的一般流程为样品的采集、制备和保存，样品预处理，成分分析，检验数据处理，出具检验报告。酱油检验可能涉及感官检验、常规理化分析、仪器分析、微生物检验以及快速检测等。表3-13列出了常用的设备设施，企业可根据情况配备。

表 3-13 酱油生产企业常用设备设施

序号	涉及项目	常用设备设施	必要性
1	感官检验	能够避免其他气味等干扰的、具备良好自然光线或良好照明条件的单独区域	必配
2	净含量	适宜量程的量筒、适宜准确度等级和分度值的天平	必配
3	理化指标(氨基酸态氮、可溶性无盐固形物、全氮、铵盐等)	酸度计、分析天平(感量为 0.1 mg)、分光光度计、电热恒温水浴锅、电热恒温干燥箱	必配
4	重金属指标(总砷、铅等)	电感耦合等离子体质谱仪(ICP-MS)、原子荧光光谱仪、原子吸收光谱仪(配火焰原子化器/石墨炉原子化器)、耐腐蚀耐热通风橱、气瓶室或者气瓶柜、排风装置、水浴锅、电热板、电炉、消解罐、马弗炉、全自动电热消解仪、微波消解仪、电子天平(感量为 0.1 mg 和 1 mg)	选配
5	有机污染物指标(3-氯-1,2-丙二醇等)	气相色谱-质谱仪[离子源:电子轰击源(EI)]、电子天平(感量为 0.01 mg 和 1 mg)、超声振荡器、旋转蒸发仪、恒温箱或其他恒温加热器、涡旋振荡器	选配
6	真菌毒素类指标(黄曲霉毒素 B_1 等)	液相色谱仪(配荧光检测器)、色谱分离柱、黄曲霉毒素专用型固相萃取净化柱(以下简称“净化柱”)(或相当者)、光化学柱后衍生器(适用于光化学柱后衍生法)、溶剂柱后衍生装置(适用于碘或溴试剂衍生法)、电化学柱后衍生器(适用于电化学柱后衍生法)、免疫亲和柱、天平(感量为 0.01 g 和 0.00001 g)、涡旋混合器、匀浆机、超声波/涡旋振荡器、酶标仪	选配

续表

序号	涉及项目	常用设备设施	必要性
7	添加剂类指标（苯甲酸、山梨酸、脱氢乙酸等）	高效液相色谱仪（配紫外检测器）、气相色谱仪［带氢火焰离子化检测器(FID)］、电动磁力搅拌器、混匀器、电子天平（感量 0.1 mg 和 1 mg）、酸度计、涡旋振荡器、恒温水浴锅、超声波发生器等	选配
8	卫生指示菌指标（菌落总数、大肠菌群）	一级生物安全防护实验室、高温蒸汽灭菌锅、电子天平、均质器、显微镜、培养箱、电热鼓风干燥箱、超净工作台	必配
9	致病菌指标（金黄色葡萄球菌、沙门氏菌）	二级生物安全防护实验室、高温蒸汽灭菌锅、电子天平、均质器、显微镜、培养箱、电热鼓风干燥箱、生物安全柜、超净工作台	选配
10	其他设施设备	耐酸碱腐蚀实验台、废液收集装置、空调和除湿装置、冰箱、纯水仪、各类快速检验设备等	选配

注："必配（根据项目）"指企业应当具备该类指标的检验能力，设备设施应根据自检项目配置。"选配"指鼓励企业具备自检能力，设备设施不强制配置。

（六）酱油生产企业需要制定的制度清单（见表 3-14）

表 3-14　酱油生产企业制度清单

序号	制度名称	序号	制度名称
1	食品质量安全管理制度	14	产品防护管理制度
2	人员管理制度	15	运输管理制度
3	培训与考核制度	16	检验管理制度
4	人员健康管理制度	17	产品召回管理制度
5	食品仓储管理制度	18	不合格品管理制度

续表

序号	制度名称	序号	制度名称
6	原辅料采购管理制度	19	食品安全风险监测信息收集制度
7	供应商审核制度	20	食品安全事故处置管理制度
8	进货查验记录管理制度	21	产品标签标识管理制度
9	防控有害生物管理制度	22	文件管理制度
10	物料储存和分发制度	23	记录管理制度
11	工作服的清洗保洁制度	24	消费者投诉处理制度
12	生产设备设施管理制度	25	菌种保藏制度
13	过程管理制度	26	食品添加剂使用管理制度

(七)酱油生产企业记录清单(见表 3-15)

表 3-15 酱油生产企业记录清单

序号	记录名称	记录内容(应包括但不限于)
1	风险收集记录	风险信息来源、主导部门、风险指标、风险评估过程、评估结果、风险应对措施
2	不合格品处理记录	食品原料、食品添加剂、食品相关产品、半成品和成品的名称、规格、生产日期、数量、不合格情况、处理情况
3	销售记录	产品的名称、规格、数量、生产日期、生产批号、购货者名称及联系方式、检验合格单、销售日期

续表

序号	记录名称	记录内容(应包括但不限于)
4	产品召回及处理记录	食品名称、规格、批次、数量、召回原因、召回产品处理情况、处理时间、处理地点、后续整改方案、向主管行政部门汇报情况、主管行政部门监督处理情况
5	客户投诉处理记录	客户姓名、联系方式、投诉产品名称、规格、生产日期、批号、投诉事项、处理情况
6	退货处置记录	产品名称、规格、生产日期、批号、退货数量、退货原因、处理情况
7	食品安全事故处置记录	发生时间、地点、事故原因、相应产品名称、规格、批号、数量、处理情况
8	人员培训考核记录	培训人、培训对象、培训内容、时间、地点、考核
9	人员健康管理记录	人员姓名、健康检查时间、项目、评价
10	人员进出记录	人员姓名、进入区域、进出时间、健康状况
11	厂区环境清洁记录	场所名称、清洁时间、清洁负责人、清洁评价
12	生产场所清洁记录	区域名称、清洁时间、清洁负责人、清洁评价、清洗验证结果
13	除虫灭害记录	除虫灭害日期、范围,除虫灭害方式、药剂名称及用量,杀虫效果评价,药剂残留验证
14	设备设施清洗记录	清洗剂及消毒剂名称和用量、清洗验证结果

续表

序号	记录名称	记录内容(应包括但不限于)
15	设备设施维修保养记录	设备名称、维修保养内容、时间、负责人
16	停复产记录及复产时设备设施安全控制记录	停复产原因、时间、涉及设备、涉及产品、处理办法
17	配料记录	物料名称、规格,物料批号、使用数量、配料人、配料批次、复核人
18	生产投料记录	配料名称、批号、使用数量、投料人、投料时间、复核人
19	关键控制点的控制记录	产品名称、关键控制点名称、时间、关键控制项目。包括必要的半成品检验记录、工艺参数控制记录、杀菌温度和时间记录等
20	车间洁净度控制记录	车间名称、控制项目、依据、检测仪器名称及型号、洁净区等级要求、检测状态、检测结果、检测结论
21	菌种控制记录	菌种来源(外购)、验收标准、验收结果评价,菌种培养(自培)、传代记录、不合格品处置
22	供应商审核记录	物料名称、供应商名称、联系方式、审核内容、审核评价
23	进货台账及查验记录	食品原料、食品添加剂及食品相关产品的名称、规格、供货者名称及联系方式、进货日期、进货量、查验结论
24	食品添加剂使用记录	食品添加剂及营养强化剂的名称、领用人、领用日期、领用量、使用量

续表

序号	记录名称	记录内容(应包括但不限于)
25	清洁消毒剂使用记录	清洁剂和消毒剂名称、用途、领用人、领用时间、领用量、使用量
26	包装材料使用记录	包装材料名称、规格、领用人、领用时间、领用量、使用量
27	库房保管记录	名称、规格、批号、数量、入库日期、状态、入库量、出库量、库存量、负责人、库房温湿度
28	检验设备使用记录	名称、型号、状态、使用时间、使用人
29	原料检验记录	原料名称、规格、批号、数量、来料日期、检测项目、检测方法、标准要求、检验结论
30	出厂检验记录	食品的名称、规格、入库数量、抽样数量、生产日期、生产批号、执行标准、检验结论、检验人员、检验合格证号或检验报告编号、检验日期
31	产品检验留样记录	产品名称、规格、留样数量、生产日期、生产批号、留样日期
32	产品出厂放行记录	产品名称、规格、数量、生产日期、生产批号、检验合格证号或检验报告编号、批准人、放行日期

五、具体审查要求

见“附录三　酱油生产许可现场核查指南”。

六、检验报告核查原则

(一)试制产品检验合格报告

根据审查细则、所执行的食品安全标准,核查试制产品检验合格报告的种类、检验项目及检验结论是否符合规定要求。

(二)试制产品检验合格报告提供原则

企业应根据产品执行标准和工艺特性提供检验报告,即按申报标准和类别分别提供检验报告。新办企业、生产条件发生重大变更、增加食品类别的,需要提供试制产品检验合格报告;执行同一标准但工艺存在明显差别的,应分别提供。

企业可以全项自检、自检加委托(需为同批次产品)、全项委托的形式进行检验,但不可同一产品委托多个机构。企业应对提供的检验报告的真实性负责。检验项目应覆盖产品适用的食品安全标准、产品标准、经备案有效的企业标准以及相关管理公告要求的所有检验项目。

七、现场核查结论判定原则

现场核查的最小判定单位为品种明细类别名称,具体名称为酱油,根据现场核查用记录表的使用说明进行评分,判断是否通过现场核查。同时申请多个品种明细类别的,若其中一个明细类别未通过现场核查,则所有的申报类别都不予通过。

八、现场核查需提交的资料和文书

根据实际情况参照执行,现场核查需提交的资料和文书具体见表 3-16。

表 3-16　现场核查需提交材料清单

序号	项目	数量/份
1	食品生产许可申请书	1
2	食品生产加工场所周围环境平面图	1
3	食品生产加工场所平面图	1
4	食品生产加工场所各功能区间布局平面图	1
5	生产设备布局图	1
6	生产工艺流程图	1
7	企业标准复印件	1
8	食品安全管理制度文本	1
9	食品生产许可审查纪律书	1
10	食品生产许可审查工作廉政卡存根	1
11	食品生产许可现场核查通知书	1
12	食品、食品添加剂生产许可现场核查首次会议签到表	1
13	食品、食品添加剂生产许可现场核查末次会议签到表	1
14	食品、食品添加剂生产许可现场核查评分记录表	1
15	食品、食品添加剂生产许可现场核查报告	1
16	产品配方（包括食品及食品添加剂企业，审查组签字，加盖企业公章）	1
17	产品执行非食品安全国家标准的标准文本	1
18	试制食品检验报告	1
19	许可机关要求提交的其他材料	1

九、取证后正常生产过程、监管过程可能面临或出现的风险点

(一)老抽类产品风险提示

对市售酱油中老抽类产品中的二氧化硫指标监测分析发现，大部分市售的老抽酱油均有一定含量的二氧化硫，这可能与其生产过程中焦糖色素的添加有直接关系。焦糖色素俗称“酱色”，是食品加工过程中广泛使用的一种浓黑褐色黏稠色素，具有特殊的甜香气和焦苦味，曾经被列为最安全的天然着色剂之一，被广泛应用于食品、饮料、啤酒、调味品等加工生产过程中，在食品添加剂领域有着重要的地位。

酱油生产企业使用焦糖色素的历史悠久，通过添加焦糖色素不仅可以增加酱油色泽，改善酱油体态，提高酱油品质，缩短发酵周期，还可减少氨基酸因颜色的深化而造成的损失，从而提高酱油的收率。根据焦糖色素生产工艺采用催化剂的差异，可以将焦糖色素分为四类，即普通焦糖、亚硫酸盐焦糖、氨法焦糖、亚硫酸铵焦糖等。酱油生产中广泛采用的是以氨为催化剂，用高当量的葡萄糖或转化糖生产出来的氨法焦糖。加氨生产的焦糖会产生二氧化硫、4-甲基咪唑、氨氮等对人体有害的杂质。二氧化硫及其衍生物是一种全身性毒物，对人体的各种系统、器官、组织都会产生不利的影响，且具有多种毒性。

国际上的多个国家和地区对二氧化硫的使用做出了明确的规定。国际食品法典委员会(CAC)、欧盟、美国、澳大利亚、新西兰、加拿大等国际组织、国家和地区的法规和标准中均允许二氧化硫用于相应食品类别。联合国粮农组织/世界卫生组织食品添加剂联合专家委员会(JECFA)对二氧化硫进行了安全性评估，并制定了每日允许摄入量(ADI)为 0～0.7 mg/kgbw。我国《食品安全国家标准　食品添加剂使用标准》(GB 2760—2014)中明确规定了二氧化硫作为漂白剂、防腐剂、抗氧化剂仅用于部分农产品、食品、饮料等产品中。

我国的焦糖生产中，脱硫催化剂生产工艺不够完善，从而导致二氧化硫残留过多。若将这些二氧化硫残留过高的焦糖添加到酱油中，势必会对酱油的食用安全造成很大的影响。酱油生产厂家应严格控制焦糖的添加量。

（二）酸水解植物蛋白调味液滥用风险提示

国家市场监督管理总局发布的《市场监管总局关于加强酱油和食醋质量安全监督管理的公告》（2021 年第 23 号）明确要求，酱油生产应当具有完整的发酵酿造工艺，不得使用酸水解植物蛋白调味液等原料配制生产酱油。酸水解植物蛋白调味液是以含有食用植物蛋白的脱脂大豆、花生粕、小麦蛋白或玉米蛋白为原料，经盐酸水解、碱中和制成的液体鲜味调味品。以大豆等原料生产的水解植物蛋白含有一定量的脂肪，在强酸作用下脂肪断裂水解产生丙三醇（甘油），丙三醇被盐酸取代醇羟基而生成三氯丙醇。

欧洲食品安全局污染物专家小组在 2016 年首次评估了 3-氯-1，2-丙二醇（3-MCPD）的潜在风险，并将耐受摄入量（TDI）确定为 0.8 μg/kgbw。鉴于联合国粮农组织/世界卫生组织食品添加剂联合专家委员会确定了不同的安全水平，2017 年欧洲食品安全局决定采用最新的科学方法重新评估 3-MCPD 对肾脏和男性生育能力的不良影响，最终确定 3-MCPD 的 TDI 为 2.0 μg/kgbw。污染物小组指出，对于大多数消费者，食品中的 3-MCPD 的消费水平是安全的，但在高消费水平的年轻群体中会存在潜在的健康隐患。目前，中国、欧盟、美国、韩国等制定了酱油和水解植物蛋白中 3-MCPD 的限量要求。欧盟法规（EU）2020/1322 规定的酱油中 3-MCPD 的限量为 20 μg/kg；国际食品法典委员会关于食品中氯丙醇污染物限量的规定主要集中在《食品和饲料中污染物和毒素通用标准》（CODEXSTAN193—1995）中，规定值为 0.02 mg/kg；美国食品药品管理局（FDA）发布的 CPG Sec.500.500 对酸水解蛋白和亚洲风味酱汁中 3-MCPD 的限量为 1 mg/kg；为向公众提供安全健康食品，韩国食品安全处(MFDS)于 2020 年 1 月 14 日发布了第 2020-3 号告示，修改了《食品法典》，将酸分解酱油及混合酱油的3-MCPD 限值改为 0.02 mg/kg(2022 年 1 月 1 日起实施)，以与国际接轨；我国《食品安全国家标准　食品中污染物限量》(GB 2762—2017)规定，添加酸水解植物蛋白的液态调味品中 3-氯-1，2-丙二醇的限量为 0.4 mg/kg，固态调味品为 1.0 mg/kg 。欧盟及韩国标准均严于我国，出口企业及监管部门应密切关注相关标准，以确保日后出口贸易的顺利开展。

第四章

乳制品

一、产品概述

(一)产品定义与分类

乳制品是指使用乳类及其加工制品为主要原料,使用法律法规及标准规定所要求的条件,加入或不加入适量的维生素、矿物质和其他原料加工制作的产品。

纳入生产许可范围的乳制品主要有三类,分别为液体乳(巴氏杀菌乳、高温杀菌乳、调制乳、灭菌乳、发酵乳)、乳粉(全脂乳粉、脱脂乳粉、部分脱脂乳粉、调制乳粉、乳清粉)、其他乳制品(炼乳、奶油、稀奶油、无水奶油、干酪、再制干酪、特色乳制品、浓缩乳等)。乳制品生产许可食品类别、类别名称、品种明细详见表4-1。

表4-1　乳制品生产许可食品类别目录

食品类别	类别编号	类别名称	品种明细
乳制品	0501	液体乳	巴氏杀菌乳、高温杀菌乳、调制乳、灭菌乳、发酵乳
	0502	乳粉	全脂乳粉、脱脂乳粉、部分脱脂乳粉、调制乳粉、乳清粉
	0503	其他乳制品	炼乳、奶油、稀奶油、无水奶油、干酪、再制干酪、特色乳制品、浓缩乳

主要乳制品定义和执行标准详见表4-2。

表 4-2　主要乳制品定义及执行标准

食品类别	类别名称	品种明细		执行标准	定义[①]
乳制品	液体乳	巴氏杀菌乳		《食品安全国家标准　巴氏杀菌乳》(GB 19645—2010)	仅以生牛(羊)乳为原料,经巴氏杀菌等工序制得的液体产品
		高温杀菌乳		暂无食品安全国家标准,参照企业标准	采用高温杀菌工艺制得的液体乳
		调制乳		《食品安全国家标准　调制乳》(GB 25191—2010)	以不低于80%的生牛(羊)乳或复原乳为主要原料,添加其他原料或食品添加剂或营养强化剂,采用适当的杀菌或灭菌等工艺制成的液体产品
		灭菌乳	超高温灭菌乳	《食品安全国家标准　灭菌乳》(GB 25190—2010)	以生牛(羊)乳为原料,添加或不添加复原乳,在连续流动的状态下,加热到至少132 ℃并保持很短时间的灭菌,再经无菌灌装等工序制成的液体产品
			保持灭菌乳		以生牛(羊)乳为原料,添加或不添加复原乳,无论是否经过预热处理,在灌装并密封之后经灭菌等工序制成的液体产品
		发酵乳	发酵乳	《食品安全国家标准　发酵乳》(GB 19302—2010)	以生牛(羊)乳或乳粉为原料,经杀菌、发酵后制成的pH值降低的产品
			酸乳		以生牛(羊)乳或乳粉为原料,经杀菌、接种嗜热链球菌和保加利亚乳杆菌(德氏乳杆菌保加利亚亚种)发酵制成的产品
			风味发酵乳		以80%以上生牛(羊)乳或乳粉为原料,添加其他原料,经杀菌、发酵后pH值降低,发酵前或后添加或不添加食品添加剂、营养强化剂、果蔬、谷物等制成的产品
			风味酸乳		以80%以上生牛(羊)乳或乳粉为原料,添加其他原料,经杀菌、接种嗜热链球菌和保加利亚乳杆菌(德氏乳杆菌保加利亚亚种),发酵前或后添加或不添加食品添加剂、营养强化剂、果蔬、谷物等制成的产品

续表

食品类别	类别名称	品种明细		执行标准	定义[①]
乳制品	乳粉	乳粉	全脂乳粉	《食品安全国家标准　乳粉》(GB 19644—2010)	以生牛(羊)乳为原料，经加工制成的粉状产品
			脱脂乳粉		
			部分脱脂乳粉		
		调制乳粉			以生牛(羊)乳或其加工制品为主要原料，添加其他原料，添加或不添加食品添加剂和营养强化剂，经加工制成的乳固体含量不低于70％的粉状产品
		乳清粉		《食品安全国家标准　乳清粉和乳清蛋白粉》(GB 11674—2010)	以乳清为原料，经干燥制成的粉末状产品
		乳清蛋白粉			以乳清为原料，经分离、浓缩、干燥等工艺制成的蛋白含量不低于25％的粉末状产品
		加油乳清粉		暂无食品安全国家标准，参照企业标准	以乳清或乳清粉为原料，添加植物油或乳脂肪类(稀奶油、奶油或无水奶油等)及乳糖、乳清蛋白粉或牛奶蛋白类，添加或不添加食品添加剂和营养强化剂，经加工制成的粉末状产品
	其他乳制品	炼乳	淡炼乳	《食品安全国家标准　炼乳》(GB 13102—2022)	以生乳和(或)乳制品为原料，添加或不添加食品添加剂和营养强化剂，经加工制成的黏稠状产品
			加糖炼乳		以生乳和(或)乳制品、食糖为原料，添加或不添加食品添加剂和营养强化剂，经加工制成的黏稠状产品
			调制炼乳		以生乳和(或)乳制品为主料，添加或不添加食糖、食品添加剂和营养强化剂，添加辅料，经加工制成的黏稠状产品

续表

食品类别	类别名称	品种明细		执行标准	定义①
乳制品	其他乳制品	奶油		《食品安全国家标准　稀奶油、奶油和无水奶油》(GB 19646—2010)	以乳为原料，分离出的含脂肪的部分，添加或不添加其他原料、食品添加剂和营养强化剂，经加工制成的脂肪含量为10.0%～80.0%的产品
		稀奶油			以乳和(或)稀奶油(经发酵或不发酵)为原料，添加或不添加其他原料、食品添加剂和营养强化剂，经加工制成的脂肪含量不小于80.0%的产品
		无水奶油			以乳和(或)奶油或稀奶油(经发酵或不发酵)为原料，添加或不添加食品添加剂和营养强化剂，经加工制成的脂肪含量不小于99.8%的产品
		干酪	成熟干酪	《食品安全国家标准　干酪》(GB 5420—2010)	成熟或未成熟的软质、半硬质、硬质或特硬质，可有包衣的乳制品，其中乳清蛋白/酪蛋白的比例不超过牛(或其他奶畜)乳中的相应比例(乳清干酪除外)
			未成熟干酪		
		再制奶酪		《食品安全国家标准　再制干酪》(GB 25192—2022)	以干酪(比例大于15%)为主要原料，加入乳化盐，添加或不添加其他原料，经加热、搅拌、乳化等工艺制成的产品
		特色乳制品	地方特色乳制品	食品安全地方标准或企业标准	具有地方或民族特色的乳制品，如地方传统乳制品——奶皮子、奶豆腐、楚拉、嚼克、策格、毕希拉格等
			牛(羊)初乳粉	牛(羊)初乳粉暂无食品安全国家标准，参照企业标准《牛初乳粉》(RHB 602—2005)	由正常饲养的、无传染病和乳房炎的健康母牛(羊)分娩后72 h内所挤出的乳汁加工制成的粉状产品
			酪蛋白	《食品安全国家标准　酪蛋白》(GB 31638—2016)	以乳和/或乳制品为原料，经酸法或酶法或膜分离工艺制得的产品，它是由α、β、κ和γ及其亚型组成的混合物
			乳糖	《食品安全国家标准　乳糖》(GB 25595—2010)	从牛(羊)或乳清中提取出来的碳水化合物，以无水或含一分子结晶水的形式存在，或以这两种混合物的形式存在

①定义参照相应食品安全国家标准。

(二)涉及许可的其他事项说明

企业仅有包装场地、工序、设备或企业具有完整的生产设备、生产工艺条件,但以包装工序作为生产的开始,均属于分装行为,不予生产许可。

二、相关标准

(一)标准执行原则

(1)按《中华人民共和国食品安全法》的规定,食品安全标准是唯一强制执行的食品标准,包括食品安全国家标准、食品安全地方标准。无论企业是否明示,其产品均应符合相应的食品安全标准的要求。食品安全标准以外的标准原则上均是推荐性标准,包括国家标准、行业标准、地方标准、团体标准和企业标准。

(2)企业申报产品可以执行适用的食品安全标准,也可以执行推荐性标准或企业标准。

(3)企业标准不得低于食品安全国家标准或食品安全地方标准的要求。食品生产企业制定食品安全指标严于食品安全国家标准或者地方标准的企业标准的,应当报省卫生行政部门备案。鼓励企业制定严于食品安全国家标准或者地方标准的企业标准。制定企业标准时应关注适用的食品安全国家标准的相关规定,如 GB 2760—2014、GB 14880—2012 对于食品添加剂、营养强化剂的使用要求,GB 7718—2011、GB 28050—2011 等对于标签的要求等。

(4)《乳制品生产许可证审查细则》中引用的标准应按现行有效的版本执行。

（二）相关标准（见表 4-6）

表 4-6　乳制品相关标准

标准类型	标准内容	
食品安全标准	通用标准	GB 2760—2014、GB 2761—2017、GB 2762—2022、GB 2763—2021、GB 7718—2011 等
	产品标准	《食品安全国家标准　巴氏杀菌乳》(GB 19645—2010)
		《食品安全国家标准　灭菌乳》(GB 25190—2010)
		《食品安全国家标准　调制乳》(GB 25191—2010)
		《食品安全国家标准　发酵乳》(GB 19302—2010)
		《食品安全国家标准　乳粉》(GB 19644—2010)
		《食品安全国家标准　乳清粉和乳清蛋白粉》(GB 11674—2010)
		《食品安全国家标准　炼乳》(GB 13102—2022)
		《食品安全国家标准　稀奶油、奶油和无水奶油》(GB 19646—2010)
		《食品安全国家标准　干酪》(GB 5420—2010)
		《食品安全国家标准　再制干酪》(GB 25192—2022)
		《食品安全国家标准　乳糖》(GB 25595—2010)
		《食品安全国家标准　酪蛋白》(GB 31638—2016)
	检测方法标准	与乳制品所检项目相关的食品安全检验方法标准
	生产规范标准	《食品安全国家标准　乳制品良好生产规范》(GB 12693—2010)
		《食品安全国家标准　食品生产通用卫生规范》(GB 14881—2013)
企业标准	经备案或公示有效的企业标准	

三、现场核查程序

(一)编制核查计划

审查部门应当自收到申请材料之日起三个工作日内组成核查组。现场核查应当由至少两名食品安全监管人员进行,必要时可以邀请技术专家。

日常监管部门应当派食品安全监管人员作为观察员,配合并协助现场核查工作。核查组成员中有日常监管部门的食品安全监管人员时,不再指派观察员。

(二)实施现场核查

核查人员应当自接受现场核查任务之日起五个工作日内,完成对生产场所的现场核查。

1.召开首次会议

由核查组长向申请人介绍核查目的、依据、内容、工作程序、核查人员及工作安排等内容。

2.现场核查

核查组应当依据“食品、食品添加剂生产许可现场核查评分记录表”中所列核查项目,采取核查现场、查阅文件、核对材料及询问相关人员等方法实施现场核查。必要时,核查组可以对申请人的食品安全管理人员、专业技术人员进行抽查考核。

3.核查组内讨论

现场核查完毕后,核查组长应当召集核查人员对各自负责的核查项目的评分意见共同研究,汇总核查情况,形成初步核查意见,并与申请人进行沟通。

4.形成核查结论

核查组对核查情况和申请人的反馈意见进行会商后,应当根据不同食品类别的现场核查情况分别进行评分判定,并汇总评分结果,形成核查结论,填写“食品、食品添加剂生产许可现场核查报告”。

5.召开末次会议

由核查组长宣布核查结论，组织核查人员及申请人在“食品、食品添加剂生产许可现场核查评分记录表”“食品、食品添加剂生产许可现场核查报告”上签署意见并签名、盖章。申请人拒绝签名、盖章的，核查人员应当在“食品、食品添加剂生产许可现场核查报告”上注明情况。

参加首、末次会议人员应当包括申请人的法定代表人（负责人）、相关食品安全总监、食品安全管理人员、专业技术人员、核查组成员、观察员。

参加首、末次会议人员应当在“食品、食品添加剂生产许可现场核查首/末次会议签到表”上签到。

四、审查要点

（一）生产车间区域划分和车间环境控制

1.生产车间区域划分

生产企业厂区选址和设计应当符合《食品安全国家标准　食品生产通用卫生规范》（GB 14881—2013）和《食品安全国家标准　乳制品良好生产规范》（GB 12693—2010）的相关规定，应远离畜禽养殖场，且厂区内不得饲养动物，应有防止鼠害、虫蝇滋生的设施。各功能区域应有适当的分离或分隔措施，减少环境对食品生产带来的潜在污染风险。厂区内道路应铺设硬质材料，空地应硬化或绿化，有排水系统，正常气候条件下不应有扬尘或积水等现象。

应有与企业生产能力相适应的生产车间和辅助生产设施，且应按工艺流程及卫生要求有序而合理地布局。应根据工艺流程和防止交叉污染的要求设置生产作业区，按照洁净级别一般将作业区划分为清洁作业区、准清洁作业区和一般作业区，各作业区要有显著的标识加以区分。不同洁净级别作业区应进行有效的物理隔离，防止交叉污染。乳制品生产作业区划分见表 4-4。

表 4-4 乳制品生产作业区划分

序号	产品类别	清洁作业区	准清洁作业区	一般作业区
1	液体乳	灌装车间(保持式灭菌工艺除外)	原料预处理车间(标准化间)、包材暂存间(区域)、杀菌间(区域)、搅拌型发酵乳发酵室、灌装车间(保持式灭菌工艺)、其他加工车间	收奶间、原料仓库、凝固型发酵乳发酵室、包装材料仓库、外包装车间及成品仓库(需要时配备冷库或制冷设备)
2	乳粉湿法工艺	喷雾干燥后或流化床的出粉口区域、过程产品暂存间(区域)、内包材消毒后的暂存间(区域)(听装包装除外)、内包装车间	原辅料内包装清洁间、称量和配料间(区域)、理罐(听)间、原辅料预处理车间、浓缩车间、喷雾干燥车间、包装材料拆外包清洁消毒间(区域)等	收乳间、原辅料外包装清洁和拆包间(区域)、外包装车间、包装材料仓库、原辅料及成品仓库
3	乳粉干法工艺	原辅料称量配料间、预混间(区域)、投料和混合区域、包材消毒后暂存间(区域)(听装包装除外)、过程产品暂存间(区域)、充填及内包装车间	原辅料内包装清洁区域、隧道杀菌区域、包装材料拆外包清洁消毒间(区域)、理罐(听)间等	原辅料仓库、外包装清洁车间、外包装车间、包装材料仓库及成品仓库、原辅料外包装清洁和拆包间(区域)

续表

序号	产品类别	清洁作业区	准清洁作业区	一般作业区
4	其他乳制品	包材暂存间(保持式灭菌工艺除外),裸露待包装的半成品贮存、充填及内包装车间,食品工业用浓缩乳灌装区域等,脱脂牛(羊)初乳粉冷冻干燥区域,低温干燥工艺生产脱脂牛(羊)初乳粉同乳粉湿法工艺,脱脂牛(羊)初乳同液体乳	原料预处理、配料及混合车间,原辅料内包装清洁区域,包材暂存间(保持式灭菌工艺)等	收乳间、外包装清洁车间、原料仓库、包装材料仓库、拆外包装车间、外包装车间及成品仓库等

2.清洁作业区相关要求

清洁作业区的出入应有合理的限制和控制,清洁作业区、准清洁作业区的对外出入口应安装能自动关闭(如自动感应器或闭门器等)的门和(或)空气幕,并应确保两侧的门不被同时开启。进出清洁作业区的人员、原料、包装材料、废弃物、工器具等,应有防止交叉污染的措施。应设置原辅料包装清洁设施和包装材料清洁消毒设施,进出清洁作业区的原辅料通道两边的门应防止同时被开启。

清洁作业区应保持干燥,并应尽量减少供水设施及系统,如无法避免,应有相应防护措施。

3.厂房内设置检验室的相关要求

厂房内设置的检验室应与生产区域分隔。车间内设置的过程检验室应符合相关区域卫生要求,且应有防止污染的措施。如有必要,生产区内的在线监控设备(如净含量监控设备、密封性测试设备、比重计等)设置区域应合理。

4.物料及产品接收、发运防护设施

接收、发放和发运区域应能保护物料、产品免受外界天气(如雨、雪)的影响,接收区的布局和设施应能够保证物料在进入仓储区前可对外包装进行必要的清洁。

(二)生产设备设施

1.基本要求

生产设备的配备应与生产规模、工艺流程、工艺参数相适应。不应使用国家及地方禁止或明令淘汰的生产工艺和设备。乳制品基本生产设备设施见表4-5。若企业采用不同于表4-5所列的生产设备,应有必要性和安全性评价报告并与生产工艺要求相适应。

表4-5　乳制品基本生产设备设施

品种名称	基本生产设备设施
巴氏杀菌乳、高温杀菌乳	预处理设备、原料奶运输设备、过滤设备、冷却设备、储奶罐、净乳设备(总处理能力不应小于5 t/h)、均质设备(总加工能力不应小于5 t/h)、巴氏杀菌或高温杀菌设备、灌装设备、制冷设备、全自动CIP设备(清洗过程全自动控制)、保温运输车辆
调制乳	预处理设备(以乳粉为原料的产品除外)、原料奶运输设备、过滤设备、冷却设备、储奶罐、净乳设备(总处理能力不应小于5 t/h)、配料设备、均质设备(总加工能力不应小于5 t/h)、杀菌或灭菌设备、灌装设备或无菌灌装设备、制冷设备、全自动CIP设备(清洗过程全自动控制)、保温运输车辆(需要时)

续表

品种名称	基本生产设备设施
灭菌乳	预处理设备(以乳粉为原料的产品除外)、原料奶运输设备、过滤设备、冷却设备、储奶罐、净乳设备(总处理能力不应小于 5 t/h)、均质设备(总加工能力不应小于 5 t/h)、灭菌设备、灌装设备或无菌灌装设备、制冷设备、全自动 CIP 设备(清洗过程全自动控制)
发酵乳	预处理设备(以乳粉为原料的产品除外)、原料奶运输设备、过滤设备、冷却设备、储奶罐、净乳设备(总处理能力不应小于 5 t/h)、杀菌设备、配料设备、均质设备(总加工能力不应小于 5 t/h)、发酵罐(发酵室)、灌装设备、制冷设备、全自动 CIP 设备(清洗过程全自动控制)、保温运输工具(需要时)
乳粉	1.湿法工艺:预处理设备(以乳粉为原料的产品除外)、原料奶运输设备、过滤设备、冷却设备、储奶设备、净乳设备(总处理能力不应小于 5 t/h)、配料设备(不包括全脂乳粉)、均质设备(总加工能力不应小于 5 t/h)、制冷设备(需要时)、杀菌设备、浓缩设备(双效或多效真空浓缩蒸发器,要求单机蒸发能力 2.4 t/h 以上)、立式喷雾干燥设备(要求单塔水分蒸发能力 0.5 t/h 以上)、内包装物的杀菌设备或设施、异物探测设备、全自动小包装设备或半自动大包装设备、全自动 CIP 设备(要求清洗过程全自动控制,应覆盖浓缩前的生产线,无死角。浓缩设备的 CIP 系统可独立设置)等 2.干法工艺:原料的计量设备、隧道杀菌设备(连续、封闭式)、预混设备、混合设备(自动化、封闭式设备,至少保障 1∶1000 的两种物料混合均匀,加工能力 2 t/h 或以上)、内包装物的杀菌设备或设施、异物探测设备、全自动小包装设备 3.调制乳粉干湿复合工艺:应具备湿法工艺除成品包装外的全部生产设备和干法工艺必需的生产设备

续表

品种名称	基本生产设备设施
乳清粉和乳清蛋白粉	乳清储存罐、热交换设备(需要时)、离心分离机或旋转式过滤器(需要时)、颗粒收集罐(需要时)、稀奶油分离设备(需要时)、杀菌设备、脱盐设备(根据工艺需要)、浓缩设备、喷雾干燥设备、包装设备、全自动 CIP 设备(清洗过程全自动控制)等
加油乳清粉	配料设备、均质设备、杀菌设备、蒸发设备(需要时)、喷雾干燥设备、包装设备、全自动 CIP 设备(清洗过程全自动控制)等
炼乳	预处理设备(以乳粉为原料的产品除外)、原料奶运输设备、过滤设备、储奶罐、净乳设备(总加工能力不应小于 5 t/h)、均质设备(总加工能力不应小于 5 t/h,调制炼乳除外)、杀菌设备、浓缩或闪蒸设备、结晶罐及制冷设备(加糖炼乳适用)、灌装设备、灭菌设备(需要时)、全自动 CIP 设备(清洗过程全自动控制)等
食品工业用浓缩乳	原料奶运输设备、过滤设备、冷却设备(需要时)、储奶罐、净乳设备、均质设备(需要时)、浓缩设备、制冷设备、灌装设备、全自动 CIP 设备(清洗过程全自动控制)等
奶油、稀奶油和无水奶油	预处理设备(用稀奶油生产无水奶油除外)、原料奶运输设备、过滤设备、储奶罐、净乳设备、冷却设备、脂肪分离设备、杀菌或灭菌设备、发酵设备(根据工艺需要)、灌装设备(稀奶油适用)、压炼设备、包装设备、真空干燥设备(无水奶油适用)、全自动 CIP 设备(清洗过程全自动控制)等

续表

品种名称	基本生产设备设施
干酪	预处理设备、原料奶运输设备、过滤设备、冷却设备、储奶罐、净乳设备、杀菌设备、搅拌设备、凝乳设备、压榨设备、制冷设备、全自动 CIP 设备(清洗过程全自动控制)等
再制干酪	计量设备、混料罐、热融设备、杀菌设备、包装(灌装)设备、全自动 CIP 设备(清洗过程全自动控制)等
脱脂牛(羊)初乳粉	制冷设备、净乳设备、离心脱脂设备(需要时)、浓缩设备、杀菌或除菌设备、低温干燥设备、包装设备、全自动 CIP 设备(清洗过程全自动控制)等
脱脂牛(羊)初乳	制冷设备、净乳设备、离心脱脂设备、膜浓缩设备、膜除菌设备、无菌灌装设备、全自动 CIP 设备(清洗过程全自动控制)等
酪蛋白	离心脱脂设备、杀菌设备、凝乳设备、膜设备(膜分离适用)、洗涤设备、固液分离设备、干燥设备、粉处理设备等
乳糖	三相离心机、巴氏杀菌设备、蒸发器、结晶罐、倾析分离器、干燥设备
地方特色乳制品	预处理设备(以乳粉为原料的产品除外)、过滤设备、制冷设备、净乳设备、杀菌设备、灌装或包装设备等

注：本表所列设备设施为企业基本设备设施，企业可根据实际生产情况合理增加或减少。

2.供水设施

供水设施应能保证食品加工用水水质符合《生活饮用水卫生标

准》(GB 5749—2022)及国家相关规定。自备水源的供水设施中使用的涉及饮用水卫生安全的产品还应符合国家相关规定。食品加工用水与其他不与食品接触用水(如间接冷却水、污水或废水等)输送管路应完全分离,各管路系统应明确标识以便区分。

3.洗手、更衣及鞋靴消毒设施

准清洁作业区更衣室应设在生产作业区入口处,内部应设置足够数量的非手动式洗手、干手、消毒设施,并在邻近洗手设施的显著位置标示洗手消毒程序。进入准清洁作业区的更衣、洗手、消毒顺序应符合作业指导书的规定,一般流程为换鞋、更外衣、洗手、更清洁工作服、手消毒。

清洁作业区的入口应设置二次更衣室,并设置阻拦式鞋柜、洁净服独立存放及消毒设施等。

进入清洁作业区的更衣顺序为换鞋、更一更工服(或不更)、手消毒(或洗手和手消毒)、更清洁工作服、手消毒。更清洁工作服的房间的空气洁净度应达到清洁作业区的要求。二次更衣后,需经过互锁式气闸室或风淋室进入清洁作业区。

清洁作业区的员工工作服应为连体式或一次性工作服,并配备帽子、口罩和工作鞋。准清洁作业区、一般作业区的员工工作服应符合相应区域卫生要求,并配备帽子和工作鞋。

根据需要设置的卫生间应保持清洁,有洗手设施,不得与生产、包装或储存等区域直接连通,且卫生间的门、窗不得与生产作业区域入口相对。厂房内设置的卫生间应有洗手、消毒设施。

4.通风设施

吹入干燥塔的空气和流化床的洁净低温空气应经过滤设施过滤,必要时应配置除湿装置或设施。过滤设施应定期检查、更换,符合生产控制要求。排出干燥塔的气体应经过除尘处理。

生产企业应根据需要在生产及辅助车间配备空气调节和净化系统,使温度、相对湿度与生产工艺相适应,保证空气由清洁度要求高的区域流向清洁度要求低的区域，并形成一定的压力梯度。空气净化系统运行情况应按规定进行检查维护，有运行记录。

清洁作业区的供风系统应独立设置，采用初效、中效、高效（亚高效）过滤器三级过滤，保持清洁作业区室内正压。

对于通过风动管道运输的原料或产品进入清洁作业区的空气，需要设计和安装适当的空气过滤系统。

生产车间内有臭味及气体（蒸汽或有害气体）或有产生大量湿、热空气的生产场所，应采用足够能力的单向排风设备，通风口必须装有易清洗、耐腐蚀网罩。有粉尘污染的区域，应有适当的收集或控制装置。

（三）工艺流程及关键控制环节

1.工艺流程及关键控制环节

生产设备的布局、安装和维护必须符合工艺需要，便于操作、清洁、维护和消毒或灭菌。停用设备应有明显标志，其清洁、消毒应符合相应生产作业区洁净度的要求，防止其对环境造成污染。

乳制品基本工艺流程及关键控制环节见表 4-6。若企业采用不同于表 4-6 所列的生产工艺，生产设备应与生产工艺相适应。

全脂奶粉、脱脂奶粉、部分脱脂奶粉不得采用干法工艺生产。调制乳粉干湿法复合工艺是指湿法工艺流程（除包装外）与相应的干法工艺流程相衔接，是一个完整的生产过程，其湿法工艺部分和干法工艺部分应在同一个厂区完成，且湿法工艺部分生产的过程产品的暂存应在清洁作业区，如确有需要在一定周期内储存湿法工艺部分生产的过程产品的，可存放在库房专区。

表 4-6　乳制品基本工艺流程及关键控制环节

品种名称	基本工艺流程	生产过程关键控制环节
巴氏杀菌乳、高温杀菌乳	1.巴氏杀菌乳、高温杀菌乳：原料乳→过滤→冷却（需要时）→储存→净乳→标准化（或采用脂肪分离工艺）→均质→巴氏杀菌/高温杀菌→冷却→灌装→冷藏。 2.分离脂肪的巴氏杀菌乳：原料乳→过滤→冷却（需要时）→储存→净乳→分离脂肪→巴氏杀菌及除菌（脂肪部分采用巴氏杀菌，脱脂滤液采用过滤或离心除菌）→混合及标准化→均质→冷却→灌装→冷藏	原料验收、标准化、杀菌或灭菌方式、灌装或无菌灌装
调制乳	原料乳→净乳→冷藏→标准化→预热→配料→均质→高温杀菌或其他杀菌、灭菌方式→冷却→灌装→冷藏（需冷藏的产品）	
灭菌乳	1.超高温灭菌乳：原料乳→净乳→冷藏→标准化→预热→均质→超高温瞬时灭菌→冷却→无菌灌装→成品储存。 2.保持灭菌乳：原料乳→净乳→冷藏→标准化→预热→均质→灌装→保持灭菌→成品储存	
发酵乳	1.凝固型：原料乳→净乳→冷藏→标准化→均质→杀菌→冷却→接入发酵菌种→灌装→发酵→冷藏。 2.搅拌型：原料乳→净乳→冷藏→标准化→均质→杀菌→冷却→接入发酵菌种→发酵→搅拌→杀菌（需热处理的产品）→冷却→灌装→冷藏	原料验收、标准化、杀菌方式、发酵剂的制备、发酵、灌装

续表

品种名称	基本工艺流程	生产过程关键控制环节
乳粉	1.湿法工艺:原料乳→净乳→冷藏→标准化→均质→杀菌→浓缩→喷雾干燥→附聚、造粒或喷涂磷脂、冷却或筛粉、晾粉→包装。 2.干法工艺:拆包(脱外包)→内包装袋的清洁→隧道杀菌→原料粉称量→预混→混料→包装。 3.调制乳粉干湿法复合工艺是指湿法工艺流程(除包装外)与相应的干法工艺流程相衔接,是一个完整的生产过程	1.湿法工艺:原料验收、标准化、杀菌、浓缩、喷雾干燥、包装。 2.干法工艺:原料验收、配料的称量、隧道杀菌、预混、混合、包装
乳清粉、乳清蛋白粉、加油乳清粉	1.乳清粉:乳清收集及储存→分离脂肪(需要时)→乳蛋白颗粒收集(需要时)→稀奶油回收(需要时)→电渗析乳清回收→冷却或巴氏杀菌→脱盐(脱盐乳清粉)→浓缩→喷雾干燥→包装。 2.乳清蛋白粉:乳清收集及储存→分离脂肪(需要时)→乳蛋白颗粒收集(需要时)→稀奶油回收(需要时)→蛋白质回收→冷却或巴氏杀菌→浓缩→喷雾干燥→包装。 3.加油乳清粉:配料→均质→冷却→杀菌→浓缩→喷雾干燥→包装	1.乳清粉:乳清预处理、杀菌、浓缩、喷雾干燥、包装。 2.乳清蛋白粉:乳清预处理、杀菌、浓缩、喷雾干燥、包装。 3.加油乳清粉:配料、均质、杀菌、浓缩、喷雾干燥、包装
炼乳	原料乳→净乳→冷藏→标准化→预热杀菌→真空浓缩→冷却结晶(加糖炼乳)→装罐→灭菌(淡炼乳)→成品储存	原料乳验收、杀菌及灭菌、冷却结晶、灌装

续表

品种名称	基本工艺流程	生产过程关键控制环节
食品工业用浓缩乳	1.热浓缩法:原料乳验收→净乳→冷藏→均质→巴氏杀菌→热浓缩(≥65 ℃)→冷却→灌装→成品储存(常温、冷藏或冷冻)。 2.非热浓缩法:原料乳验收→净乳和(或)除菌分离→冷藏→均质→非热浓缩(超滤或反渗透)→冷却→灌装→冷藏(或冷冻)	原料乳验收、浓缩、灌装
奶油、稀奶油、无水奶油	1.奶油:原料乳→净乳→脂肪分离→稀奶油→杀菌→发酵(适用于发酵型产品)→成熟→搅拌→排除酪乳→奶油粒→洗涤(需要时)→压炼(需要时)→包装。 2.稀奶油:原料乳→净乳→脂肪分离→稀奶油→杀菌或灭菌→发酵或酸化(适用于发酵稀奶油和酸化稀奶油)→灌装或无菌灌装。 3.无水奶油:原料乳→净乳→脂肪分离→稀奶油→杀菌→二次分离→闪蒸(真空干燥)→包装	原料乳的验收、杀菌及灭菌、发酵(适用于发酵型产品)、酸化(适用于酸化稀奶油)、包装
干酪	1.原料乳→净乳→冷藏→标准化→杀菌→冷却→凝乳→凝块切割→搅拌→排出乳清→成型压榨→成熟→包装。 2.乳的预处理→混料→均质→杀菌→冷却→凝乳恒温培养(加入凝乳酶)→排乳清或不排乳清→冷却→灌装、封口→冷却贮存	原料乳的验收、杀菌、凝乳、包装
再制干酪	原辅料→前处理→加热融化→杀菌→灌装→冷却→储藏→成品	加热融化、杀菌、灌装

续表

品种名称	基本工艺流程	生产过程关键控制环节
脱脂牛（羊）初乳粉	脱脂牛（羊）初乳的预处理→离心脱脂→杀菌或除菌→低温干燥→包装	原料的验收、杀菌或除菌、低温干燥、包装
脱脂牛（羊）初乳	脱脂牛（羊）初乳→净乳→离心脱脂→凝乳（需要时）→离心分离（需要时）→预过滤→超滤浓缩→无菌过滤（膜除菌）→无菌灌装	原料的验收、超滤浓缩、无菌过滤（膜除菌）、无菌灌装
酪蛋白	1.酸法、酶法：原料乳→脱脂→酪蛋白沉淀（酸凝、酶凝）→过滤→沉淀→干燥。 2.膜分离法：原料乳→脱脂→酪蛋白（膜过滤）→浓缩→干燥	原料乳验收、沉淀（酸法、酶法）、膜过滤（适用于膜分离法）、洗涤、干燥
乳糖	乳清→离心→巴氏杀菌→浓缩→结晶→倾析→干燥	巴氏杀菌、浓缩、结晶、干燥

注：本表所列生产工艺为企业基本生产工艺，企业可根据实际生产情况合理增加或减少，并提交合理性说明。

2.关键控制环节控制要求

新增或调整产品工艺流程及关键设备时，应进行必要性论证和安全性确认，保证产品质量符合要求。

通过危害分析方法明确影响产品质量的关键工序或关键控制点，并制定操作规程或作业指导书，应至少对乳制品生产关键工序或关键控制点形成电子信息记录。

生产企业应有控制措施对配料过程的物料称量进行管理及复核。配料过程应根据生产指令单所要求的物料种类、用量，进行物料称量，保存配料记录。配料记录包括物料名称、生产者名称、规格、物料批号、使用数量、配料人、复核人等，保证记录的可溯源性。投料前需根据投料单对物料标识、品种、数量等进行核对。

(四)人员要求

1.人员能力及资质要求

生产企业应配备与生产能力和生产规模相适应的食品安全管理负责人、食品安全管理人员、技术人员(包括生产及检验人员等)、生产操作人员和其他人员，并符合下列要求：

(1)应设置独立的食品质量安全管理部门，配备专职或兼职的食品安全管理人员，负责按照国家有关食品安全法律法规和《食品安全国家标准　乳制品良好生产规范》(GB 12693—2010)建立、实施和持续改进食品安全管理制度及生产质量管理体系。

(2)应明确企业负责人、食品安全负责人和食品安全管理人员的岗位职责，并应能履行其相应的责任和义务。

(3)企业负责人是食品安全第一责任人，应熟悉食品安全有关法律法规和乳制品质量安全知识，对本企业的食品安全承担法律责任和义务。

(4)食品安全负责人应具有食品及相关专业本科以上学历且3年以上相关工作经历，经专业理论和食品安全知识培训合格，掌握食品安全有关的法律法规和乳制品的质量安全知识。食品安全负责人应当是生产企业法定代表人(负责人)或经授权的负责人，应独立行使职权，承担乳制品安全管理和出厂放行责任，其职责不得委托他人，特殊情况需进行授权。

(5)食品安全管理人员应有相关专业专科以上学历且具有3年以上的乳制品生产工作经历或食品安全管理经验，应掌握乳制品产品涉及的法律法规及标准规定，履行食品安全控制和食品安全保证相应的职责。

(6)生产技术人员应具有相关专业专科以上学历或三年以上相关工作经验，掌握乳制品生产专业知识。

(7)从事检验人员应具有食品、化学或相关专业专科以上的学历或者具有1年以上食品检测工作经历。实验室负责人应具有食品、化学或相关专业本科以上学历且有三年以上相关工作经历。企业自行检验的，要求每个检验项目至少两人以上具有独立检验的能力。

(8)生产操作人员的数量应适应企业规模、工艺、设备要求。关键控制环节操作人员应具有一定的技术经验，掌握生产工艺操作规程，能熟练操作生产设备。特殊岗位的生产操作人员资格应符合有关规定。

2.人员培训要求

培训管理工作由指定部门或专人负责，负责建立培训管理制度并组织实施。

企业应当制定新员工上岗培训计划、员工定期培训计划、培训方案及考核方法。培训内容应与岗位要求相适应，至少应包括工艺规程、食品安全知识等。检验人员培训计划应包括专业知识、专业技能以及有关生物、化学安全和防护、救护知识等的培训。

食品安全管理人员、食品生产技术人员、生产操作人员和检验人员等应经培训考核合格后上岗，检验人员还应进行授权。培训计划和方案应经企业负责人或食品安全负责人审核批准，培训记录应当予以保存，培训效果应当定期考核评估。

(五)原辅料管理

1.原辅料供应商审核制度

制定原辅料供应商审核制度，定期对供应商进行审核。原辅料供应商的确定及变更应进行食品安全评估，并经企业食品安全管理部门批准后方可采购。应与主要原辅料供应商签订食品安全协议，明确双方所承担的责任。

对国内原辅料供应商的审核至少应包括供应商的资质证明文件、质量标准、检验报告等。采用进口原辅料的，应审核境外出口商或者代理商（包括进口商）的备案资质文件、境外生产企业注册文件、原料质量标准、产品出厂的检验报告、海关出具的相关证明等。

2.进货查验制度

应制定进货查验制度，包括原辅料验收标准和进厂的原辅料进行验证、检验、记录、报告以及接收或拒收的处理意见和审批手续等内容。

企业应建立生乳进货查验制度，生乳的进货查验应有索证索票和逐批检测并记录的规定，保证收购的生乳来自取得生鲜乳收购许可证的生鲜乳收购站，并有检验报告表明每批生乳均符合《食品安全国家标准　生乳》（GB 19301—2010）的规定。生乳中农药、兽药残留，重金属等有毒有害物质或者致病性的寄生虫和微生物，生物毒素等指标须符合相关食品安全国家标准规定，应进行定期或不定期监测和安全性评估。

对含乳原料中可能出现的影响产品质量、危害人体健康的物质应进行必要的检验或查验合格报告。

企业采购的维生素、微量元素等营养强化剂及其他食品添加剂应进行进货验证，确保产品质量安全。对贮存期间质量容易发生变化的维生素和微量元素等营养强化剂及其他食品添加剂应进行原料合格的确认，以确保其符合原料规定的要求。

（六）生产过程控制

1.原辅料管理制度

应建立原辅料管理制度，保证采购、使用的原辅料符合相应的食品安全国家标准、地方标准或企业标准的规定。

不得使用危害人体营养及健康的违禁添加物或其他非食用原料制成的产品作为生产原料，不得使用乳或乳制品以外的动物性蛋白质（允许使用的食品添加剂及有关部门批准的新资源食品原料除外），不得使用经辐照处理过的原辅料。

包装材料应清洁、无毒且符合国家相关标准及规定。包装材料在特定储存和使用条件下不应影响乳制品的安全和产品特性。除可回收利用的包装材料外不应重复使用包装材料。应有对回收再利用的包装材料的管理规定，包括回收及检验标准，安全性检查措施，清洁、消毒的方法，有经检验合格后方可投入使用的规定等。

2.物料储存和分发制度

企业应制定物料储存和分发制度。建立物料动态信息标示卡和出入库台账，确保物料做到账物相符。应遵循“先进先出”和“近效期先出”原则制订物料的使用计划，处于合格状态的物料方可分发。

物料的接收、发放和使用应有可追溯的清晰发放记录，经收发双方核实并在相应记录上签字确认。

3.生产过程防护措施

企业应按照《食品安全国家标准　乳制品良好生产规范》（GB 12693—2010）的要求，制定防止微生物污染、化学污染、物理污染的生产过程控制措施，同时还应满足以下要求：

（1）企业应制定清洁作业区空气质量监控计划，每年应由有资质的第三方检测机构检测并出具空气洁净度的检测报告。在设备安装或工艺重大改造后应对清洁作业区的空气洁净度进行检测，符合要求后方可投入生产。日常运行中，清洁作业区的空气洁净度检测和监测按照表 4-7 进行。企业应制定准清洁作业区的空气洁净度控制要求，并定期进行监控。

表 4-7 乳制品生产清洁作业区动态标准控制表

项目	内容	控制要求	检测方法	监控频次
微生物	空气浮游菌(动态)	≤300 cfu/m^3	GB/T 16293—2010	1 次/周
	空气沉降菌(动态)(cfu/∅90 mm)	≤64 cfu/4 h	GB/T 16294—2010	1 次/周
	静态监测	监测频率按照企业生产实际需要进行		
压差	清洁作业区与一般作业区之间	通过压差计测量	≥10 Pa	2 次/班
换气次数	通过测定风速验证换气次数	通过风速仪测定	≥12 次/h	更换高效过滤器时或 1 次/月
温度	—	通过温度表测定	18～26 ℃①	2 次/班
相对湿度	—	通过湿度表测定	≤70%	2 次/班

注:1.换气次数通过风速进行转换后测定。计算公式为 $N=3600SV/A$,其中,N 为换气次数(次/h),S 为风口通风面积(m^2),A 为车间容积(m^3),V 为测得的风口平均风速(m/s)。换气次数适用于层高小于 4.0 m 的清洁作业区。层高在 4.0 m 以上的清洁作业区可适当调整换气次数,但应确保清洁作业区的洁净度。

2.表中各数值均为平均值,单点最大值不宜超过平均值的两倍。

3.动态监测时可使用多个沉降皿连续进行监控,但单个沉降皿的暴露时间需要大于 30 min,小于 4 h,按实际时间计算沉降菌。

4.静态监测控制要求:空气浮游菌≤150 cfu/m^3,空气沉降菌≤4 cfu/30 min/∅90 mm。

①有特殊要求时,按规定。

(2)用于直接接触食品或用于直接接触食品的容器和设备清洁

的压缩空气或其他惰性气体应进行过滤净化处理，以防止造成间接污染。

(3)用于生产设备的可能直接或间接接触食品的部件润滑油应当是食用油脂或能保证食品安全要求的其他油脂。

(4)当进行现场维修、维护及施工等工作时，应采取适当措施避免异物、异味、碎屑等污染产品。

4.生产人员工作服和工作鞋清洁消毒程序

应制定生产人员工作服和工作鞋清洁消毒程序，生产中应注意保持工作服和工作鞋干净完好，必要时及时更换。指定区域使用的工作服和工作鞋不能在指定区域以外的地方穿着。清洁作业区工作服和工作鞋应单独清洗、消毒、存放，定期检查，确保符合清洁作业区使用要求。

5.清洁和消毒制度

建立清洁和消毒制度，制定适宜的计划和程序。确保对所有区域进行清洁，重要区域、设备和器具应进行特殊清洁。严格执行监督程序，以确保人工清洁、就地清洗操作以及设备维护等操作流程符合相关规定和标准要求。对清洁和消毒程序进行记录，如洗涤剂和消毒剂的品种、作用时间、浓度、对象、温度等。

清洁、消毒时应做好产品防护，采用与原料、产品和生产工艺相适应的清洗剂、消毒剂和清洗消毒方式，避免对产品造成污染。

6.设备设施管理制度

建立设备设施管理制度，确保设备设施正常运行。设备设施应指定专人进行管理，设备设施的标识、台账、说明书、档案、维护和维修记录应准确、齐全。

应对生产设备、检验设备、设施的运行状态进行标识管理，明确各种状态及标识的定义，并定期对标识进行检查和维护。

应制订设备设施维修维护计划，并定期有效实施，确保设备设施正常运行。需检定或校准的设备设施应定期检定或校准。检验设备设施应定期进行维护和期间核查，保证检验设备的性能满足要求。检验设备应有使用记录。

7.物料运输管理制度

应建立物料运输管理制度，不得将原辅料、产品与有毒有害物品一同运输。运输工具、车辆应定期检查卫生清洁情况，运输条件应符合物料的储存要求（温度、湿度等）。

8.产品追溯制度

企业应建立产品追溯制度，应厘清乳制品原辅材料来源、生产环节及衔接、物料流向、信息采集及记录规则等，建立顺向可追踪、逆向可溯源的乳制品质量安全追溯制度，明确追溯目标、措施和责任人员，并定期实施内部审核，以评价追溯体系的有效性。企业可根据实际情况选择采用电子或纸质形式记录，鼓励采用二维码、条码、射频识别（RFID）等追溯形式，采用信息化手段采集、留存信息。

（1）企业应将包括原辅材料管理记录[包括生乳验收记录、原辅材料（包括食品添加剂、包装材料、其他材料）验收记录、库房保管及物料领取记录、进货台账、不合格原料处理记录等]、生产过程管理记录（包括生产计划记录、领料记录、投料记录、返库记录、关键控制点控制记录等）、产品管理记录（包括成品包装记录、成品检验记录、产品留样记录、产品放行记录、产品贮存记录、产品销售记录、产品退货处置记录、不合格产品召回记录、产品销毁记录、停产复产记录等）、人员记录（包括从业人员健康检查记录/员工管理记录、人员培训记录等）、环境场所清洁记录、设备记录（包括设备台账、设备清洗消毒记录、设备维护保养、使用及检修记录等）、风险防控记录（包括风险收集记录、食品安全事故处置记录、消费者投诉受理记录）等方面纳入追溯体系，具体乳制品生产企业追溯信息记录清单见表4-8。

表 4-8　乳制品生产企业追溯信息记录清单

序号	记录名称		记录内容（应包括但不限于）
1	原辅料信息记录	生乳验收信息记录	来源牧场或奶站名称、规模、质量协议、牧场或奶站资质审核记录、质检批次、数量、铅封信息、运输车辆信息、温度监控结果、接收时间、企业检验报告、检验人、留样记录等
		原辅材料（包括添加剂、包装材料）验收信息记录	原辅材料名称、规格、数量、生产日期（生产批号）、保质期、供货者信息（包括名称、地址、负责人姓名、联系方式）、产地、合同号（订单号）、采购负责人、供货者资质审核记录、索证索票、进货日期、验收记录、验收要求、检验结果（报告）、检验时间、检验人、复核人、入库时间、入库人员、仓库信息等
		原辅材料贮存信息记录	原辅材料台账、仓库温湿度记录、需冷藏冷冻或其他特殊条件贮存的原辅材料贮存设备温湿度记录、留样记录、出库时间、发放人、数量等
2	生产管理信息记录	生产计划信息记录	产品名称，生产日期（生产批号），生产数量，依据的标准，生产开始时间，生产结束时间，生产工序操作人，复核人，使用原辅材料的名称、规格、数量、生产日期（生产批号）、生产厂家等
		领料信息记录	原辅材料名称、规格、数量、生产日期（生产批号）、生产厂家、储奶罐号、领取时间、领取人等
		投料信息记录	原辅材料名称、规格、数量、生产日期（生产批号）、生产厂家、储奶罐号、投料时间、投料人员、进暂存罐号、内部批号等
		返库信息记录	退回的原辅材料名称、规格、数量、生产日期（生产批号）、生产厂家、退回库（罐）号、退回时间、退回人员、接收人员等

续表

序号	记录名称		记录内容(应包括但不限于)
2	生产管理信息记录	生产过程信息记录	设备清洗消毒和工艺参数记录、杀菌温度和时间记录、制冷设备温度和时间记录、CIP 记录、发酵温度等
		产品包装信息记录	产品名称、规格、数量、包装日期(生产批号)、内部批号、包装设备、操作人、复核人、金属异物检测记录、密封性测试记录、外观检查记录、标签标识等
		生产条件信息记录	场所清洁(消毒)记录、生产和包装车间环境监测记录(包括温度、湿度、压差及微生物检测)、清场记录等
		生产过程检验信息记录	半成品的检验批号、检验时间、检验方法、检验结果、检验人、生产过程检测记录等
		生产验证信息记录	物料平衡记录、特殊问题或异常事件记录等
		停产复产记录	停工时间、停工范围、停工原因、生产前采取的措施、复产时间、复产产品
3	产品管理信息	产品生产信息	产品名称、生产日期(生产批号)、保质期、生产班次、生产数量(包括取样、留样、入库、不合格品数量)、分装机编号、操作人、审核人等
		成品检验信息	产品名称、规格、生产日期(生产批号)、检验时间、执行标准、检验方法、检验原始记录、检验报告、检验报告编号、检验人、检验报告批准人、检验设备、检测机构、采样地点、样品处置情况等
		产品留样信息	产品名称、规格、生产日期(生产批号)、留样数量、留样样品完整情况检查记录、留样贮存条件检查记录等
		产品放行信息	产品名称、规格、生产日期(生产批号)、生产数量、检验情况、放行人等

续表

序号	记录名称		记录内容(应包括但不限于)
3	产品管理信息	产品贮存信息	产品名称、规格、生产日期(生产批号)、保质期、入库时间、入库数量、交接记录、出库时间、出库数量、仓库管理人员、发往单位、接收人、仓库温湿度记录,贮存巴氏杀菌乳、需要冷藏的调制乳、发酵乳等产品的设备温湿度记录等
		产品销售信息	产品名称、规格、数量、生产日期(生产批号)、保质期、检验合格证号、出厂检验报告编号、销售日期(发货日期)、发货地点、购货者信息(包括名称、地址、负责人姓名、联系方式)、销售合同号(订单号)、发货人、销售区域、一级经销商或者销售门店、网络销售记录等
		产品退货处置信息	产品名称、规格、数量、生产日期(生产批号)、保质期、来源、处置情况等
		不合格产品召回信息	发生召回的产品名称、规格、数量、生产日期(生产批号)、商标、召回区域和地点、发生召回原因、召回等级、召回实施情况、召回公布情况、处置情况、召回效果、召回工作责任人、后续整改方案、控制风险和危害等
		产品销毁信息	召回产品进行无害化处理、销毁的时间、地点、人员、处理方式等,食品安全监督管理部门实施现场监督的,应记录相关监管人员基本信息;生产企业可依法采取补救措施、继续销售的,应当记录采取补救措施的时间、地点、人员、处理方式等

续表

序号	记录名称		记录内容(应包括但不限于)
4	人员设备设施、库房管理信息记录	设备台账	设备编号、规格型号、生产厂家、购买日期、放置地点、使用年限、设备状态记录、设备清洗消毒记录、关键设备维护保养及检修记录等
		环境场所清洁记录	清洁开始时间、结束时间、责任人员、清洁剂名称等
		库房保管及物料领取记录	仓储单据编号,食品、食品原料、食品添加剂、食品相关产品等的名称、规格、生产日期或生产批号、领用或使用日期、保质期、入库时间、出库时间、数量、计量单位、责任人员等
		从业人员健康检查记录/员工管理记录	各阶段责任员工姓名、联系方式、住址、岗位信息、健康信息、健康证编号、班次信息、变更信息等
		人员培训记录	培训人、培训对象、培训内容、时间、地点、考核
5	风险防控记录	风险收集记录	风险原因、处置措施
		食品安全事故处置记录	风险原因、处置措施
		消费者投诉受理记录	投诉购货者姓名和联系方式、购买产品名称、生产日期或生产批号、投诉原因和处理结果等

(2)企业应当按照追溯制度对不符合相关法律法规等规定或生产过程中发生食品质量安全问题的，查清流向，召回产品，排查原因，迅速整改。企业可依法采取补救措施、继续销售的，应当记录采取补救措施的时间、地点、人员、处理方式等。

原辅材料出现问题的，应当立即通报供应商，并对该供应商提供的其他原辅材料进行排查，同时重新审核供应商资格。

(3)企业应严格按照追溯制度开展信息采集、记录、整理、分析等工作，确保各项记录真实、可靠，实现所有环节信息有效衔接。企业可结合实际生产情况和保障乳制品质量安全需要，适当调整或增加记录内容。

应以实际生产周期为基础进行批号管理或可追溯性编码。批是指按照同一产品配方、一个生产周期内、在同一条生产线上、一次投料、一次连续包装，以相同工艺、稳定条件下持续生产出具有预期质量均一、稳定的一批相同包装规格的成品。

(七)产品检验管理要求

应建立出厂检验管理制度，检验记录应真实、准确。出厂检验应依据产品执行标准规定的所有检验项目进行每批次检验。针对短保质期乳制品（如巴氏杀菌乳、低温发酵乳等），企业应根据产品特性建立微生物出厂检验制度，明确主体责任，可采用有效的快速检测方法开展检验，或通过有效过程控制措施，保障产品符合食品安全标准。检验结果符合相应食品安全国家标准的合格产品应标注可追溯编码，并可追溯到相应的出厂检验报告。

企业可以使用非国家标准检验方法进行检验，但应对非标准方法进行有效的确认，确保检验数据准确。当检验结果出现不符合食品安全国家标准或企业标准规定的限量时，应采用食品安全国家标准规定的检验方法进行验证；无食品安全国家标准检验方法的应采用必要的质量控制措施进行监控。

(八)其他管理要求

应建立产品出厂放行制度,明确批准出厂的标准、职责。产品出厂检验合格后方可批准放行。

应主动收集国家发布的乳制品安全风险监测、行业和媒体发布的有关乳制品质量安全风险信息,建立风险收集记录,针对相关信息开展自查和评价,并采取有效措施防范食品安全风险。

建立消费者投诉处理制度,对消费者提出的意见、投诉等,企业相关部门应做记录并查找原因,妥善处理。

五、现场审查要求

见“附录四　乳制品生产许可现场核查指南”。

六、检验报告核查原则

(一)试制产品检验合格报告

根据审查细则、所执行的食品安全标准,核查试制产品检验合格报告的种类、检验项目及检验结论是否符合规定要求。

(二)试制产品检验合格报告提供原则

(1)按照产品执行标准和工艺特性提供检验报告,即按申报标准分别提供检验报告;执行同一标准但工艺存在明显差别的,应分别提供。

(2)新办企业、生产条件发生重大变更、增加产品的,经核实需进行现场核查的,需要提供试制产品检验合格报告;生产条件未发生变化、未增加产品的,无须提供试制产品报告。企业可以全项自检、自检加委托(需为同批次产品)、全项委托的形式进行检验,但不可同一产品委托多个机构。

七、现场核查结论判定原则

现场核查的最小判定单位为类别名称,若同一类别名称下的品种明细全部通过现场核查，则该类别名称核查结论为通过现场核查；若该类别名称下的任一产品未通过现场核查，则该类别名称核查结论为未通过现场核查。

八、现场核查需提交的资料和文书

根据实际情况参照执行，现场核查需提交的资料和文书具体见表4-9。

表4-9 现场核查需提交材料清单

序号	项目	数量/份
1	食品生产许可申请书	1
2	食品生产加工场所周围环境平面图	1
3	食品生产加工场所平面图	1
4	食品生产加工场所各功能区间布局平面图	1
5	生产设备布局图	1
6	生产工艺流程图	1
7	企业标准复印件	1
8	食品安全管理制度文本	1
9	食品生产许可审查纪律书	1
10	食品生产许可审查工作廉政卡存根	1
11	食品生产许可现场核查通知书	1
12	食品、食品添加剂生产许可现场核查首次会议签到表	1
13	食品、食品添加剂生产许可现场核查末次会议签到表	1
14	食品、食品添加剂生产许可现场核查评分记录表	1
15	食品、食品添加剂生产许可现场核查报告	1

续表

序号	项目	数量/份
16	产品配方(包括食品及食品添加剂企业,审查组签字,加盖企业公章)	1
17	产品执行非食品安全国家标准的标准文本	1
18	试制食品检验报告	1
19	许可机关要求提交的其他材料(如取水证、采矿证、产业政策证明等)	1

第五章

蔬菜制品

一、产品概述

（一）产品定义

蔬菜制品是指以蔬菜和食用菌为原料，采用腌制、干燥、油炸等相关工艺加工而成的各种蔬菜制品。

（二）产品分类

蔬菜制品的申证类别为蔬菜制品，主要包含四类：酱腌菜，类别编号为1601；蔬菜干制品，类别编号为1602；食用菌制品，类别编号为1603；其他蔬菜制品，类别编号为1604。蔬菜制品生产许可食品类别、类别名称及品种明细等见表5-1。

表5-1　蔬菜制品生产许可食品类别目录列表

食品类别	类别名称	品种明细	执行标准	定义
蔬菜制品	酱腌菜	酱渍菜、盐渍菜（调味榨菜、腌萝卜、腌豇豆）、盐水渍菜、酱油渍菜、虾油渍菜、糖渍菜、醋渍菜、糖醋渍菜、糟渍菜、发酵蔬菜、其他	《食品安全国家标准 酱腌菜》（GB 2714—2015）	以新鲜蔬菜为主要原料，经腌渍等加工而成的各种产品
	蔬菜干制品	自然干制蔬菜、热风干燥蔬菜、冷冻干燥蔬菜	—	所有以蔬菜为主要原料进行选剔、清洗、粉碎、调理等预处理，采用了自然风干、晒干、热风干燥、低温冷冻干燥、油炸脱水等工艺除去其所含大部分水分，添加或不添加辅料制成的产品

续表

食品类别	类别名称	品种明细	执行标准	定义
蔬菜制品	蔬菜干制品	蔬菜脆片	—	以新鲜蔬菜为原料，经（或不经）切片（条、块）后，采用油炸（或非油炸）脱水、调味（或不调味）工艺制成的口感酥脆的产品
		蔬菜粉及制品	—	蔬菜粉是以新鲜蔬菜为原料先干燥脱水后粉碎，或先打浆粉碎后再干燥脱水等工艺制成的产品。蔬菜粉制品是以蔬菜粉为主要原料，添加或不添加辅料，经过混合、成型等工艺制成的产品
	食用菌制品	干制食用菌制品、腌渍食用菌制品、即食食用菌制品	《食品安全国家标准 食用菌及制品》（GB 7096—2014）	以食用菌为主要原料，经相关工艺加工制成的食品
	其他蔬菜制品	其他蔬菜制品	—	—

《蔬菜制品生产许可证审查细则》参照酱腌菜食品安全国家标准、行业标准中按照生产工艺分类的方式分类明确品种明细，增加盐渍菜、酱油渍菜、糖渍菜、醋渍菜、糖醋渍菜、糟渍菜、发酵蔬菜，基本上将酱腌菜相关标准中的产品类别全部囊括入产品明细中。国家市场监督管理总局印发的《食品生产许可分类目录》规定酱腌菜包括调

味榨菜、腌萝卜、腌豇豆、酱渍菜、虾油渍菜、盐水渍菜、其他，与《蔬菜制品生产许可证审查细则》略有不同。为做好新细则与《食品生产许可分类目录》的衔接，建议将以单一产品进行的分类品种腌萝卜、腌豇豆申报时按照产品工艺找到所属工艺品种申报即可，对于《食品生产许可分类目录》酱腌菜未明确的品种暂归其他管理。

生产酱腌菜、腌渍食用菌和其他蔬菜制品，仅具备包装场地、设备，不具备完整的生产条件的，不予生产许可。仅生产咸坯的企业不予生产许可。蔬菜干制品、干制食用菌允许分装。除特殊要求外，食用菌制品与蔬菜制品生产工艺等控制要求基本相同，腌渍食用菌、干制食用菌可参照酱腌菜、蔬菜干制品执行。

纳入生产许可管理范围的食用菌为可食用的大型真菌，多数为担子菌，如双孢蘑菇、香菇、草菇、牛肝菌，少数为子囊菌，如羊肚菌、块菌等。

（三）其他注意事项

1.分装的界定

分装为大包装换小包装，无任何的产品加工行为。调研发现现阶段存在蔬菜干制品（如大蒜片、生姜片、蔬菜脆片）的分装、食用菌制品（如木耳、银耳、香菇脆片）的分装。

2.蔬菜粉及制品的界定

以蔬菜粉为唯一配料的产品归蔬菜粉；其他添加辅料生产的产品，归蔬菜粉制品。蔬菜粉制品应以蔬菜粉为主要原料，蔬菜粉用量应在各配料中占比最高，体现蔬菜粉制品的本质属性，杜绝打擦边球产品乘虚而入、误导消费者。

3.其他蔬菜制品

虽然细则中未明确，但像已经发展形成相对规模的鲜切蔬菜、调味蔬菜、清水（水煮）蔬菜等均可纳入管理，具体生产要求可参照细则。

二、相关标准

(一)蔬菜制品产品执行标准(见表 5-2)

表 5-2　蔬菜制品产品执行标准

序号	标准号	标准名称
一、酱腌菜产品执行标准		
1	GB 2714—2015	食品安全国家标准　酱腌菜
2	NY/T 1070—2006	辣椒酱
3	NY/T 437—2012	绿色食品　酱腌菜
4	SB/T 10439—2007	酱腌菜
5	SB/T 10756—2012	泡菜
二、食用菌制品产品执行标准		
6	GB 7096—2014	食品安全国家标准　食用菌及其制品
7	GB/T 23189—2008	平菇
8	GB/T 37749—2019	茶树菇
9	GB/T 23190—2008	双孢蘑菇
10	GB/T 23191—2008	牛肝菌　美味牛肝菌
11	GB/T 23775—2009	压缩食用菌
12	GB/T 6192—2009	黑木耳
13	GH/T 1013—2015	香菇
14	LY/T 1207—2007	黑木耳块
15	LY/T 1649—2005	保鲜黑木耳

续表

序号	标准号	标准名称
16	LY/T 2133—2013	榛蘑干制品
17	LY/T 2465—2015	榛蘑
18	NY/T 224—2006	双孢蘑菇
19	NY/T 445—2001	口蘑
20	NY/T 695—2003	毛木耳
21	NY/T 833—2004	草菇
22	NY/T 834—2004	银耳
23	SB/T 10038—1992	草菇
三、蔬菜干制品产品执行标准		
24	GB/T 23787—2009	非油炸水果、蔬菜脆片
25	NY/T 1045—2014	绿色食品　脱水蔬菜
26	NY/T 1073—2006	脱水姜片和姜粉
27	NY/T 1393—2007	脱水蔬菜茄果类
28	NY/T 1711—2020	绿色食品　辣椒制品
29	NY/T 435—2021	绿色食品　水果、蔬菜脆片
30	NY/T 959—2006	脱水蔬菜　根菜类
31	NY/T 960—2006	脱水蔬菜　叶菜类
32	QB/T 2076—2021	水果、蔬菜脆片
33	NY/T 3269—2018	脱水蔬菜　甘蓝类

（二）蔬菜制品执行的通用标准（见表5-3）

表5-3　蔬菜制品执行的通用标准

序号	标准号	标准名称
1	GB 2760—2014	食品安全国家标准　食品添加剂使用标准
2	GB 2761—2017	食品安全国家标准　食品中真菌毒素限量
3	GB 2762—2022	食品安全国家标准　食品中污染物限量
4	GB 2763—2021	食品安全国家标准　食品中农药最大残留限量
5	GB 5749—2022	生活饮用水卫生标准
6	GB 7718—2011	食品安全国家标准　预包装食品标签通则
7	GB 14880—2012	食品安全国家标准　食品营养强化剂使用标准
8	GB 14881—2013	食品安全国家标准　食品生产通用卫生规范
9	GB 28050—2011	食品安全国家标准　预包装食品营养标签通则
10	GB 29921—2013	食品安全国家标准　食品中致病菌限量
11	GB 4806.1—2016	食品安全国家标准　食品接触材料及制品通用安全要求
12	GB 4806.4—2016	食品安全国家标准　陶瓷制品
13	GB 4806.5—2016	食品安全国家标准　玻璃制品
14	GB 4806.6—2016	食品安全国家标准　食品接触用塑料树脂
15	GB 4806.7—2016	食品安全国家标准　食品接触用塑料材料及制品

续表

序号	标准号	标准名称
16	GB 4806.9—2016	食品安全国家标准　食品接触用金属材料及制品
17	GB 9683—1988	复合食品包装袋卫生标准
18	GB/T 191—2008	包装储运图示标志
19	NY/T 714—2003	脱水蔬菜通用技术条件
20	NY/T 3340—2018	叶用芥菜腌制加工技术规程
21	NY/T 1208—2006	葱蒜热风脱水加工技术规范
22	NY/T 1204—2006	食用菌热风脱水加工技术规范
23	NY/T 1081—2006	脱水蔬菜原料通用技术规范

(三)蔬菜制品相关生产规范类标准

目前,我国尚未制定蔬菜制品相关的生产卫生规范类标准,仍以《食品安全国家标准　食品生产通用卫生规范》(GB 14881—2013)为指导。

(四)检验方法标准

食品企业可以按产品标准中规定的检验方法开展检验工作,也可以使用快速检验方法及设备进行产品检验,但应保证数据准确,应定期与食品安全国家标准规定的检验方法进行比对或者验证。当检验结果呈阳性或可疑时,应使用食品安全国家标准规定的检验方法进行确认。不同产品类型涉及的检验方法可以参考细则规定。

（五）其他相关标准（见表5-4）

表5-4　消毒剂洗涤剂等其他相关标准

序号	标准号	标准名称
1	GB 14930.2—2012	食品安全国家标准　消毒剂
2	GB 27948—2020	空气消毒剂通用要求
3	GB 27950—2020	手消毒剂通用要求
4	GB 27952—2020	普通物体表面消毒剂通用要求
5	GB 25580—2010	食品安全国家标准　食品添加剂　稳定态二氧化氯溶液

三、现场核查程序

（一）编制核查计划

审查部门应当自收到申请材料之日起三个工作日内组成核查组。现场核查应当由至少两名食品安全监管人员进行，必要时可以邀请技术专家。

日常监管部门应当派食品安全监管人员作为观察员，配合并协助现场核查工作。核查组成员中有日常监管部门的食品安全监管人员时，不再指派观察员。

（二）实施现场核查

核查人员应当自接受现场核查任务之日起五个工作日内，完成对生产场所的现场核查。

1.召开首次会议

由核查组长向申请人介绍核查目的、依据、内容、工作程序、核查人员及工作安排等内容。

2.现场核查

核查组应当依据“食品、食品添加剂生产许可现场核查评分记录表”中所列核查项目，采取核查现场、查阅文件、核对材料及询问相关人员等方法实施现场核查。必要时，核查组可以对申请人的食品安全管理人员、专业技术人员进行抽查考核。

3.核查组内讨论

现场核查完毕后，核查组长应当召集核查人员对各自负责的核查项目的评分意见共同研究，汇总核查情况，形成初步核查意见，并与申请人进行沟通。

4.形成核查结论

核查组对核查情况和申请人的反馈意见进行会商后，应当根据不同食品类别的现场核查情况分别进行评分判定，并汇总评分结果，形成核查结论，填写“食品、食品添加剂生产许可现场核查报告”。

5.召开末次会议

由核查组长宣布核查结论，组织核查人员及申请人在“食品、食品添加剂生产许可现场核查评分记录表”“食品、食品添加剂生产许可现场核查报告”上签署意见并签名、盖章。申请人拒绝签名、盖章的，核查人员应当在“食品、食品添加剂生产许可现场核查报告”上注明情况。

参加首、末次会议人员应当包括申请人的法定代表人(负责人)、相关食品安全总监、食品安全管理人员、专业技术人员、核查组成员、观察员。

参加首、末次会议人员应当在“食品、食品添加剂生产许可现场核查首/末次会议签到表”上签到。

四、审查要点

（一）原辅料验收

1.供方管理

企业应建立供方管理制度，定期对原辅料、包装容器供方进行评价、考核，建立合格供方名单及其相关档案。双方应签订食品安全协议，明确双方承担的食品安全责任，定期评价协议规定执行情况。外购咸坯的，协议中还应明确供方的生产工艺控制要求和采购验收标准。原辅料、半成品中涉及生产许可证管理的产品应采购获得生产许可证企业的合格产品。

2.原辅料进货查验

企业应建立进货查验记录制度，采购的食品原辅料应当查验供货者的相关资质和产品合格证明文件；对无法提供合格证明文件的食品原料，应当依照食品安全标准进行检验，验收合格后方可使用。蔬菜应重点关注农药残留和污染物指标，以咸坯为原料的应重点关注水分、盐度、亚硝酸盐等指标。对于新鲜蔬菜、食用菌、咸坯等原料，企业应依据原料特性、风险因素制定验收准则，合理界定批次，并按照合格供方名单进行采购。企业应记录供方名称、联系人、联系方式、品种、数量、采购时间等追溯信息。经验收不合格的食品原料应在指定区域与合格品分开放置并明显标记，并应及时进行退、换货等处理。

3.配方及食品添加剂使用管理

企业应加强配方及食品添加剂使用管理，列明配方中使用的食品添加剂、新食品原料的使用依据和规定使用量。防腐剂、甜味剂、着色剂、抗氧化剂、漂白剂等物料配方须由专门配方管理人员管理，并由相关人员进行配方的核算。核算应综合考虑加工工艺需要、加工过程损失、配料带入、复配食品添加剂各单一品种及同一功能的食品添加剂(相同色泽着色剂、防腐剂、抗氧化剂)混合使用要求等,确保物料在终产品中的残留量符合相关标准及国务院卫生行政部门相关公告的规定。酱腌菜食品添加剂的使用应按照 GB 2760—2014 的分类原则确定产品在 GB 2760—2014 中的所属类别进行添加。配料过程的物料称量应与配方要求一致,双人称量复核,建立配料生产及领用记录。

4.原辅料贮存

原料蔬菜一般常温下易腐败变质,多数产品需保鲜贮藏。企业应根据购进原料蔬菜的贮藏特性和实际的生产状况,必要时配备满足生产规模的原料蔬菜保鲜库。具体贮藏条件应根据产品贮存运输要求设定。对于不含后杀菌工艺的产品,为确保产品品质,延长产品的保质期,需设置满足产品要求的贮存运输条件,如韩式泡菜、中式传统泡菜等。

购进的咸坯,若不能及时加工处理,企业需配备盐渍池贮存原料咸坯,以保证原料咸坯的品质及后续加工过程的稳定性。盐渍池的设置和防护应满足细则的要求。

蔬菜干制品具有吸湿性,高温和湿度大的环境易造成产品含水量上升、脆度下降,影响成品品质。参照相关产品标准,蔬菜干制品成品库房需注意通风,控制温、湿度。例如:《水果、蔬菜脆片》(QB/T 2076—2021)规定成品库内温度不高于 25 ℃;《脱水姜片和姜粉》(NY/T 1073—2006)规定库房内应阴凉,空气相对湿度应小于 60%,必要时可配备降温和除湿装置。

鲜食用菌易腐败变质,储藏期短,采收后应及时预冷和包装。应根据原料食用菌相应的冷藏、冷链运输技术规范要求等,确定冷库温、湿度。

应对库房进行定期或不定期检查,及时清理有变质迹象和霉变的原料。仓库出货应遵循“先进先出”的原则,必要时应根据不同食品原料的特性确定出货顺序。有特殊贮存条件要求的,应对其贮存条件进行控制并做好记录。合格与不合格食品原料应分别存放,并要有明确醒目的标识加以区分。

5.原辅料风险识别

蔬菜应重点关注农药残留和污染物指标。例如:以黄瓜为主要原料的可重点关注毒死蜱、氟虫腈、克百威、三唑酮、联苯肼酯等农残项目;以豇豆为主要原料的可重点关注灭蝇胺、克百威、氧乐果、倍硫磷、甲基异柳磷、氯唑磷、氟虫腈、水胺硫磷等农残项目;以萝卜、胡萝卜为主要原料的可重点关注氧乐果等农残项目;以食用菌为主要原料的可重点关注菊酯类的农药,金针菇、白玉菇、双孢蘑菇等白色蘑菇类还需关注是否使用了荧光增白物质;来自矿区周边的蔬菜原料需重点关注铅、镉等重金属项目;以咸坯为原料的应重点关注水分、盐度、亚硝酸盐等指标。企业应从合格供方名单中进行采购,并详细记录食品原辅料相关信息以及进货信息。

(二)生产车间区域划分和车间控制要求

1.检查原则

结合工艺查看申报设备布局图,明确企业功能间划分,结合细则中的功能间划分及车间控制要求,明确到现场后应重点核查的内容,如车间加工环境的控制,不同洁净区划分的合理性,以及车间设置的合理性。

2.车间区域划分

(1)车间区域划分原则:厂房和车间应根据产品特点、生产工艺、生产特性以及生产过程对清洁程度的要求合理划分作业区,通常可将作业区划分为清洁作业区、准清洁作业区和一般作业区。不同洁净级别的作业区域之间应设置有效的物理隔离,防止交叉污染。酱腌菜采用盐渍、腌制工艺生产,为高盐高渗透压产品,本身不易滋生微生物,根据实际调研情况,将加工区域划分为一般作业区和准清洁作业区。除特殊工艺外，盐渍之前的工序（含盐渍）按照一般作业区管理，盐渍后的外包装前工序按准清洁作业区管理，但先灭菌后包装的即食类产品内包装间设在清洁作业区。蔬菜干制品按照即食和非即食类划分作业区，非即食类将原料处理区、干燥间（区）（冷冻干燥间等）、配料间（需要时）、成型区（需要时）、分拣区（需要时）、内包装区归准清洁作业区管理，对于即食类产品上述区域按照清洁作业区管理。不同洁净区人流和物流应分开设置，避免交叉污染。蔬菜制品的清洁作业区、准清洁作业区可以不设置空气净化系统，但要定期对清洁作业区、准清洁作业区加工环境进行消毒。

(2)物流（原辅料、包装材料）控制：为了保障清洁作业区的空气洁净度要求，防止污染物进入清洁作业区，对于出入清洁作业区的物料应有合理的限制和控制措施。原辅料、包装材料等应按要求采取清洁消毒措施方可进入清洁作业区，如外包装清扫、吹净、紫外杀菌等措施。

(3)人流控制：车间入口应设置更衣设施，将之前粗放式管理及传统工艺的盐渍区、腌制区、晾晒区均包括在内，人员应更衣后进入相应的生产加工区。在遵循传统工艺的基础上按照现行的食品生产通用卫生规范进行相应的卫生控制。

特定的作业区入口处，如由一般作业区进入准清洁作业区或由准清洁作业区进入清洁作业区入口处，可按需要设置更衣室和洗手消毒设施。即食类产品在清洁作业区入口应设置二次更衣、洗手、干手和消毒设施，与消毒设施配套的水龙头的开关应为非手动式。

(4)个别车间控制要求：为满足蔬菜制品的生产加工要求，应根据工艺特点设置生产车间，从硬件设置上来满足生产加工工序的需要。《蔬菜制品生产许可证审查细则》中对原料蔬菜验收区、盐渍区、腌制区、晾晒区设置提出了具体要求。

①验收区控制：原料蔬菜一般在蔬菜采收季节集中收购，量大、

集中，企业应根据情况设置原料蔬菜验收区。验收区应加盖顶棚以遮风挡雨，地面应硬化，避免扬尘污染。

②盐渍区控制：盐渍区为新鲜蔬菜用食盐等加工咸坯的生产区。调研发现盐渍区管理粗放，存在盐渍池露天、无卫生防护的问题。《蔬菜制品生产许可证审查细则》明确了盐渍区的设置要求，若为敞开式应加盖顶棚，设置防鼠、防蝇虫等防止有害物侵入的设施。蔬菜盐渍过程可能会产生有毒有害气体，因此盐渍区应独立设置，便于控制。盐渍区域由于发酵过程中易产生沼气、二氧化碳等有害气体，且盐渍池较深，易发生人身安全事故，因此应增加安全防护设施，防止人员跌落。应加强盐渍池翻池操作人员的岗前安全操作培训，配备相应的通风换气设备设施，且盐渍池周边应设置围栏、安全警示，加强人员进出控制。

③晾晒区控制：有晒制工艺的，如酱腌菜传统工艺酱渍菜的酱制、糖醋苤蓝片的晾晒，蔬菜干制品自然干燥蔬菜的晾晒，晒场应满足细则中的控制要求。

（三）主要生产设备设施

企业生产设备的配备应与产品加工工艺相符，设备的性能和精度应当满足生产加工的要求。与原料、半成品、成品直接或间接接触的所有设备与用具，应使用安全、无毒、无臭味或异味、耐磨损、防吸收、耐腐蚀且可承受反复清洗和消毒的材料制造，直接接触面的材质应符合食品相关产品的有关标准。蔬菜制品一般生产设备设施可参考《蔬菜制品生产许可证审查细则》。

（四）工艺流程及关键控制环节

企业应根据产品特性、质量要求、风险控制等因素制定合理的工艺流程，明确关键控制环节，制定工艺控制要求。

1.蔬菜制品工艺流程及关键控制控环节(见表5-5)

表5-5　蔬菜制品工艺流程及关键控制环节

<table>
<tr><th>类别名称</th><th colspan="2">基本工艺流程</th><th>生产过程关键控制环节</th></tr>
<tr><td>酱腌菜</td><td colspan="2">原料验收→原辅料预处理→盐渍→脱盐(或不脱盐)→切分(或不切分)→调味(腌渍)→内包装→杀菌(或不杀菌)→成品</td><td>原料验收、腌制(时间、盐度等参数的控制)、配料调味(食品添加剂的使用)、内包装(内包装材料及环境的洁净)、杀菌(杀菌时间、温度参数的控制)</td></tr>
<tr><td rowspan="3">蔬菜干制品</td><td>自然干制蔬菜</td><td>原料验收→原料选剔分级→清洗→修整→漂烫(或不漂烫)→晾晒→分拣→包装→成品</td><td>原料验收、漂烫(温度、时间等参数的控制)、晾晒、内包装(内包装材料及环境的洁净)</td></tr>
<tr><td>热风干燥蔬菜</td><td>原料验收→原料选剔分级→清洗→修整→漂烫(或不漂烫)→热风干燥→回软(或不回软)→复烘(或不复烘)→压块(或不压块)→分拣→包装→成品</td><td>原料验收、清洗、漂烫(温度、时间等参数的控制)、热风干燥(温度、时间)、内包装(内包装材料及环境的洁净)</td></tr>
<tr><td>冷冻干燥蔬菜</td><td>原料验收→原料选剔分级→清洗→修整→漂烫(或不漂烫)→沥干→冷冻→升华干燥→分拣→包装→成品</td><td>原料验收、清洗、漂烫(温度、时间等参数的控制)、冷冻干燥(真空度、温度、时间)、内包装(内包装材料及环境的洁净)</td></tr>
</table>

续表

类别名称	基本工艺流程		生产过程关键控制环节
蔬菜干制品	蔬菜脆片	原料验收→原料选剔分级→清洗→修整→漂烫（或不漂烫）→浸糖（或不浸糖）→冷冻→（真空）油炸（或非油炸）干燥→脱油（或不脱油）→冷却（或不冷却）→分拣→包装→成品	原料验收、清洗、漂烫（温度、时间等参数的控制）、（真空）油炸（真空度、油温、时间、酸价、过氧化值）、非油炸干燥（控制不同干燥工艺参数）、内包装（内包装材料及环境的洁净）
	蔬菜粉及制品	蔬菜粉：原料验收→原料选剔→清洗→修整→漂烫（或不漂烫）→干燥→粉碎→分拣→包装→成品； 原料验收→清洗→粉碎→过滤→沉淀→干燥→成型（或不成型）→冷却→包装→成品。 蔬菜粉制品：原料验收→配料混合→成型（或不成型）→包装→成品	原料验收、清洗、漂烫（温度、时间等参数的控制）、干燥工艺参数控制、内包装（内包装材料及环境的洁净）
食用菌制品	干制食用菌：参照蔬菜干制品执行。 腌渍食用菌：参照酱腌菜执行		
其他蔬菜制品	根据企业实际生产需要制定合理的工艺流程及关键控制环节		

注：企业具体工艺流程及关键控制环节应根据实际生产需求科学合理地设定。

2.工艺控制要求

企业应建立生产技术文件，内容包括工艺文件、操作规程等，生产技术文件内容应与实际生产相一致。针对生产加工过程中影响产品质量的关键工艺，应制定相应的工艺控制要求。

(1)酱腌菜工艺控制要求：酱腌菜在生产过程中易产生亚硝酸盐，亚硝酸盐的强致癌性是消费者密切关注的风险指标，细则明确了对酱腌菜生产过程中亚硝酸盐的控制要求。监控不同原料、温度等条件下酱腌菜生产过程中的亚硝酸盐含量曲线发现：原料中的亚硝酸盐含量与亚硝峰值成正比；盐度越低、温度越高，亚硝峰出现的时间越靠前，且峰值越高；一般在腌制 3～6 天亚硝酸盐含量达到峰值，之后慢慢下降。企业宜根据自身产品特点制作亚硝酸盐监控曲线，确定适宜的腌制时间、盐度等工艺参数，将亚硝酸盐含量控制在 20 mg/kg以下。

为延长酱腌菜产品的保质期，企业多采用后杀菌工艺，不同杀菌方式的产品保质期和品质不同。企业可研究采用不同杀菌方式处理后产品品质的变化情况，从而确定酱腌菜适宜的杀菌方式和参数指标。持续的高温会影响产品的脆度和口感，因此加热杀菌后应立即降温冷却，最大限度地降低温度对产品品质的影响。

(2)热风干燥蔬菜工艺控制要求：综合考虑蔬菜品种、水分含量、烘干设备、烘干原理的不同，以及烘干后产品的色泽及水分含量要求，确定适宜的干燥温度、时间、热风风速、料层厚度等参数。

有回软工艺的宜先剔除过湿、过大、过小和结块的制品与碎屑，确定不同品种蔬菜的回软时间。

回软后产品需进行复烘的，应确定适宜的复烘参数，确保终产品中的水分符合要求。

叶菜类蔬菜制品干制后，必要时可进行压块处理。

(3)冷冻干燥蔬菜工艺控制要求：确定不同蔬菜冷冻干燥适宜的

冻结温度、真空度、时间，将物料中的冰直接升华为气态进行脱水干燥。

(4)蔬菜脆片工艺控制要求：油炸蔬菜脆片的油炸用油应符合《食品安全国家标准　植物油》(GB 2716—2018)的要求。另外，油炸用油反复长期煎炸食品易产生哈喇味道，生产企业可能会使用抗氧化剂，因此应关注抗氧化剂的添加及残留情况，确保抗氧化剂的使用符合 GB 2760—2014 的要求。

3.关键控制环节要求

企业应通过危害分析的方法对产品从源头到终端，列出生产所用物料、直接接触产品的物品（设备、工具、包装材料等）、产品生产步骤、运输过程相关的所有潜在危害，确定影响食品安全的显著危害，通过食品安全风险识别、评估分析确定影响产品质量的关键工序或关键点，并建立关键限值、关键控制环节的监控、纠偏措施等，对关键工序或关键点实施质量控制，制定操作规程。企业应完整记录关键工序或关键点工艺参数，以便能追溯各关键工序或关键点的情况。

（四）产品检验管理

1.检验能力核查要求

现场重点查看企业申报的主要检验设备表，根据产品类别、产品明细、执行标准（自检的）核实企业具备的检验设备是否与其申报的产品品种相适应。根据企业所填报设备判定其检验项目所采用的检测方法，核实检测方法依据的标准是不是现行有效的，进而核实现场设备精度、性能、试剂、化验员操作方法、数据处理等是否满足标准要求。化验室布局应合理，水电、通风、案台应满足检测要求。核实生产过程中监测设备（含原料、半成品、环境）的数量、精度、运行环境是否满足要求，数据记录是否齐全有效；车间内化验室的设置不应对生产造成影响。检验设备的配备应满足产品检验方法标准的要求。

2.委托检验的核查要求

委托检验的，可部分项目或全项目委托，应与有资质的检验机构签订检验协议，协议应明确批批检验。检验管理制度中应该对委托检验有关事项进行规定，应能够落实批批检验的主体责任。委托检验要具有可操作性，应能从时间、空间（企业与检验机构的距离）等方面确保批批检验的可行性。

现场查看自检项目对应的化验设备、设施、试剂是否满足要求，人员是否具备自检项目的检测能力。委托项目主要是查看委托检验协议，核实是否规定了批批检验，是否规定了双方的责任和义务，签署单位的资质认证项目是否涵盖了企业委托项目，与委托单位的距离是否便于样品及时送达，协议的有效性是否得当。审查时还应审查生产计划、合同交付日期、生产数量、检测项目所需有效时间、送样距离等，综合判断委托的可操作性。若明显批批检验不可实现，即使有协议也应从严把握。

3.共用化验室的核查要求

在法律上有隶属关系的总公司、分公司（子公司）之间可以共用一个化验室进行出厂检验。共用化验室应能满足共用方的出厂检验需要，包括时效（相距不能太远）和检验能力等方面。共用化验室的各方应承诺负有连带责任，即一方因质量问题被责令停产，另一方也应当因化验室不得使用而停产。

五、具体审查要求

见“附录五　蔬菜制品生产许可现场核查指南”。

六、检验报告核查原则

（一）试制产品检验合格报告

根据审查细则、所执行的食品安全标准，核查试制产品检验合格报告的种类、检验项目及检验结论是否符合规定要求。

（二）试制产品检验合格报告提供原则

（1）按照产品执行标准和工艺特性提供检验报告，即按申报标准分别提供检验报告；执行同一标准但工艺存在明显差别的，应分别提供。

（2）新办企业、生产条件发生重大变更、增加产品的，经核实需进行现场核查的，需要提供试制产品检验合格报告；生产条件未发生变化、未增加产品的，无须提供试制产品报告。企业可以全项自检、自检加委托（需为同批次产品）、全项委托的形式进行检验，但不可同一产品委托多个机构。

七、现场核查结论判定原则

现场核查的最小判定单位为类别名称，具体类别名称有酱腌菜、蔬菜干制品、食用菌制品、其他蔬菜制品四类，若同一类别名称下的品种明细全部通过现场核查，则该类别名称核查结论为通过现场核查；若该类别名称下的任一产品未通过现场核查，则该类别名称核查结论为未通过现场核查。

八、现场核查需提交的资料和文书

根据实际情况参照执行，现场核查需提交的资料和文书具体见表5-6。

表5-6　现场核查需提交材料清单

序号	项目	数量/份
1	食品生产许可申请书	1
2	食品生产加工场所周围环境平面图	1
3	食品生产加工场所平面图	1
4	食品生产加工场所各功能区间布局平面图	1

续表

序号	项目	数量/份
5	生产设备布局图	1
6	生产工艺流程图	1
7	企业标准复印件	1
8	食品安全管理制度文本	1
9	食品生产许可审查纪律书	1
10	食品生产许可审查工作廉政卡存根	1
11	食品生产许可现场核查通知书	1
12	食品、食品添加剂生产许可现场核查首次会议签到表	1
13	食品、食品添加剂生产许可现场核查末次会议签到表	1
14	食品、食品添加剂生产许可现场核查评分记录表	1
15	食品、食品添加剂生产许可现场核查报告	1
16	产品配方(包括食品及食品添加剂企业,审查组签字,加盖企业公章)	1
17	产品执行非食品安全国家标准的标准文本	1
18	试制食品检验报告	1
19	许可机关要求提交的其他材料	1

第六章

水产制品

一、产品概述

(一)产品定义

水产制品是指以鲜、冻动物性水产品或藻类为主要原料，添加或不添加辅料，经相应工艺加工制成的产品。

(二)产品分类

水产制品系指《食品安全国家标准 动物性水产制品》(GB 10136—2015)和《食品安全国家标准 藻类及其制品》(GB 19643—2016)中涵盖的产品，具体包括干制水产品、盐渍水产品、鱼糜及鱼糜制品、冷冻水产制品、熟制水产品、生食水产品、其他水产品。水产制品生产许可食品类别、类别名称、品种明细等见表 6-1。

表 6-1 水产制品生产许可食品类别目录列表

食品类别	类别编号	类别名称	品种明细
水产制品	2201	干制水产品	虾米、虾皮、干贝、鱼干、干燥裙带菜、干海带、干紫菜、干海参、其他
	2202	盐渍水产品	盐渍藻类、盐渍海蜇、盐渍鱼、盐渍海参、其他
	2203	鱼糜及鱼糜制品	冷冻鱼糜、冷冻鱼糜制品
	2204	冷冻水产制品	冷冻调理制品、冷冻挂浆制品、冻煮制品、冻油炸制品、冻烧烤制品、其他
	2205	熟制水产品	烤鱼片、鱿鱼丝、烤虾、海苔、鱼松、鱼肠、鱼饼、调味鱼(鱿鱼)、即食海参(鲍鱼)、调味海带(裙带菜)、其他
	2206	生食水产品	腌制生食水产品、非腌制生食水产品
	2207	其他水产品	其他水产品

水产制品的分类和定义见表6-2。

表6-2 水产制品的分类和定义

二级分类	定义	举例
干制水产品	以鲜、冻水产品为原料，经干燥工艺加工制成的不可直接食用的产品	虾米、虾皮、干贝、鱼干、干海参、干燥裙带菜、干海带、干紫菜
盐渍水产品	以鲜、冻水产品为原料，经腌制加工制成的不可直接食用的产品	盐渍海蜇、盐渍鱼、盐渍海参、糟鱼、盐渍海带、盐渍裙带菜
鱼糜及鱼糜制品	以鲜、冻鱼类为原料，经采肉、漂洗、脱水等工艺制成的不可直接食用的冷冻鱼糜和以冷冻鱼糜、鱼肉、虾肉、墨鱼肉、贝肉为主要原料，添加一定的辅料，经相应工艺制成的不可直接食用的鱼糜制品	冷冻鱼糜、模拟蟹肉、鱼丸、虾丸、墨鱼丸
冷冻水产制品	以鲜、冻水产品为原料，经挂浆、裹屑、包衣、调味、熟制等一种或几种工艺制作加工后，采用速冻工艺（产品中心温度不高于－18 ℃），并在低温状态下贮存的产品	冻裹面包屑鱼、冻裹面包屑虾、冻蒜蓉粉丝扇贝、冻煮全贝、冻煮虾、冻油炸虾、冻烧烤鱼
熟制水产品	以鲜、冻水产品为主要原料，添加或不添加辅料，经蒸煮、油炸、熏烤等工艺熟制而成的可直接食用的产品	烤鱼片、鱿鱼丝、烤虾、鱼松、鱼肠、鱼饼、调味鱼（鱿鱼）、即食海参（鲍鱼）、调味海带（裙带菜）、海苔

续表

二级分类	定义	举例
生食水产品	以鲜活或冷冻动物性水产品为原料，经洁净加工而不经过加热熟制即可直接食用的产品	醉泥螺、醉虾、醉蚶、即食海蜇、生食牡丹虾、生食赤贝、生食海胆
其他水产品	除干制水产品、盐渍水产品、鱼糜及鱼糜制品、冷冻水产制品之外的非即食水产制品	—

(三)其他注意事项

(1)河豚的加工经营应符合《农业部办公厅　国家食品药品监督管理总局办公厅　关于有条件放开养殖红鳍东方鲀和养殖暗纹东方鲀加工经营的通知》(农办渔〔2016〕53号)的要求。

(2)水产制品原料应符合《中华人民共和国野生动物保护法》和《中华人民共和国水生野生动物保护实施条例》的规定。

二、相关标准

(一)标准执行原则

(1)食品安全标准是唯一强制执行的食品标准，包括食品安全国家标准、食品安全地方标准。无论企业是否明示，产品均应符合食品安全国家标准的要求。其他标准是推荐性标准，包括国家标准、行业标准、地方标准、团体标准和企业标准。

(2)企业申报产品可以执行适用的食品安全标准，也可以执行推荐性标准或企业标准。

(3)企业标准不得低于食品安全国家标准或者地方标准的要求。食品生产企业制定食品安全指标严于食品安全国家标准或者地方标准的企业标准的，应当报省卫生行政部门备案。鼓励企业制定严于食品安全国家标准或者地方标准的企业标准。制定企业标准时应关注适用的食品安全国家标准的相关要求，如 GB 2760—2014 对于食品添加剂的使用要求，GB 7718—2013、GB 28050—2011、GB 14880—2012 等对于标签、含量声称、含量指标达标的要求，同时还应关注特征性指标的相关要求。

(4)《水产制品生产许可证审查细则》中引用的标准应按现行有效的版本执行。

(二)水产制品执行标准(见表 6-3)

表 6-3　水产制品执行标准

序号	标准号	标准名称
一、干制水产品		
1	GB 10136—2015	食品安全国家标准　动物性水产制品
2	GB 19643—2016	食品安全国家标准　藻类及其制品
3	GB 31602—2015	食品安全国家标准　干海参
4	GB/T 23597—2022	干紫菜
5	GB/T 26940—2011	牡蛎干
6	GB/T 30894—2014	咸鱼
7	SC/T 3202—2012	干海带
8	SC/T 3203—2015	调味生鱼干
9	SC/T 3204—2012	虾米
10	SC/T 3205—2016	虾皮
11	SC/T 3207—2018	干贝
12	SC/T 3208—2017	鱿鱼干、墨鱼干

续表

序号	标准号	标准名称
13	SC/T 3209—2012	淡菜
14	SC/T 3213—2019	干裙带菜叶
15	SC/T 3214—2006	干鲨鱼翅
16	SC/T 3217—2012	干石花菜
17	SC/T 3218—2015	干江蓠
18	SC/T 3219—2015	干鲍鱼
19	SC/T 3220—2016	干制对虾
20	SC/T 3307—2021	冻干海参
二、盐渍水产品		
1	GB 10136—2015	食品安全国家标准　动物性水产制品
2	GB 19643—2016	食品安全国家标准　藻类及其制品
3	SC/T 3210—2015	盐渍海蜇皮和盐渍海蜇头
4	SC/T 3211—2019	盐渍裙带菜
5	SC/T 3212—2017	盐渍海带
6	SC/T 3215—2014	盐渍海参
7	SC/T 3216—2016	盐制大黄鱼
三、鱼糜及鱼糜制品		
1	GB 10136—2015	食品安全国家标准　动物性水产制品
2	GB/T 36187—2018	冷冻鱼糜
3	SC/T 3701—2003	冻鱼糜制品

续表

序号	标准号	标准名称
四、冷冻水产制品		
1	GB 10136—2015	食品安全国家标准 动物性水产制品
2	GB/T 21289—2007	冻烤鳗
3	GB/T 21672—2014	冻裹面包屑虾
4	GB/T 22180—2014	冻裹面包屑鱼
5	SB/T 10379—2012	速冻调制食品
6	SC/T 3120—2012	冻熟对虾
五、熟制水产品		
1	GB 10136—2015	食品安全国家标准　动物性水产制品
2	GB 19643—2016	食品安全国家标准　藻类及其制品
3	GB/T 23497—2022	鱿鱼丝
4	GB/T 23596—2009	海苔
5	SC/T 3301—2017	速食海带
6	SC/T 3302—2010	烤鱼片
7	SC/T 3305—2021	烤虾
8	SC/T 3306—2012	即食裙带菜
9	SC/T 3308—2014	即食海参
10	SC/T 3309—2016	调味烤酥鱼
六、生食水产品		
1	GB 10136—2015	食品安全国家标准　动物性水产制品

续表

序号	标准号	标准名称
2	SC/T 3117—2006	生食金枪鱼
3	SC/T 3902—2020	海胆制品
七、其他水产品		
1	GB 10136—2015	食品安全国家标准　动物性水产制品
2	GB 31645—2018	食品安全国家标准　胶原蛋白肽
3	GB/T 22729—2008	海洋鱼低聚肽粉
4	QB/T 4588—2013	淡水鱼蛋白肽
5	SB/T 10634—2011	淡水鱼胶原蛋白肽粉

（三）水产制品执行的通用标准（见表 6-4）

表 6-4　水产制品执行的通用标准

序号	标准号	标准名称
1	GB 7718—2011	食品安全国家标准　预包装食品标签通则
2	GB 28050—2011	食品安全国家标准　预包装食品营养标签通则
3	GB 2760—2014	食品安全国家标准　食品添加剂使用标准
4	GB 2761—2017	食品安全国家标准　食品中真菌毒素限量
5	GB 2762—2022	食品安全国家标准　食品中污染物限量
6	GB 2763—2021	食品安全国家标准　食品中农药最大残留限量

续表

序号	标准号	标准名称
7	GB 14880—2012	食品安全国家标准　食品营养强化剂使用标准
8	GB 29921—2013	食品安全国家标准　食品中致病菌限量

(四)加工规范标准(见表 6-5)

表 6-5　水产制品生产加工规范标准

序号	标准号	标准名称
1	GB 14881—2013	食品安全国家标准　食品生产通用卫生规范
2	GB 20941—2016	食品安全国家标准　水产制品生产卫生规范

(五)其他相关标准(见表 6-6)

表 6-6　水产制品其他相关标准

序号	标准号	标准名称
1	GB 5749—2022	生活饮用水卫生标准
2	GB 14930.2—2012	食品安全国家标准　消毒剂
3	GB 27948—2020	空气消毒剂通用要求
4	GB 27950—2020	手消毒剂通用要求
5	GB 27952—2020	普通物体表面消毒剂通用要求
6	GB 4806.1—2016	食品安全国家标准食品　接触材料及制品通用安全要求

续表

序号	标准号	标准名称
7	GB 4806.6—2016	食品安全国家标准　食品接触用塑料树脂
8	GB 4806.7—2016	食品安全国家标准　食品接触用塑料材料及制品
9	GB 4806.9—2016	食品安全国家标准　食品接触用金属材料及制品
10	GB 9683—1988	复合食品包装袋卫生标准

企业生产加工过程中用到的食品原料、食品添加剂、消毒剂、食品相关产品应符合相应的食品安全国家标准。

三、现场核查程序

(一)编制核查计划

审查部门应当自收到申请材料之日起三个工作日内组成核查组。现场核查应当由至少两名食品安全监管人员进行,必要时可以邀请技术专家。

日常监管部门应当派食品安全监管人员作为观察员,配合并协助现场核查工作。核查组成员中有日常监管部门的食品安全监管人员时,不再指派观察员。

(二)实施现场核查

核查人员应当自接受现场核查任务之日起五个工作日内,完成对生产场所的现场核查。

1.召开首次会议

由核查组长向申请人介绍核查目的、依据、内容、工作程序、核查人员及工作安排等内容。

2.现场核查

核查组应当依据“食品、食品添加剂生产许可现场核查评分记录表”中所列核查项目，采取核查现场、查阅文件、核对材料及询问相关人员等方法实施现场核查。必要时，核查组可以对申请人的食品安全管理人员、专业技术人员进行抽查考核。

3.核查组内讨论

现场核查完毕后，核查组长应当召集核查人员对各自负责的核查项目的评分意见共同研究，汇总核查情况，形成初步核查意见，并与申请人进行沟通。

4.形成核查结论

核查组对核查情况和申请人的反馈意见进行会商后，应当根据不同食品类别的现场核查情况分别进行评分判定，并汇总评分结果，形成核查结论，填写“食品、食品添加剂生产许可现场核查报告”。

5.召开末次会议

由核查组长宣布核查结论，组织核查人员及申请人在“食品、食品添加剂生产许可现场核查评分记录表”“食品、食品添加剂生产许可现场核查报告”上签署意见并签名、盖章。申请人拒绝签名、盖章的，核查人员应当在“食品、食品添加剂生产许可现场核查报告”上注明情况。

参加首、末次会议人员应当包括申请人的法定代表人（负责人）、相关食品安全总监、食品安全管理人员、专业技术人员、核查组成员、观察员。

参加首、末次会议人员应当在“食品、食品添加剂生产许可现场核查首/末次会议签到表”上签到。

四、审查要点

（一）生产场所

（1）生产区域内不应饲养与生产加工无关的动物。

（2）车间外废弃物放置场所应与食品加工场所隔离，防止污染；应防止腥臭等不良气味溢出及虫害滋生。

（3）生产企业应具备与生产能力相适应的原辅料及包装材料库房、原料处理车间、加工车间、包装车间、成品库房等。

（4）生产企业应根据原料和产品要求配备原料冷库、半成品冷库和成品冷库。

（5）生产车间依其清洁度要求应分为一般作业区和准清洁作业区、清洁作业区。按生产品种不同，对清洁作业区的清洁程度要求不同。

干制水产品的一般作业区包括原料处理车间（清洗、去头、去脏、去壳、水煮、盐渍等）、外包装车间，清洁作业区包括加工车间（调味、脱盐、脱水、切割、成型、干燥、脱壳、回潮、挑选等）、内包装车间。

盐渍水产品的一般作业区包括原料处理区域（清洗、去杂、烫煮、盐渍、盐矾等）、外包装车间，清洁作业区包括加工车间（挑选、整型、切割等）、内包装车间。

鱼糜及鱼糜制品的一般作业区包括原料处理车间（清洗、宰杀等）、外包装车间，清洁作业区包括加工车间（采肉、漂洗、精滤、脱水、配料、斩拌、成型、加热、冷却、速冻）、内包装车间。

冷冻水产制品的一般作业区包括原料处理车间（解冻、清洗、去壳等）、外包装车间，清洁作业区包括加工车间（整形、调味、上浆、裹衣、熟制、冷却、速冻）、内包装车间。

熟制水产制品的一般作业区包括原料处理车间（解冻、去杂、清洗、剖片、切割、烫煮）、外包装车间，准清洁作业区包括加工车间（脱盐、调味、成型、熏烤、油炸、蒸煮、烹调等）、灭菌车间，清洁作业区包括加工车间（产品最终灭菌后的暴露环境等）、内包装车间。

生食水产制品的一般作业区包括外包装车间，准清洁作业区包括原料处理车间（清洗、去杂、修整、去壳取肉等），清洁作业区包括加工车间（配料、腌制、灌装、缓化、切片、定形、脱盐等）、内包装车间。

（6）采用传统晾晒工艺的产品不得直接接触地面，应有纱网等防护措施。

（7）腌制水产制品的烫煮区域和盐渍区域应进行有效防护。

（8）生食水产制品清洁作业区（缓化、切片、定形、腌制、内包装）需有控温装置，能满足生产工艺要求。

（9）贮存库的温度应满足产品特性要求。冷藏库温度应控制在0 ℃～4 ℃，冷冻库温度应控制在－18 ℃以下。

（10）分装企业应有原料脱外包装后的暂存车间。

（二）生产设备设施

生产设备设施应根据实际工艺需要配备，应与生产的产品品种、数量相适应，设备的性能和精度应当满足生产加工的要求。水产制品生产常见设备设施见表6-7。

设备、容器和用具应易排水、易清洁、易消毒和易维护，避免明显的内角、突起、缝隙或裂口，防止物料或灰尘黏附。专用容器应有明显的标识，不同加工阶段的物料容器不应相互混用。盐渍设施应采用无毒、无味、不吸水、耐腐蚀、不生锈、易清洗消毒、坚固的材料。设备维修时，应防止造成产品污染；维修后应对维修区域进行清洗消毒；原料预处理设备应注意防锈。

表 6-7　水产制品生产常见设备设施

类别名称	生产设备设施
干制水产品	原料处理设施(洗鱼机、剖片机等)、盐渍设施(盐渍容器、搅拌设施)、水煮设备、干燥设备(烘房、烘道等)、包装设备(电子秤、封口机等)
盐渍水产品	原料处理设施(烫煮设备、洗鱼机等)、腌制设施(盐渍容器、搅拌设施)、切割设备(必要时)、包装设备(电子秤、封口机等)
鱼糜及鱼糜制品	原料处理设施(洗鱼机、宰鱼机等)、采肉设备、漂洗设备、过滤设备、脱水设备、斩拌设备、成型设备、速冻设备、包装设备(电子秤、封口机等)
冷冻水产品	原料处理设施(去皮机、剖片机等)、调味设施(容器、搅拌设施等)、裹衣设施(打浆机、上浆机等)、熟制设备(油炸锅、夹层锅、蒸柜等)、速冻设备、包装设备(电子秤、封口机等)
熟制水产品	原料处理设施(洗鱼机、去皮机、剖片机、切割机等)、调味设施(容器、搅拌机等)、成型设备(填充机等)、干燥设备(烘房等)、烘烤设备(烘烤机等)、油炸设备(炸锅等)、蒸煮设备(夹层锅、蒸柜等)、烹调设施、灭菌设备、包装设备(电子秤、封口机等)
生食水产品	原料处理设施(清洗槽、破壳取肉工具等)、配料设施、腌制设施、切割设备、包装容器清洗设施、包装设备(电子秤、封口机等)
其他水产品	原料处理设施(洗鱼机、去皮机、剖片机、切割机等)、水处理设备、配料设施、熟化设备、过滤器(需过滤的产品)、生产设备清洗消毒设施、灭菌设备、包装设备(电子秤、封口机等)

(三)工艺流程及关键控制环节

企业应根据产品特性、质量要求、风险控制等因素制定合理的工艺流程,明确关键控制环节。水产制品基本工艺流程及关键控制环节详见表6-8。

表6-8 水产制品基本工艺流程及关键控制环节

<table>
<tr><th>类别名称</th><th>基本工艺流程</th><th>生产过程关键控制环节</th></tr>
<tr><td rowspan="2">干制水产品</td><td>原料预处理→干燥→包装→成品</td><td>干燥过程应制定相应的控制措施,常用的参数有温度、时间等</td></tr>
<tr><td colspan="2">工艺说明:干制水产品在包装时需要有一个良好的工作环境。一般来说,适宜在低温、干燥、清洁的环境中进行,最好该环境能进行空气湿度调节</td></tr>
<tr><td>盐渍水产品</td><td>原料处理→烫煮→拌盐→腌渍→脱水→切割→包装→成品</td><td>烫煮、腌渍、脱水过程应制定相应的控制措施,常用的参数有温度、时间、盐度等</td></tr>
<tr><td rowspan="2">鱼糜及鱼糜制品</td><td>鱼糜:原料处理→采肉→漂洗→精滤→脱水→斩拌→成型→速冻→包装→成品</td><td>鱼糜的原料处理、漂洗、斩拌过程应制定相应的控制措施,原料处理过程主要应控制原料的新鲜度,漂洗过程主要应控制的参数有水温、pH值等,斩拌应主要控制复合磷酸盐、糖类等抗冻剂的添加量</td></tr>
<tr><td>鱼糜制品:鱼糜解冻→配料→擂溃→成型→凝胶化→加热→冷却→速冻→包装→成品</td><td>鱼糜制品的关键工序擂溃和凝胶化应有控制措施,擂溃的参数有食盐添加、浆料温度、擂溃时间等,凝胶化的参数有温度等</td></tr>
</table>

续表

类别名称	基本工艺流程	生产过程关键控制环节
冷冻水产制品	原料处理→调味→裹衣→速冻→包装→成品	冷冻裹衣水产品的关键工序裹衣、速冻应有控制措施,裹衣的参数有涂裹量和均匀性等,速冻的参数有温度、时间等
熟制水产品	原料处理→调味→熟制→包装→灭菌或不灭菌→成品	熟制和灭菌过程应制定相应的控制措施,常用的参数有温度、时间等
生食水产品	腌制品:原料验收→原料处理→腌制→包装→成品	原料验收、腌制过程应制定相应的控制措施,腌制过程常用的参数有温度、时间等
	非腌制品:原料验收→原料处理→切割(定形)→包装→成品	原料验收、切割(定形)过程应制定相应的控制措施

(四)管理制度

1.进货查验记录制度

(1)所有原料均应来自符合国家相关标准要求的水域。动物性水产制品的原料应符合《食品安全国家标准　鲜、冻动物性水产品》(GB 2733—2015)的要求,藻类制品的原料应符合《食品安全国家标准　藻类及其制品》(GB 19643—2015)的要求。以水产动物内脏、卵、皮、鳍、鳞、骨、壳等非肌肉组织作为水产制品原料的,应符合GB 2733—2015的要求。进口水产品原料应符合海关的相关要求。

(2)已死亡的黄鳝、鳌虾、河蟹、贝类不应作为原料进行生产加工。必要时,应对双壳贝类进行贝类净化。双壳贝类(必要时)、河豚等自身带有生物毒素的水产制品原料应进行毒素检测,并按相关规定进行验收和处理，确保原料的安全性。

(3)冷冻品应选择耐低温、阻水性能好的包装材料。

(4)生食水产制品的原料应检验致病菌、病毒、寄生虫及其虫卵。

2.生产环节控制制度

企业应制定生产环节控制制度，制度中应明确相关要求。

(1)原料预处理、冷冻、蒸煮、干制、熏制、盐渍等加工过程应按照各自加工工艺和产品特点进行相对隔离，防止人流、物流和气流交叉污染。应避免废水、废弃物对原料及产品造成污染。

(2)应严格控制水产制品原料的解冻时间和温度。

(3)有温度控制要求的工序或场所应安装温度指示计。

(4)需要使用蒸汽的操作应保证足够的压力和蒸汽供应。

(5)冷藏保存的产品加工车间应有降温措施。应尽快将加工后的产品移至冷藏环境中，冷藏室应配备温度指示计。

(6)需冷冻保存的产品应根据产品的自然状态如厚度、形状、生产量等特性确定冻结温度，确保尽快地通过最大冰晶生成带。产品经冷冻后进行包装时，包装操作应在温度可控的环境中进行，保证产品的中心温度低于－18 ℃。

(7)预制水产干制品应严格控制干燥时间、干燥温度、环境湿度，以确保预制水产干制品的水分活度在安全范围内。有蒸煮工艺的应控制蒸煮温度和蒸煮时间，有盐渍工艺的应控制盐渍时间。

(8)熟制水产制品生产过程应保证杀菌温度和杀菌时间。

(9)生食海产品应保证充足的冷处理，以确保杀死对人体有害的寄生虫。

(10)分装企业原料脱外包装后的暂存车间、包装车间应有空气消毒措施，且应有定时消毒措施。

3.清洗消毒制度

企业应制定清洗消毒制度。应根据不同类别的水产制品特点制订清洗消毒计划，指定专人有效实施，所使用的洗涤剂、消毒剂应分别符合《食品安全国家标准　洗涤剂》(GB 14930.1—2022)和《食品安全国家标准　消毒剂》(GB 14930.2—2012)的规定。水产制品接触面应无消毒剂残留。

4.检验管理制度

企业应制定检验管理制度,包括对原辅料、过程、出厂和型式检验的管理规定,成品须经出厂检验合格后方可销售。

企业应当综合考虑产品特性、工艺特点、原料控制情况等因素,合理确定出厂检验项目。法律、法规、规章、食品安全国家标准另有规定的,从其规定。

企业可以使用经国家有关部门认定的快速检验方法及设备,但应保证检验结果准确。使用的快速检验方法及设备实施出厂检验时,应定期与国家标准规定的检验方法进行对比或者验证。快速检验结果不合格时,应使用标准规定的检验方法进行确认。

5.废弃物的存放和处置制度

企业应制定废弃物的存放和处置制度。废弃的原辅料包装物及加工过程中分拣出的寄生虫、贝壳、海胆壳、虾肠线、海参石灰质嘴等应及时有效处理,防止对水产制品、水产制品接触面、供水及地面造成污染。

6.运输管理制度

企业应制定运输管理制度。应规定运输过程中,需冷藏或冷冻的水产制品应有保温或降温措施,并尽量减少运输时间和温度波动。

7.分装企业应制定原料供应商现场审查制度。

(五)检验要求

1.检验设备

企业开展自行检验的,应依据实际产品特性和执行标准的规定,配备满足其检验要求的设备设施。实验室应有试验台、上下水设施、供电设施。

干制水产品检验设备一般包括分析天平(0.1 mg)、天平(0.1 g)、干燥箱、马弗炉（必要时）。

盐渍水产制品检验设备一般包括分析天平（0.1 mg）、天平（0.1 g）、干燥箱。

鱼糜检验设备一般包括分析天平（0.1 mg）、天平（0.1 g）、干燥箱、酸度计、灌肠机、斩拌机、恒温水浴锅、弹性仪或质构仪、温度计（量程－20～110 ℃）。鱼糜制品检验设备一般包括分析天平（0.1 mg）、天平（0.1 g）、干燥箱、生物培养箱、灭菌锅、无菌室或超净工作台。

冷冻水产品检验设备一般包括天平（0.1 g）、温度计（必要时）、生物培养箱、灭菌锅、无菌室或超净工作台（必要时）。

熟制水产品检验设备一般包括分析天平（0.1 mg）、天平（0.1 g）、干燥箱、酸度计（必要时）、生物培养箱、灭菌锅、无菌室或超净工作台。

生食水产品检验设备一般包括天平（0.1 g）、生物培养箱、灭菌锅、无菌室或超净工作台、显微镜（必要时）。

2.检验管理要求

（1）原辅料检验：企业应根据原辅料、包装材料及成品特点，制定原辅料的内控指标要求，进行进货检验或查验。

（2）过程检验：企业应根据产品工艺和产品特点，确定过程控制及检验项目；过程检验包括过程产品的检验和过程控制环节的卫生监测。企业应根据过程检验项目配备相应的化验室和设备等，以满足过程检验需要。过程检验项目一般是对终产品质量有重要影响的项目；过程控制环节一般包括对人员、环境的微生物监控等，可制订周期监测计划，对各环节按计划进行监控，以验证环境消毒的结果及消毒措施的有效性。

（3）出厂检验：企业可以自行进行出厂检验，也可以委托有资质的机构进行检验。

①出厂检验项目：产品执行标准已明确出厂检验要求时，应按标

准的规定执行。产品执行标准未明确产品出厂检验项目及频次时，企业应综合考虑产品特性、工艺特点、原料控制等因素，科学合理地界定产品出厂检验项目和频次。界定的原则是既要保证产品符合食品安全标准的要求，又要避免不必要的重复检验。

②自行检验的，应当具备出厂检验项目的检验能力。

③委托检验的，可部分项目或全项目委托，应与有资质的检验机构签订检验协议，协议应明确批批检验。检验管理制度中应该对委托检验有关事项进行规定，应能够落实批批检验的主体责任。委托检验要具有可操作性，应能从时间、空间（企业与检验机构的距离）等方面确保批批检验的可行性。

3.检验能力核查要求

(1)细则规定的检验核查：核查企业是否具备细则规定的检验设备和检验项目的检验能力。

(2)自行检验核查：应核查企业化验室和化验人员能力。应当查看企业是否具备所检项目必备的检验设备。化验室是否水电齐全，通风良好，各功能区是否分隔合理，设备的精度、性能、数量是否满足检验项目的要求，药品、试剂是否齐全，是否能够按照标示的贮存方法存放，人员是否满足管理制度中的任职要求。现场应对化验员的检验能力进行验证，包括其对检验方法、技术指标等的掌握情况，还应该对化验员实际操作和原始记录的书写水平进行评价。

(3)全项委托检验核查：若企业全项委托第三方检验，应查看被委托方的检验资质，确认是否具备委托项目的全部技术要求，查看双方委托协议的合理性，比如批次的界定、产品到达实验室的方式、出具报告的时限等。

(4)委托加自检核查：若企业出厂检验项目部分委托，应按照(2)(3)的要求分别进行评价。

(5)出厂检验报告：企业出具的出厂检验报告的数据，可来源于自行检验加委托检验项目的合集，但检验样品必须为同一批次产品。

五、现场审查要求

见“附录六　水产制品生产许可现场核查指南”。

六、检验报告核查原则

（一）试制产品检验合格报告

根据审查细则、所执行的食品安全标准，核查试制产品检验合格报告的种类、检验项目及检验结论是否符合规定要求。

（二）试制产品检验合格报告提供原则

（1）按照产品执行标准和工艺特性提供检验报告，即按申报标准分别提供检验报告；执行同一标准但工艺存在明显差别的，应分别提供。

（2）新办企业、生产条件发生重大变更、增加产品的，经核实需进行现场核查的，需要提供试制产品检验合格报告；生产条件未发生变化、未增加产品的，无须提供试制产品报告。企业可以全项自检、自检加委托（需为同批次产品）、全项委托的形式进行检验，但不可同一产品委托多个机构。

七、现场核查结论判定原则

现场核查的最小判定单位为类别名称，若同一类别名称下的品种明细全部通过现场核查，则该类别名称核查结论为通过现场核查；若该类别名称下的任一产品未通过现场核查，则该类别名称核查结论为未通过现场核查。

八、现场核查需提交的资料和文书

根据实际情况参照执行，现场核查需提交的资料和文书具体见表6-9。

表 6-9　现场核查需提交材料清单

序号	项目	数量/份
1	食品生产许可申请书	1
2	食品生产加工场所周围环境平面图	1
3	食品生产加工场所平面图	1
4	食品生产加工场所各功能区间布局平面图	1
5	生产设备布局图	1
6	生产工艺流程图	1
7	企业标准复印件	1
8	食品安全管理制度文本	1
9	食品生产许可审查纪律书	1
10	食品生产许可审查工作廉政卡存根	1
11	食品生产许可现场核查通知书	1
12	食品、食品添加剂生产许可现场核查首次会议签到表	1
13	食品、食品添加剂生产许可现场核查末次会议签到表	1
14	食品、食品添加剂生产许可现场核查评分记录表	1
15	食品、食品添加剂生产许可现场核查报告	1
16	产品配方(包括食品及食品添加剂企业,审查组签字,加盖企业公章)	1
17	产品执行非食品安全国家标准的标准文本	1
18	试制食品检验报告	1
19	许可机关要求提交的其他材料(如取水证、采矿证、产业政策证明等)	1

九、企业取证后的食品安全风险

现代工业的飞速发展，导致“三废”（废气、废水、固体废弃物）大量排入水体和大气中；同时过量使用的农药会在雨水的冲刷下汇集到水体中。这些都会使环境受到污染。水生生物具有极易富集危害因子的特性，这会严重危及人们的健康和生命安全。由于放养密度大，养殖水体中排泄物和残饵的累积使水体极易恶化，从而诱发各种水产动物疾病。在渔病防治过程中，盲目使用各种药物，不遵守药物的休药期，也会造成水产品中药物残留过高，从而对人类健康造成危害。

（一）生物性污染

生物性污染包括细菌性污染、寄生虫污染、病毒性污染等。

1.细菌性污染

由于水产品是多种腐败微生物和致病微生物生长的良好基质，所以受到污染的水产品能引起多种细菌性食物中毒。

细菌总数又称“菌落总数”，是指食品样品经过处理，在一定条件下培养后所得 1 g 或 1 mL 样品中所含细菌菌落的总数。它是判定食品污染程度的指标。

生物性污染最主要的是致病性细菌问题。不论是来自淡水还是海水的水产品，均可感染沙门氏菌、霍乱弧菌、副溶血性弧菌、大肠埃希氏菌等细菌或其他病原微生物。感染途径是水环境被粪便或污物污染以及通过带菌的食品加工者传播。

水产品自身原有细菌有肉毒梭菌、弧菌、霍乱弧菌、副溶血性弧菌、其他弧菌、嗜水气单胞菌、类志贺邻单胞菌、单核细胞增生李斯特菌，非自身原有细菌有沙门氏菌属、志贺氏菌、大肠埃希氏菌、金黄色葡萄球菌。

2.寄生虫污染

已知鱼体和贝类中有50多种寄生虫会引起人类疾病，有些甚至会造成严重的健康危害。常见的有阔节裂头绦虫、猫后睾吸虫、异形吸虫、卫氏并殖吸虫、有棘颚口线虫、无饰线虫、华支睾吸虫等，其中最常见的是华支睾吸虫(肝吸虫)。寄生虫病患者主要是因为食用了生的或未经彻底煮熟的水产品而感染。

3.病毒性污染

甲型肝炎病毒、诺沃克病毒是两种易造成水生生物感染的病毒。病毒进入水生生物体内，可以存活数月，进而感染食用者。患者的主要症状为恶心、呕吐、发热等。

(二)化学性污染

化学性污染是指以通过环境蓄积、生物蓄积、生物转化或化学反应等方式损害健康，或者接触对人体具有严重危害和具有潜在危险的化学品而造成的污染。

1.麻痹性贝类毒素和腹泻性贝类毒素

贝类(软体动物)，尤其是蛤类，常含有有毒物质，如文蛤、石房蛤等。它们摄食了膝沟藻科类后，毒素可在中肠腺大量蓄积，其含量取决于海水中该藻的数量和经蛤类过滤的海水数量。麻痹性贝类毒素中毒会威胁生命，症状主要是神经病症。腹泻性贝类毒素中毒的主要症状是腹泻。

2.鲭鱼毒素(组胺)

含高组胺的鱼类主要是海产鱼中的青皮红肉鱼类，如鲐鱼、蓝点马鲛、蓝圆鲹、鰤鱼，此外，还有秋刀鱼、鲭鱼、沙丁鱼、青鳞鱼、金线鱼等。由于它们的肌肉中含血红蛋白较多，因此组氨酸含量也较高，当遇到富含组氨酸脱羧酶的细菌污染后，鱼肉中的游离组氨酸就会脱羧基形成组胺。组胺中毒是一种过敏性食物中毒。组胺可作为某些鱼是否腐败的指示物。

3.河豚毒素

河豚的毒素含量随鱼的种类、部位及季节而异。河豚毒素是小分子化合物，是一种很强的神经毒，能阻断神经冲动的传导，引起呼吸肌麻痹，使呼吸抑制。食用河豚时，要使其肌肉保持新鲜，且要经过极为严格的加工处理并彻底清除其血液。

4.水产养殖药物

渔药根据用途可分为抗微生物药、消毒杀菌药、环境改良药、抗寄生虫药、激素等。渔药残留是指在水生动植物养殖过程中，为防病、治病而使用药物，在生物体内产生积累或代谢不完全的渔药和其代谢产物。目前，国际上比较重视的残留药物有抗生素类、磺胺类、呋喃类、喹喏酮类等。

渔药的滥用不仅会破坏生态平衡，同时还会加强水生动植物的耐药性，从而进一步加剧水生动植物病害。药物在水生动植物体内的积聚，会直接威胁消费者的身体健康，导致他们出现一般毒性反应、过敏反应、菌群失调、内分泌失调、耐药性增强等。

5.农药

农药的品种很多，按用途分类有杀虫剂、杀菌剂、除草剂、杀鼠剂等。其中，对水产品产生危害的主要是有机氯农药，原因是其降解慢，残留期长。农药残留是指农药使用后残存于环境、生物体和食品中的农药母体、衍生物、代谢物、降解物和杂质的总称。水产品中的农药残留一部分来自受污染的养殖水域，另一部分来自人为喷洒的用于驱虫、防止蚊蝇繁殖的杀虫剂。

水生生物很容易通过食物链在体内富集农药，人处于食物链的末端，农药经过食物链的层层传递最终会进入人体。人体内的农药积累到一定程度后就会对机体产生明显的毒害作用。

6.金属污染物

有害金属污染源主要来自冶金、冶炼、电镀及化学工业排出的“三废”。金属元素一旦对环境造成污染或在生物体内富集起来，则很难被排出或被降解。水生生物体中蓄积的镉、铅、汞及其化合物，尤其是甲基汞，对人体主要脏器、神经、循环等系统均会造成危害。

7.食品添加剂

食品添加剂是指为改善食品品质和色、香、味，以及为防腐、保鲜和加工工艺的需要而加入食品中的人工合成或者天然物质。《食品安全国家标准　食品添加剂使用标准》(GB 2760—2014)中明确规定了水产制品在生产过程中允许使用的食品添加剂品种和最大使用限量等。在水产制品生产过程中容易出现超量或超范围使用防腐剂、甜味剂、色素、抗氧化剂等食品添加剂的现象。

8.其他污染物

(1)多氯联苯(PCBs)：多氯联苯是氯化的芳香族有机化合物，因具有良好的化学惰性、抗热性、不可燃性、低蒸汽压和高介电常数等优点，常被作为热交换剂、润滑剂、变压器和电容器内的绝缘介质、增塑剂、黏合剂等重要的化工产品。环境中的 PCBs，80％通过燃烧含 PCBs 的纸张、塑胶物质、润滑油以及涂漆等方式进入环境，20％是由于泄漏或大气蒸馏效应进入环境。

人类会通过食品污染的途径受到 PCBs 的影响。受毒害者会出现指(趾)甲、黏膜色素沉着，眼睑水肿，同时伴随疲劳、恶心与呕吐等疾病症状。

(2)苯并芘：苯并芘是一种由五个苯环构成的多环芳烃(PAHs)。水产制品加工中导致苯并芘污染的最主要途径是烟熏工艺和高温油炸。熏烤所用的燃料木炭中含有少量的苯并芘，在高温下有可能伴随着烟雾侵入食品中；烤制时，滴于火上的食物脂肪焦化产物进行热聚合反应，也会形成苯并芘，附着于食物表面。在高温油炸工艺中，反复使用的植物油以及油炸过火的食品都会产生苯并芘。油炸时所用油温越高，产生的苯并芘越多。

苯并芘在肠道被人体吸收，进入血液循环后，分布于全身，在体内蓄积。苯并芘的致癌性是多环芳烃中最高的一种。

（三）物理性污染

物理性污染是指产品中掺杂的金属、玻璃、泥沙等外来杂质带来的污染。

金属杂质的来源：①捕捞过程中留在鱼体上的鱼钩，捕捞船上及捕捞工具中混入的金属物质；②生产过程中，设备、工器具损坏而混入的金属物质。

玻璃杂质的来源：①生产车间使用的照明灯破裂后混入的玻璃；②使用的玻璃温度计、紫外线消毒灯等损坏后引入的玻璃物质。

附　录

附录一　豆制品生产许可现场核查指南

一、生产场所(共 18 分)

序号	核查项目	核查内容	评分标准		核查得分	核查要求
1.1	厂区要求	1.厂区不应选择对食品有显著污染的区域。厂区周围应无虫害大量滋生的潜在场所,无有害废弃物以及粉尘、有害气体、放射性物质和其他扩散性污染源。各类污染源难以避开时应当有必要的防范措施,能有效清除污染源造成的影响。现场提供的食品生产加工场所周围环境平面图应与实际一致	符合规定要求	3	1.对污染源有相应的防范或清除措施,但个别措施效果不明显的,得 1 分。例如:为了防止周边粉尘污染源对生产的影响,企业采用了全封闭式厂房,但个别部位密闭性稍有不足;现场提供的平面图与实际不一致。 2.未对污染源采取防范或清除措施,或者虽有措施但措施效果不明显的,得 0 分。例如,企业周边有粉尘污染源,但企业未采取任何防范措施或虽然采用了全封闭式厂房,但全封闭式厂房多处存在密闭性较差的问题,无法有效保证生产加工区域不被粉尘污染	1.厂区及周围环境不应有污染源。 (1)厂区周围原则上不应有粉尘、有害气体、放射性物质、有害废弃物以及其他扩散性污染源。 (2)生产场所周围不宜有虫害大量滋生的潜在场所。 (3)厂区内及厂区周边一定范围内不应有畜禽养殖场。 (4)厂区内坑式厕所及水冲式厕所集粪池应与车间保持足够的距离,或采取有效的防护措施,不应对豆制品生产产生污染。 2.若生产场所及周围环境有污染源且难以避开,应采取必要且有效的清除或防范措施,将污染风险降至最低水平,确保不会对豆制品生产产生污染。 3.生产场所环境应保持整洁。 4.实际生产场所应与申报地址一致
			有污染源防范措施,但个别防范措施效果不明显	1		
			无污染源防范措施,或者污染源防范措施无明显效果	0		

续表

序号	核查项目	核查内容	评分标准		核查得分	核查要求
1.1	厂区要求	2.厂区环境应整洁，无扬尘或积水现象。各功能区划分应明显，且布局合理。现场提供的食品生产加工场所平面图应与实际一致。生活区与生产区应保持适当距离或分隔，防止交叉污染。厂区道路应当采用硬质材料铺设。厂区绿化应当与生产车间保持适当距离，植被应当定期维护，防止虫害滋生	符合规定要求	3	1.厂区布局基本合理，但生活区与生产区相距较近或分隔不彻底，个别措施效果不佳的；现场提供的平面图与实际不一致的；个别道路未硬化，个别厂区地面有土壤裸露现象或积水现象，绿化带距离生产车间较近的等，得1分。 2.厂区布局不合理，或者生活区与生产区紧邻且未分隔，未对生活区的潜在污染源采取防范、清除措施或者虽有防范措施但措施效果不佳，存在交叉污染的；多数厂区地面未硬化或绿化，厂区扬尘或积水现象严重，绿化带紧邻生产车间，存在虫害污染、杀虫剂带来的化学污染的，得0分	1.对生产加工场所的布局及各功能区划分的核查要求如下： (1)厂区应合理布局，各功能区域划分应明显，并有适当的分离或分隔措施，以有效防止交叉污染。 (2)生活区与生产区应保持规定的距离，或者采取有效的分隔措施。 (3)生产区内存在多种业态或多种食品类别的企业，各业态或不同食品类别产品生产区不应有交叉污染。 2.对厂区、道路及绿化情况的核查要求如下： (1)厂区内的道路应铺设混凝土、沥青或者其他硬质材料。 (2)厂区内不能有裸露地面，厂区地面应采用铺设水泥、地砖或草坪等方式，便于保持环境清洁，防止正常天气下扬尘和积水等现象发生。 (3)绿化区与生产车间应保持适当的距离；申请人要定期维护绿化区内的树木、草坪等植被，采取适当的虫害灭除措施，防止虫害在厂区内滋生
			厂区布局基本合理，生活区与生产区相距较近或分隔不彻底。厂区环境略有不足	1		
			厂区布局不合理，或者生活区与生产区紧邻且未分隔，或者存在交叉污染。厂区环境不符合规定要求	0		

续表

序号	核查项目	核查内容	评分标准		核查得分	核查要求
1.2	厂房和车间	1.应当具有与生产的产品品种、数量相适应的厂房和车间，并根据生产工艺及清洁程度的要求合理布局和划分作业区，避免交叉污染；厂房内设置的检验室应当与生产区域分隔。现场提供的食品生产加工场所各功能区间布局平面图应与实际一致	符合规定要求	3	1.个别作业区布局和划分不太合理的，得1分。例如，厂房面积与空间略显不足，设备安装或人员操作空间较局促，或者个别作业区布局、清洁度控制不太合理，略有交叉但尚无污染风险等。 2.厂房面积与空间不满足生产需求，或者各作业区布局和划分不合理，或者检验室未与生产区域分隔的，得0分。例如：厂房面积与空间严重不足，操作人员无法按正常方式进行操作或对车间、设备进行清洁消毒；各作业区的划分不符合要求；检验室与生产车间直接连通，未进行分隔等	1.应具有与生产的豆制品品种、数量相适应的厂房和车间，其内部设计和布局应满足豆制品的卫生操作要求，且不会交叉污染。 2.厂房和车间的面积、空间应与生产能力相适应，并便于设备安置、清洁消毒、物料存储及人员操作。 3.应按产品特点、生产工艺、生产特性以及生产过程对清洁程度的要求合理划分作业区，并采取有效分离或分隔。一般作业区划分为：非食品生产作业区(办公室、配电间、动力装备间、检验室等)、一般作业区(原辅料仓库、包装材料仓库、外包装车间、成品库等)、准清洁作业区(除外包装及清洁作业区内的车间以外的生产车间，包括原料预处理间)、清洁作业区(即食豆制品成品、裸露待包装的半成品冷却间和暂存间、内包装暂存间及填充、内包装车间等)。 4.厂房内设置的检验室应与生产区域分隔。 5.用电梯输送物料、物品时，电梯应设在非清洁区，输送人员、物料的电梯应分开设置；电梯设在清洁区或准清洁作业区时，电梯前应设置缓冲室。 6.厂房内如果存在闲置车间或与生产产品无关的车间，不应对豆制品的生产加工产生不良影响
			个别作业区布局和划分不太合理	1		
			厂房面积与空间不满足生产需求，或者各作业区布局和划分不合理，或者检验室未与生产区域分隔	0		

续表

序号	核查项目	核查内容	评分标准		核查得分	核查要求
1.2	厂房和车间	2.车间应保持清洁，顶棚、墙壁和地面应当采用无毒、无味、防渗透、防霉、不易破损脱落的材料建造，且要易于清洁；顶棚在结构上不利于冷凝水垂直滴落，裸露食品上方的管路应当有防止灰尘散落及水滴掉落的措施；门窗应当闭合严密，不透水、不变形，并应有防止虫害侵入的措施；地面应当平坦防滑、无裂缝	符合规定要求	3	1.车间清洁程度以及顶棚、墙壁、地面和门窗或者相关防护措施略有不足的，得1分。例如，车间个别区域有杂物堆放，个别部位的建造材料及建筑结构略有不足，顶棚、墙壁和地面个别部位略有破损，个别区域的防虫害措施稍显不足等。 2.车间清洁程度以及顶棚、墙壁、地面和门窗或者相关防护措施严重不足的，得0分。例如：车间环境卫生脏、乱、差；顶棚、墙壁、地面和门窗破损严重；暴露食品上方铺设的管路上有灰尘、蛛网，顶棚、墙壁等滴水严重；车间门窗无虫害防范措施等	1.车间环境应保持清洁，顶棚、墙壁、地面及门窗等不应有积尘、蛛网及滴水。 2.顶棚应使用无毒、无味、与生产需求相适应、易于观察清洁状况的材料建造。若直接在屋顶内层喷涂涂料作为顶棚，应使用无毒、无味、防霉、不易脱落、易于清洁的涂料。 3.顶棚应易于清洁、消毒，在结构上应采取必要的措施避免冷凝水垂直滴落，还应防止虫害和霉菌滋生。 4.蒸汽、水、电等管路应避免设置于暴露食品的上方。如确需设置，应采取防止灰尘散落及水滴掉落的有效措施。 5.顶棚、门窗应有必要的防护措施，防止蚊蝇等飞虫进入。 6.煮浆、杀菌等易产生蒸汽的工序，应采取必要的防止冷凝水垂直滴落的防护措施。 7.墙面、隔断应使用无毒、无味的防渗透材料建造，在操作高度范围内的墙面应光滑、不易积累污垢且易于清洁。若使用涂料，应使用无毒、无味、防霉、不易脱落、易于清洁的涂料。 8.墙壁、隔断和地面交界处应结构合理、易于清洁，能有效避免污垢积存。例如，设置漫弯形交界面等。 9.清洁作业区和准清洁作业区与其他区域之间的门应能及时关闭。可开启的窗户应装有防虫害窗纱等防护装置。 10.地面应使用无毒、无味、不渗透、耐腐蚀的材料建造；应平坦防滑、无裂缝，且应有一定的坡度，以利排污和清洗，避免积水
			车间清洁程度以及顶棚、墙壁、地面和门窗或者相关防护措施略有不足	1		
			严重不符合规定要求	0		

续表

序号	核查项目	核查内容	评分标准		核查得分	核查要求
1.3	库房要求	1. 应当具有与所生产产品的数量、贮存要求相适应的，与食品生产加工场所平面图、食品生产加工场所各功能区间布局平面图中标注的库房一致的库房，且库房应整洁，地面平整，易于维护、清洁，防止虫害侵入和藏匿。必要时，库房应当设置相适应的温、湿度控制等设施	符合规定要求	3	1.库房整洁程度或者相关设施略有不足的，得1分。例如：库房个别地面不平整；个别区域卫生状况稍差，个别虫害防护措施不到位，实际库房与平面图标注不一致等。 2.现场核查情况严重不符合规定要求的，得0分。例如：库房地面大面积破损，垃圾、杂物大量堆放在原辅料、半成品、成品仓库中；未根据产品贮存的要求设置必要的温、湿度控制设施或者温、湿度控制设施性能不满足贮存的条件等	1.应具有与所生产豆制品的数量、贮存要求相适应的库房。 2.库房应保持清洁，仓库地面应平整，并配置通风换气设施。 3.仓库应易于维护和清洁，防止虫害藏匿，并应有防止虫害侵入的装置。 4.贮存豆类原料的库房应清洁、干燥、通风，温、湿度适宜。 5.存放氯化钙、氯化镁、硫酸钙等食品添加剂（含加工助剂）的库房条件应符合其标签标示的贮存条件要求
			库房整洁程度或者相关设施略有不足	1		
			严重不符合规定要求	0		

续表

序号	核查项目	核查内容	评分标准		核查得分	核查要求
1.3	库房要求	2.原辅料、半成品、成品等物料应当依据性质的不同分设库房或分区存放。清洁剂、消毒剂、杀虫剂、润滑剂、燃料等物料应当与原辅料、半成品、成品等物料分隔放置。库房内的物料应当与墙壁、地面保持适当距离，并明确标识，防止交叉污染	符合规定要求	3	1.物料存放或标识略有不足的，得1分。例如，个别物料未离墙、离地存放，个别物料标识不清晰或标识不准确等。 2.原辅料、半成品、成品等与清洁剂、消毒剂、杀虫剂、润滑剂、燃料等物料未分隔存放，物料无标识或标识混乱，存在严重交叉污染隐患的，得0分	1.原料、半成品、成品等物料应依据物料性质的不同分设贮存场所或分区域码放。 2.库房内的各类物料应标识明确，防止混淆、误用，避免交叉污染。 3.物料应离地、离墙且按照先进先出的方式存放，便于空气流通和物品搬运。 4.清洁剂、消毒剂、杀虫剂、润滑剂、燃料等化学物质应分别安全包装、明确标识，并与原料、半成品、成品、包装材料等分库存房或分隔放置。原辅料、包装材料共用库房的情况应分区存放、标识清晰。 5.半成品或者接近成品状态的半成品应如实标注生产日期、批次等信息，以免混淆。 6.食品添加剂（含加工助剂）应实行专库或专区存放、专人管理
			物料存放或标识略有不足	1		
			原辅料、半成品、成品等与清洁剂、消毒剂、杀虫剂、润滑剂、燃料等物料未分隔存放，物料无标识或标识混乱	0		

二、设备设施(共36分)

序号	核查项目	核查内容	评分标准		核查得分	核查要求
2.1	生产设备	1.应当配备与生产的产品品种、数量相适应的生产设备,设备的性能和精度应当满足生产加工的要求	符合规定要求	3	1.个别设备的性能和精度略有不足的,得1分。例如,个别设备的性能、精度或者维护稍差,但基本能够满足生产需要,或者通过简单维护、维修可以满足生产需要。 2.生产设备不满足生产加工要求的,得0分。例如,缺少关键生产设备或设备的性能、精度不满足生产加工要求,或者设备无法正常运转	1.申请材料中的“食品生产主要设备、设施清单”应与生产现场的主要生产设备的种类、数量一致,且生产设备能正常运转。 2.生产设备的种类、性能及数量应与其生产的豆制品品种相适应,并能满足生产加工能力的需要。 3.计量检定证书:企业应按相关要求执行,不再明确要求
			个别设备的性能和精度略有不足	1		
			生产设备不满足生产加工要求	0		

续表

序号	核查项目	核查内容	评分标准		核查得分	核查要求
2.1	生产设备	2.生产设备应清洁卫生，直接接触食品的设备、工器具材质应当无毒、无味、抗腐蚀、不易脱落、表面光滑、无吸收性、易于清洁保养和消毒	符合规定要求	3	1.设备清洁卫生程度或者设备材质略有不足的，得1分。例如，个别设备、工器具的材质虽然符合规定要求，但表面不光滑，不利于清洁保养和消毒。 2.设备清洁卫生程度或者设备材质严重不符合规定要求的，得0分。例如：设备卫生条件差；设备、工器具材质不符合要求；多数设备表面不光滑，不利于清洁保养和消毒，甚至设备表面有裂缝，易藏污纳垢或存在卫生死角等，不利于清洁消毒的	1.生产设备应清洁、卫生、无污染。 2.直接接触食品的设备、工器具等应完好无破损，其材质应无毒、无味、抗腐蚀、不易脱落，且易于清洁、保养和消毒。 3.确因生产工艺需要而使用竹木制品或纤维制品的，原则上可以，但应确保其符合无毒、无味、抗腐蚀、不易脱落，易于清洁、保养和消毒等要求。竹木制品或纤维制品等易滋生各类微生物造成污染，应做好其清洗、消毒、维护、保养等工作，确保不会对豆制品生产造成物理、化学、微生物污染。对于使用此类工器具、设备、设施的产品应在记录中描述其必要性，制定其清洗、消毒、维护、保养的制度及避免污染措施
			设备清洁卫生程度或者设备材质略有不足	1		
			严重不符合规定要求	0		

续表

序号	核查项目	核查内容	评分标准		核查得分	核查要求
2.1	生产设备	3.生产设备应维护保养良好，并做好记录。用于监测、控制、记录的设备应当定期校准、维护。停用的设备需标注清晰，不影响正常生产	符合规定要求	3	1.制定了设备维护保养制度或计划，并按计划执行的，对监测、控制、记录的设备定期校准和维护的，得3分。 2.无法提供个别关键设备的维护保养记录，个别用于监测、控制、记录的设备未进行校准或维护的，停用设备未标注的，得1分。 3.无设备维护保养记录，用于监测、控制、记录的设备未进行校准或维护的，得0分	1.申请人的生产设备应无破损、生锈等情况，且应有对应的维护保养计划及记录。 2.查看用于监测、控制、记录的设备应有定期校准、维护记录。 3.现场停用设备应进行标注，且标注应清晰
			维护保养、记录略有不足，或者个别监测设备未校准	1		
			无维护保养记录或者监测设备无法满足规定要求	0		

续表

序号	核查项目	核查内容	评分标准		核查得分	核查要求
2.2	供排水设施	1.食品加工用水的水质应当符合GB 5749—2022的规定，有特殊要求的应当符合相应规定。食品加工用水与其他不与食品接触的用水应当以完全分离的管路输送，避免交叉污染，各管路系统应当明确标识以便区分	符合规定要求	3	1.供水管路标识略有不足的，得1分。例如，个别管路标识不清，但未造成交叉污染。 2.食品加工用水的水质不符合规定要求，或者供水管路无标识或标识混乱，或者供水管路存在交叉污染的，得0分	1.食品加工用水的水质应符合GB 5749—2022的规定。 2.除食品加工用水外的其他不与食品直接接触的用水（如间接冷却水、污水或废水等）应与食品加工用水以完全分离的管路输送，各管路系统应明确标识以便区分，避免交叉污染。 3.以自来水为水源的应提供缴费单或自来水公司的水质检验报告；自备水源的应提供自备水源的水质检验报告，项目参照当地自来水公司的控制要求执行。无论使用何种水源，企业均可以采用送检的方式获取检验报告，确保其水质符合GB 5749—2022的要求，方可使用
			供水管路标识略有不足	1		
			食品加工用水的水质不符合规定要求，或者供水管路无标识或标识混乱，或者供水管路存在交叉污染	0		

续表

序号	核查项目	核查内容	评分标准		核查得分	核查要求
2.2	供排水设施	2. 排水系统的设计和建造应保证排水畅通，便于清洁维护，且满足生产的需要。室内排水应当由清洁程度高的区域流向清洁程度低的区域，且要有防止逆流的措施。排水系统出入口设计应合理并有防止污染和虫害侵入的措施	符合规定要求	3	1.相关防护措施略有不足的，得1分。例如，个别地漏无水封装置；排水系统的个别部位防逆流、防虫害等防护措施略有不足。 2.室内排水流向不符合要求，或者相关防护措施严重不足的，得0分。例如，车间排水的流向由清洁程度要求低的区域流向清洁程度要求高的区域，或防逆流、防虫害、防浊气溢出等防护措施严重不足	1.排水系统的设计和建造应能够保证排水畅通，便于清洁维护，防止食品和食品生产用水、环境卫生受到排水系统的污染。 2.车间排水系统的流向应由清洁程度要求高的区域流向清洁程度要求低的区域，且要有防逆流的设计或措施。 3.排水系统入口应安装带水封的地漏等装置，以防止固体废弃物进入及浊气逸出；出口处应有适当的防虫害设施，以防止鼠、虫、蝇等进入
			相关防护措施略有不足	1		
			室内排水流向不符合要求，或者相关防护措施严重不足	0		

续表

序号	核查项目	核查内容	评分标准		核查得分	核查要求
2.3	清洁消毒设施	应当配备相应的食品、工器具和设备的清洁设施，必要时配备相应的消毒设施。清洁消毒方式应当避免对食品造成交叉污染，使用的洗涤剂、消毒剂应当符合相关规定要求	符合规定要求	3	1.清洁消毒设施略有不足的，得1分。例如，个别设备未配备专用的消毒设施，个别消毒设施未能保证已使用和未使用的清洁消毒工器具分开放置等。 2.清洁消毒设施严重不足，或者清洁消毒的方式和用品不符合规定要求的，得0分。例如，未配备食品、工器具和设备的清洁消毒设施，使用不符合规定要求甚至可能污染食品的洗涤剂、消毒剂等	1.应配备相应的工器具和设备的专用清洁设施。 2.应配备必要的消毒设施。 3.清洗消毒使用的洗涤剂、消毒剂应符合相应的食品安全国家标准及有关规定的要求，且不应对食品造成污染。 4.根据实际生产情况，可不使用消毒剂，改为以物理方式清洁设备，如气枪吹扫，也可采用热空气、热水、热蒸汽等消毒的方式消毒
			清洁消毒设施略有不足	1		
			清洁消毒设施严重不足，或者清洁消毒的方式、用品不符合规定要求	0		

续表

序号	核查项目	核查内容	评分标准		核查得分	核查要求
2.4	废弃物存放设施	应当配备设计合理、防止渗漏、易于清洁的存放废弃物的专用设施。必要时可设置废弃物临时存放设施。车间内存放废弃物的设施和容器应当标识清晰，不得与盛装原辅料、半成品、成品的容器混用	符合规定要求	3	1.废弃物存放设施及标识略有不足的，得 1 分。例如，个别生产区域内外的废弃物存放设施、容器等标识略有不足等。 2.废弃物存放设施设计不合理，或者与盛装原辅料、半成品、成品的容器混用的，得 0 分	1.应配备设计合理、防止渗漏、易于清洁的存放废弃物的设施。 2.车间内存放废弃物的设施和容器应标识清晰（如采用文字、颜色、形状等方式标识或区分），以避免与存放食品原料、半成品、成品的容器混淆。 3.必要时在适当地点设置废弃物临时存放设施，依据废弃物特性分类存放，但应及时运出
			废弃物存放设施及标识略有不足	1		
			废弃物存放设施设计不合理，或者与盛装原辅料、半成品、成品的容器混用	0		

续表

序号	核查项目	核查内容	评分标准		核查得分	核查要求
2.5	个人卫生设施	生产场所或车间入口处应当设置更衣室，更衣室应当保证工作服与个人服装及其他物品分开放置；车间入口及车间内必要处，应当按需设置换鞋（穿戴鞋套）设施或鞋靴消毒设施；清洁作业区入口应当设置与生产加工人员数量相匹配的非手动式洗手、干手和消毒设施。洗手设施的材质、结构应当易于清洁消毒，邻近位置应当标示洗手方法。卫生间应当易于保持清洁，且不得与生产、包装或贮存等区域直接连通	符合规定要求	3	1.个人卫生设施略有不足的，得1分。例如，个别更衣柜存在个人服装与工作服混放现象，个别洗手、换鞋设施稍有不足或不符合规定要求，洗手设施材质结构容易藏污纳垢，邻近位置未标示洗手方法，卫生间不清洁等。 2.个人卫生设施严重不符合要求，或者卫生间与生产、包装、贮存等区域直接连通的，得0分	个人卫生设施包括更衣室、换鞋或鞋靴消毒设施以及洗手、干手、消毒设施和卫生间等。 1.车间入口处应设置更衣室，清洁作业区入口处可按需要设置更衣室。更衣室应保证工作服与个人服装及其他物品分开放置。 2.车间入口应按需设置换鞋（穿戴鞋套）设施或工作鞋靴消毒设施。若设置工作鞋靴消毒设施，其规格尺寸应能满足消毒需要。 3.清洁作业区入口应设置洗手、干手和消毒设施，与消毒设施配套的水龙头的开关应为非手动式。 4.更衣室、换鞋或鞋靴消毒设施以及洗手、干手、消毒设施均应能正常使用。 5.应根据需要设置卫生间，但应设置在更衣室外侧，且进入更衣室的门与进入卫生间的门不得相通。卫生间的结构、设施与内部材质应易于保持清洁，卫生间内的适当位置应设置洗手设施。 6.卫生间不得与食品生产、包装或贮存等区域直接连通。 7.应在邻近洗手设施的显著位置标示简明易懂的洗手方法
			个人卫生设施略有不足	1		
			个人卫生设施严重不符合规范要求，或者卫生间与生产、包装、贮存等区域直接连通	0		

续表

序号	核查项目	核查内容	评分标准		核查得分	核查要求
2.6	通风设施	应当配备适宜的通风、排气设施,避免空气从清洁程度要求低的作业区域流向清洁程度要求高的作业区域;合理设置进气口位置,必要时应当安装空气过滤净化或除尘设施。通风设施应当易于清洁、维修或更换,并能防止虫害侵入	符合规定要求	3	1.通风设施略有不足的,得1分。例如,个别通风设施损坏或防虫害侵入措施不足等。 2.通风设施严重不足,或者不能满足必要的空气过滤净化、除尘、防止虫害侵入等需求的,得0分	1.应配备适宜的通风设施,在煮浆、杀菌、干燥等产生蒸汽比较多的食品加工区域上方应设置有效的通风、排气、除湿设施,以有效控制生产环境的温度和湿度。通风口应安装防止虫、蝇等侵入的网罩。通风设施应易于清洁、维修和更换。 2.通风时应避免空气从清洁度要求低的作业区域流向清洁度要求高的作业区域。 3.应合理设置通风口位置,进气口应与排气口、户外垃圾存放处等污染源保持适当的距离和角度。进、排气口应安装防止虫害侵入的网罩等设施。 4.若生产过程中需要对空气进行过滤净化处理,如进入清洁作业区的空气,应加装空气过滤装置并定期清洁维护
			通风设施略有不足	1		
			通风设施严重不足,或者不能满足必要的空气过滤净化、除尘、防止虫害侵入的需求	0		

续表

序号	核查项目	核查内容	评分标准		核查得分	核查要求
2.7	照明设施	厂房内应当有充足的自然采光或人工照明，光泽和亮度应能满足生产和操作需要，光源应能使物料呈现真实的颜色。在暴露食品和原辅料正上方应当使用安全型或有防护措施的照明设施；如需要，还应当配备应急照明设施	符合规定要求	3	1.照明设施或防护措施略有不足的，得1分。例如，个别照明设施损坏或亮度不足，个别生产区域的照明设施防护不足等。 2.照明设施或者防护措施严重不足的，得0分。例如：照明设施的亮度不能满足生产需要，无法使食品呈现真实的颜色；多数安装在暴露食品和原料的正上方的照明设施无相关防护措施等	1.厂房内应有充足的自然采光或装设人工照明设施，光泽和亮度应能满足生产和操作需要，光源应使食品呈现真实的颜色。 2.安装在暴露成品、半成品和原料的正上方的照明设施，应使用安全型照明设施或采取必要的措施防止照明设施破裂时造成的污染。 3.应根据生产需要及安全生产的有关规定设置应急照明设施
			照明设施或者防护措施略有不足	1		
			照明设施或者防护措施严重不足	0		
2.8	温控设施	应当根据生产的需要配备适宜的加热、冷却、冷冻以及用于监测温度和控制室温的设施	符合规定要求	3	1.温控设施略有不足的，得1分。例如，个别温控设施的仪表指示不精准等。 2.温控设施严重不足的，得0分。例如，无必要的温控设施，或者温度监测、控制设施不能满足相关规定要求或无法正常运行的	1.应根据生产需要配备适宜的加热、冷藏、冷冻等设施，以及用于监测温度、控制温度的设施。 2.煮浆、凝固、杀菌等有温度控制要求的工序，应配备监控温度的设施；生产有冷藏或冷冻要求的豆制品，应配备制冷设备，其制冷能力应能满足要求
			温控设施略有不足	1		
			温控设施严重不足	0		

续表

序号	核查项目	核查内容	评分标准		核查得分	核查要求
2.9	检验设备设施	自行检验或部分自行检验的，应当具备与所检项目相适应的检验室、检验设备和检验试剂。检验室应当布局合理，检验设备的数量、性能、精度应当满足相应的检验需求，检验仪器设备应当按期检定或校准	符合规定要求	3	1.检验室布局略不合理，或者检验设备性能略有不足的，得1分。例如，分析天平放置于高温设备或振动设备旁边，微生物检验室个别紫外杀菌灯损坏，个别试剂有过期情况，个别设备未按期检定或校准等。 2.检验室布局不合理，或者检验设备数量、性能、精度不能满足检验需求的，得0分。例如，缺少检验方法标准规定的检验设备，或者检验设备数量、性能、精度不能满足检验需求，大部分设备未按期检定或校准等	1.应具备产品执行标准规定的出厂检验项目的检验能力，主要包括配备的检验仪器设备及应检项目的检验能力。 2.出厂检验可以采取自行检验或委托有资质的检验机构检验的方式。 3.自行检验的，核查要求如下： (1)应具备与所检项目适应的检验室、检验仪器设备、试剂药品、检验人员等。 (2)检验室应布局合理，检验设备的数量、性能、精度应满足检验项目的检验方法标准要求。 (3)出厂检验允许使用快检设备，当出现问题时，应及时采用标准规定的方法予以验证。使用快检设备时，应定期与国标规定的方法进行比对，以确保快检的准确性。 4.出厂检验项目全项委托检验的，企业可无化验室，但应委托有资质的检验机构进行出厂检验，且签订的合同(协议)应明确产品批批检验。合同(协议)有效期至少为1年。 5.出厂检验项目的确定：产品的执行标准中明确规定出厂检验项目的，以执行标准为准；执行标准中未规定出厂检验项目的，出厂检验项目应至少包含审查细则中规定的且标准中有判定依据的项目。 6.应配备留样室，留样的贮存条件应符合产品的存贮要求
			检验室布局略不合理，或者检验设备性能略有不足、个别设备未按期检定或校准	1		
			检验室布局不合理，或者检验设备数量、性能、精度不能满足检验需求	0		

三、设备布局和工艺流程(共9分)

序号	核查项目	核查内容	评分标准		核查得分	核查要求
3.1	设备布局	生产设备应当按照工艺流程有序排列,合理布局,且要便于清洁、消毒和维护,避免交叉污染	符合规定要求	3	1.个别设备布局不合理的,得1分。例如,个别设备的安装、布局不利于清洁、维护等。 2.设备布局存在交叉污染的,得0分。例如,加工半成品与加工成品的设备共用或紧邻放置,存在严重的交叉污染隐患;设备布局不合理,未留下足够的人员进出通道和操作空间,导致设备无法正常操作以及清洁、维护	1.申请材料中的生产设备布局图应与实际设备布局一致。 2.设备布局应符合生产卫生规范以及生产工艺流程要求,合理、有序,避免不同清洁度要求的设备、操作人员及加工物料混杂,产生交叉污染。 3.固定在墙壁或地板上的设备应与墙壁或地板有适当的空隙,避免藏污纳垢。在安装时应保留足够空间,方便人员进出,利于设备的清洁和维护。 4.设备、工艺布局等的交叉污染问题统一根据该条进行判断
			个别设备布局不合理	1		
			设备布局存在交叉污染	0		

续表

序号	核查项目	核查内容	评分标准		核查得分	核查要求
3.2	工艺流程	1.应当具备合理的生产工艺流程，防止生产过程中造成交叉污染。申请的食品类别、产品配方、工艺流程应当与产品执行标准相适应。执行企业标准的，应当依法备案	符合规定要求	3	1.个别工艺流程略有交叉，但无交叉污染风险，或者略不符合产品执行标准或细则规定的，得1分。 2.工艺流程相互交叉污染，或不符合产品执行标准或细则的要求且确实不合理的，或企业标准未依法备案或未公开公示的，得0分	1.申请材料中的生产工艺流程图应与实际生产工艺流程一致。 2.工艺流程与企业的工艺文件应一致。 3.生产工艺流程、工艺配方均应符合产品执行标准的要求。 4.工艺流程不应存在交叉污染风险。 5.申请人的产品执行企业标准的，其企业标准应依法备案或公开公示，且在备案有效期内。企业标准审查要求：产品名称应符合GB 7718—2011等强制性要求；涉及食品安全的指标，如污染物、真菌毒素、微生物限量等指标应符合国家或地方食品安全标准的相关要求及规定；所有原辅料应为可用于食品生产加工的原辅料。发酵豆制品使用的菌株应符合国家相关标准及有关规定
			个别工艺流程略有交叉，或者略不符合产品执行标准的规定	1		
			工艺流程存在交叉污染，或者不符合产品执行标准的规定，或者企业标准未依法备案	0		

续表

序号	核查项目	核查内容	评分标准		核查得分	核查要求
3.2	工艺流程	2.应当制定所需的产品配方、工艺规程、作业指导书等工艺文件，明确生产过程中的食品安全关键环节	符合规定要求	3	1.工艺文件略有不足的，得1分。例如，个别工艺规程、工艺参数规定不明确或与实际情况有偏差。 2.工艺文件严重不足的，得0分。例如：未制定关键控制环节的工艺文件；工艺文件存在严重错误，或者实际生产工艺与产品标准规定的工艺严重不符；使用的复配食品添加剂的配方以及标签标识中的使用量、适用范围违反《食品安全国家标准　食品添加剂使用标准》（GB 2760—2014）的规定	1.应根据产品实际的生产工艺，确定豆制品生产关键控制环节，并制定具有可操作的生产工艺规程，明确关键控制参数。 2.产品配方中使用的原辅料、食品添加剂、发酵豆制品使用的菌株等关键配料应符合相关标准的要求及有关规定
			工艺文件略有不足	1		
			工艺文件严重不足、工艺流程存在交叉污染，或者不符合产品执行标准的规定，或者企业标准未依法备案	0		

四、人员管理(共 9 分)

序号	核查项目	核查内容	评分标准		核查得分	核查要求
4.1	人员要求	应当配备专职或兼职食品安全管理人员和食品安全专业技术人员,明确其职责。人员要求应当符合有关规定	符合规定要求	3	1.人员职责不太明确的,得 1 分。例如,个别食品安全管理人员(食品安全总监、食品安全员)的岗位职责规定不太明确。 2.相关人员配备不足,或者人员要求不符合规定的,得 0 分。例如,未配备相应的食品安全管理人员;关键岗位(企业负责人、食品安全负责人)的岗位职责不明确,或其资格不符合规定要求	1.申请材料中的“食品安全管理及专业技术人员名单”应与现场食品安全管理及专业技术人员一致,且文化程度、专业应相符。 2.食品安全管理及专业技术人员的学历、专业、工作经历应符合规定及食品安全管理的要求。 3.食品安全管理及专业技术人员的配备应满足食品安全工作需要,食品安全管理及专业技术人员岗位职责应明确。 4.自检企业应具备化验室,并应配备出厂检验化验员。现场核查中应对化验员进行考核,考核内容应尽可能覆盖所申报产品的出厂检验项目。对化验员是否具备能力应予以评价。 5.针对关键控制环节的控制要求,应考核验证该工艺技术人员的实际操作能力,应重点考核技术人员对关键控制环节的控制能力,如对非发酵豆制品的煮浆环节,发酵豆制品蒸煮、接种、发酵等环节,其他豆制品的杀菌、干燥等环节的控制能力。 6.特殊工种人员应持证上岗
			人员职责不太明确	1		
			相关人员配备不足,或者人员要求不符合规定	0		

续表

序号	核查项目	核查内容	评分标准		核查得分	核查要求
4.2	人员培训	应当制订和实施职工培训计划，根据岗位需求开展食品安全知识及卫生培训，做好培训记录。食品安全管理人员上岗前应当经过培训，并考核合格	符合规定要求	3	1.培训计划及计划执行略有不足的，得1分。例如，个别培训计划未按期实施或培训人员、培训内容未全面覆盖。 2.无培训计划，或者已上岗的相关人员未经培训或考核不合格的，得0分	1.应根据豆制品生产不同岗位的需求，制订和实施食品安全年度培训计划并进行考核，做好培训记录。 2.当食品安全相关的法律、法规、标准更新时，或者企业内部相关食品安全管理制度（文件）修改、更新后，亦应及时开展培训。 3.未经培训的人员或培训考核不合格的食品安全管理人员及生产加工操作人员不得上岗
			培训计划及计划执行略有不足	1		
			无培训计划，或者已上岗的相关人员未经培训或考核不合格	0		

续表

序号	核查项目	核查内容	评分标准		核查得分	核查要求
4.3	人员健康管理制度	应当建立从业人员健康管理制度，明确患有国务院卫生行政部门规定的有碍食品安全疾病的或有明显皮肤损伤未愈合的人员，不得从事接触直接入口食品的工作。从事接触直接入口食品工作的食品生产人员应当每年进行健康检查，取得健康证明后方可上岗工作	符合规定要求	3	1.从业人员健康管理制度内容略有缺陷，或者个别人员未能提供健康证明的，得1分。例如，个别食品生产加工人员未洗手、更衣进入食品生产现场等。 2.无人员健康管理制度，或人员健康管理存在严重不足的，得0分。例如，从事接触直接入口食品工作的食品生产人员普遍未进行健康检查，未取得健康证明即上岗工作	1.申请人应建立从业人员健康管理制度。 2.食品生产加工人员每年应进行健康检查，上岗前应接受卫生知识培训并考核合格。有机会直接接触食品的加工人员均应取得健康证明。 3.患有有碍食品安全的疾病或有明显皮肤损伤的人员不应从事影响食品安全的工作
			制度内容略有缺陷，或者个别人员未能提供健康证明	1		
			无制度，或者人员健康管理严重不足	0		

五、管理制度（共27分）

<table>
<tr><th>序号</th><th>核查项目</th><th>核查内容</th><th colspan="2">评分标准</th><th>核查得分</th><th>核查要求</th></tr>
<tr><td rowspan="3">5.1</td><td rowspan="3">采购管理及进货查验记录制度</td><td rowspan="3">1.应当建立并执行采购管理制度，规定食品原料、食品添加剂、食品相关产品验收标准。采购时，应当查验供货者的许可证和产品合格证明；对无法提供合格证明的食品原料，应当按照食品安全标准及产品执行标准进行检验。
2.应当建立并执行进货查验记录制度，并规定采购原辅料时，应当查验供货者的许可证和产品合格证明，记录采购的原辅料名称、规格、数量、生产日期或者生产批号、保质期、进货日期以及供货者名称、地址、联系方式等信息，保存相关记录和凭证</td><td>符合规定要求</td><td>3</td><td rowspan="3">1.制度内容略有不足的，得1分。例如，制度规定得不详细，个别原辅料进货未查验许可证和相关批次产品合格证明，相关记录表格的项目、内容不太全面，未记录某批次原辅料的进货记录等。
2.无制度，或者制度内容严重不足的，得0分。例如，未制定原辅料验收标准或进货查验记录制度；未设计或使用进货查验记录表格；记录表格设计的项目、内容严重不符合《中华人民共和国食品安全法》第五十条的要求；未查验供货者的许可证和相关批次产品合格证明等</td><td rowspan="3">1.核查供方档案、供方资质等，与供方签订协议应明确双方的质量安全责任。
2.应建立进货查验记录制度。
3.依据企业配方表检查企业原辅料进货验证相关记录，应至少查看原辅料或包装材料生产商（供应商）的生产许可证信息（属许可管理的产品）、对应批次物料检验报告。无随货检验报告的，企业应提供委托或自检的检验报告。
4.申请人应如实记录食品原料、食品添加剂、食品相关产品的名称、规格、数量、生产日期或生产批号、保质期、进货日期以及供货者名称、地址、联系方式等内容，并保存相关凭证。
5.进货查验记录内容应完整，保存期限不得少于2年</td></tr>
<tr><td>制度内容略有不足</td><td>1</td></tr>
<tr><td>无制度，或者制度内容严重不足</td><td>0</td></tr>
</table>

续表

序号	核查项目	核查内容	评分标准		核查得分	核查要求
5.2	生产过程控制制度	应当建立生产过程控制制度，制定所需的操作规程或作业指导书，明确原料（如领料、投料、余料管理等）、生产关键控制环节（如生产工序、设备、贮存、包装等）控制的相关要求，防止交叉污染，并记录产品的加工过程（包括工艺参数、环境监测等）	符合规定要求	3	1.个别制度内容略有不足的，得1分。例如，个别制度的内容规定得不全面或者个别关键控制环节与实际生产过程控制略有不符。 2.无制度，或者制度内容严重不足的，得0分。例如，缺少上述任一控制环节的管理制度，制度内容与申请人的实际生产过程控制制度严重不符	1.应核查原辅料控制情况。 2.应核查生产关键环节控制记录，评价关键点控制制度落实情况。 3.应核查运输控制情况。 4.豆类原料应符合 GB 2715—2016 及其相应质量标准的要求，不应使用发霉变质的原辅料生产豆制品。 5.有配料工艺的，应对配料名称、进货时间、批号等进行严格核对和记录，配料装置应定期校准。配料，尤其涉及食品添加剂（含加工助剂）的配料，应至少两人复核、确认。 6.生产车间不应在生产过程中使用各类杀虫剂。 7.加工过程中应进行微生物监控，监控指标、取样点、监控频率、取样和检验方法应参照 GB 14881—2013 中的附录 A 执行
			个别制度内容略有不足	1		
			无制度，或者制度内容严重不足	0		

续表

序号	核查项目	核查内容	评分标准		核查得分	核查要求
5.3	检验管理及出厂检验记录制度	1.应当建立并执行检验管理制度，规定原料检验、过程检验、产品出厂检验以及产品留样的方式及要求，综合考虑产品特性、工艺特点、原料控制等因素明确制定出厂检验项目，保存相关检验和留样记录。 2.应当建立并执行产品出厂检验记录制度，并规定食品出厂时，应当查验出厂食品的检验合格证和安全状况，记录食品的名称、规格、数量、生产日期或者生产批号、保质期、检验合格证号、销售日期以及购货者名称、地址、联系方式等信息，保存相关记录和凭证	符合规定要求	3	1.制度内容略有不足的，得1分。例如，制度规定得不够详细，相关记录表格的项目、内容不太全面，个别产品出厂检验记录内容不齐全等。 2.无制度，或者制度内容严重不足的，得0分。例如，未设计或使用出厂检验记录表格，记录表格设计的项目、内容严重不符合《中华人民共和国食品安全法》第五十一条的要求，未执行出厂检验记录制度等	1.核查检验控制情况。企业应制定检验管理制度，包括对原辅料、半成品和出厂检验的管理规定。企业应根据产品类别、工艺特点确定检验项目和检验频次。应特别关注企业自行界定生产批次的合理性。 2.核查申请人应建立出厂检验记录制度，制度内容应符合要求。 3.核查申请人应配备相关表格，表格内容应合理，记录信息应齐全，且可追溯，记录保存应符合要求。 4.出厂检验为委托检验的，需现场查验并评价出厂委托检验合同。 5.若采用快速检验方法，应定期与国家标准规定的检验方法比对或验证。非标检验结果不合格时，应使用国标规定的检验方法进行确认。 6.根据企业的出厂检验报告，应查阅相关检验原始记录。 7.应关注企业实验室产品留样的记录情况
			制度内容略有不足	1		
			无制度，或者制度内容严重不足	0		

续表

序号	核查项目	核查内容	评分标准		核查得分	核查要求
5.4	运输和交付管理制度	应当建立并执行运输和交付管理制度，规定根据产品特点、贮存要求、运输条件选择适宜的运输方式，并做好交付记录。委托运输的，应当对受托方的食品安全保障能力进行审核	符合规定要求	3	1.制度内容略有不足的，得1分。例如，制度的内容规定得不全面或者个别要求不符合产品贮存、运输控制要求；委托运输的，对受托方的食品安全保障能力未进行审核。 2.无制度，或者制度内容严重不足的，得0分。例如，缺少上述管理制度，制度内容与申请人的实际产品的贮存、运输要求严重不符	1.核查运输控制情况。存在冷链运输的企业，应记录冷链运输情况。企业无冷链运输工具的，应提供冷链运输协议，且协议内容应合理，应对受托方的食品安全保障能力进行审核。应关注豆腐、豆腐干等保质期较短产品的运输条件是否满足要求。 2.核查交付控制情况。查看企业的交付记录
			制度内容或执行略有不足	1		
			制度内容或执行严重不足	0		

续表

序号	核查项目	核查内容	评分标准		核查得分	核查要求
5.5	食品安全追溯管理体系	应当建立并执行食品安全追溯管理体系，记录并保存法律、法规及标准等规定的信息，保证产品可追溯	符合规定要求	3	1.管理体系运行略有不足，记录内容略有缺陷的，得1分。例如，企业实际的生产控制过程未完全按体系要求运行，有关记录缺少个别项目等。 2.未建立体系，或者未按体系要求运行，相关运行记录无法提供的，得0分	1.核查追溯管理体系建立情况。 2.核查追溯管理体系运行记录
			管理体系或执行略有不足	1		
			管理体系或执行严重不足	0		
5.6	食品安全自查制度	应当建立食品安全自查制度，并规定对食品安全状况定期进行检查评价，并根据评价结果采取相应的处理措施	符合规定要求	3	1.制度内容略有不足的，得1分。例如，制度内容规定得不全面，自查期限规定的间隔过长等。 2.无制度，或者制度内容严重不足的，得0分。例如，未定期开展自查，或对自查发现的问题未及时按照规定处置等	1.申请人应制定食品安全自查制度，制度内容应符合要求。 2.申请人应定期开展食品安全自查评价，并根据自查评价结果采取相应的处理措施。 3.自查应参照《食品生产经营日常监督管理办法》相关规定执行，新建企业应有自查制度、检查表格。自查频次每年应至少一次
			制度内容略有不足	1		
			无制度，或者制度内容严重不足	0		

续表

序号	核查项目	核查内容	评分标准		核查得分	核查要求
5.7	不合格品管理及不安全食品召回制度	1.应当建立并执行不合格品管理制度，规定原料、半成品、成品及食品相关产品中不合格品的管理要求和处置措施。 2.应当建立并执行不安全食品召回制度，并规定停止生产、、通知相关生产经营者和消费者召回和处置不安全食品的相关要求，记录召回和通知情况	符合规定要求	3	1.制度内容略有不足的，得1分。例如，制度的内容不够全面，相关记录表格设计的项目、内容略有缺陷。 2.无制度，或者制度内容严重不足的，管理要求和处置措施严重不足的，得0分。例如，无相关记录表格，记录表格设计的项目、内容存在严重缺陷，发现不安全食品未按规定实施召回，不合格品管理规定违反法律法规要求，未对不合格品进行标识、隔离以及违规处置等	1.申请人应建立不安全食品管理制度，且应规定生产过程中发现的原辅料、半成品、成品中的不合格品以及回收食品、过期食品的管理要求和处置措施。应按照规定对不合格品进行标识、隔离，以防止错用、误用。 2.应有对不合格品的返工、纠正或采取纠正措施的制度、程序文件，防止或减少不合格品的再次发生。应对不合格品进行统计分析，做好不合格品处理记录。 3.申请人应建立不安全食品召回制度，且应规定食品召回计划、召回公告的必备内容。应规定将不安全食品召回和处理情况向相关监管部门报告，且要查看实施召回的记录
			制度内容略有不足	1		
			无制度，或者制度内容严重不足	0		

续表

序号	核查项目	核查内容	评分标准		核查得分	核查要求
5.8	食品安全事故处置方案	应当建立食品安全事故处置方案，并规定食品安全事故处置措施及向相关食品安全监管部门和卫生行政部门报告的要求	符合规定要求	3	1.方案内容略有不足的，得1分。例如，食品安全事故处置方案内容不太全面，可操作性相对较差。 2.无方案，或者方案内容严重不足的，得0分。例如，食品安全事故处置方案的内容违反法律法规的规定，未定期检查各项食品安全防范措施的落实情况，发生食品安全事故未按规定处置等	1.申请人应建立食品安全事故处置方案。 2.申请人建立的食品安全处置方案应全面
			方案内容略有不足	1		
			无方案，或者方案内容严重不足	0		

续表

序号	核查项目	核查内容	评分标准		核查得分	核查要求
5.9	其他	应当按照相关法律法规、食品安全标准以及审查细则规定，建立其他保障食品安全的管理制度	符合规定要求	3	1.个别制度内容略有不足的，得1分。例如，个别制度的内容规定得不全面或者制度内容与实际情况略有不符。 2.无制度，或者制度内容严重不足的，得0分。例如，缺少必要的管理制度，制度内容违反法律法规或者与申请人的实际情况不符	1.应建立真实完整的生产销售记录并保存相关凭证。 2.应建立文件管理制度，有文件编制、更改、审批、发放、回收规定，保证在使用时有适用文件的有效版本。 3.应建立记录管理制度，规定各类记录的标识、维护、保存期限和处置要求。 4.应建立消费者投诉处理机制。 5.应建立食品安全舆情应对机制
			个别制度内容略有不足	1		
			无制度，或者制度内容严重不足	0		

六、试制产品检验合格报告(共 1 分)

序号	核查项目	核查内容	评分标准		核查得分	核查要求
6.1	试制产品检验合格报告	应当提交符合产品执行的食品安全标准、产品标准、审查细则和国务院卫生行政部门相关公告的试制食品检验合格报告	符合规定要求	1	1.产品检验合格报告中的非食品安全标准规定的检验项目不全的，得0.5分。 2.无检验合格报告，或者食品安全标准规定的检验项目不全的，得 0 分	1.根据审查通则、审查细则、所涉及的食品安全标准和产品执行标准及国务院卫生行政部门相关公告，核查试制产品检验合格报告的种类、检验项目及检验结论是否符合规定要求。 2.报告的提供原则：按照产品执行标准、产品工艺特性和审查通则规定提供相应检验报告，即按照企业申报产品执行标准分别提供检验报告；执行同一标准但工艺存在明显差别的，应分别提供检验报告；应提供试制产品检验报告出具单位、报告编号、出具日期、产品名称、生产日期、检验结论等信息。 3.检验报告可以全项自检、自检加委托、全项委托等方式出具。自检加委托应为同一批次产品。 4.产品检验报告由企业全项自检的，应分析评价企业自检能力，其相应的检验设备应在申请材料中予以申报。 5.同一产品检验报告不允许企业委托两家及以上单位共同完成，但允许检验机构分包。 6.检验报告检验项目包括：①标准中直接明确规定的检验项目；②审查细则中列明的项目；③食品安全国家标准中规定的项目。 7.检验报告应为半年(生产日期)内的报告。 8.审核组应描述并评价委托检验机构的检验资质。延续换证企业生产条件未发生变化、未增加新产品，无须提供报告但应提供生产条件未发生变化的声明
			非食品安全标准规定的检验项目不全	0.5		
			无检验合格报告，或者食品安全标准规定的检验项目不全	0		

附录二　蜂产品生产许可现场核查指南

一、生产场所(共18分)

序号	核查项目	核查内容	评分标准		核查得分	核查要求
1.1	厂区要求	1. 厂区不应选择对食品有显著污染的区域。厂区周围应无虫害大量滋生的潜在场所,无有害废弃物以及粉尘、有害气体、放射性物质和其他扩散性污染源。各类污染源难以避开时应当有必要的防范措施,能有效清除污染源造成的影响。现场提供的食品生产加工场所周围环境平面图应与实际一致	符合规定要求	3	1.对污染源有相应的防范或清除措施,但个别措施效果不明显的,得1分。例如:为了防止周边粉尘污染源对产品的影响,企业安装了空气净化设施,个别车间的空气净化设施运转不正常,导致车间空气清洁度不能完全达到要求;现场提供的平面图与实际不一致。 2.未对污染源采取防范或清除措施,或者虽有措施但措施无明显效果的,得0分。例如,对于周边具有粉尘污染源的企业,生产车间不具备空气过滤除尘设施,导致生产场所周边的粉尘污染了车间	1.生产场所环境应保持整洁。 2.生产场所及周围环境中不应存在污染源。 3.污染源的清除和防范措施应有效。 4.落实家禽、家畜养殖情况。 5.落实厂区厕所情况。 6.蜜蜂采集植物的花蜜、分泌物或蜜露不得来源于雷公藤、博落回、狼毒等有毒蜜源植物
			有污染源防范措施,但个别防范措施效果不明显	1		
			无污染源防范措施,或者污染源防范措施无明显效果	0		

续表

序号	核查项目	核查内容	评分标准		核查得分	核查要求
1.1	厂区要求	2. 厂区环境应整洁，无扬尘或积水现象。各功能区划分应明显，且布局合理。现场提供的食品生产加工场所平面图应与实际一致。生活区与生产区应保持适当距离或分隔，防止交叉污染。厂区道路应当采用硬质材料铺设。厂区绿化应当与生产车间保持适当距离，植被应当定期维护，防止虫害滋生	符合规定要求	3	1.厂区布局基本合理，生活区与生产区相距较近或分隔不彻底，对个别潜在的污染源有相应防范、清除措施，但个别措施效果不佳的；现场提供的平面图与实际不一致的，个别道路未硬化，个别厂区地面有土壤裸露现象或积水现象，绿化带距离生产车间较近的等，得 1 分。 2.厂区布局不合理，或者生活区与生产区紧邻且未分隔，未对生活区的潜在污染源采取防范、清除措施或者虽有防范措施但措施效果普遍不佳，存在交叉污染的；多数厂区地面未硬化或绿化，厂区扬尘或积水现象严重，绿化带紧邻生产车间，存在虫害污染、杀虫剂带来的化学污染的，得 0 分	1.对厂区、道路及绿化情况的核查要求如下： （1）厂区内的道路应铺设混凝土、沥青或者其他硬质材料。 （2）厂区内不能有裸露地面，厂区地面应采用铺设水泥、地砖或草坪等方式，便于保持环境清洁，防止正常天气下扬尘和积水等现象发生。 （3）绿化区与生产车间应保持适当的距离；申请人要定期维护绿化区内的树木、草坪等植被，采取适当的虫害灭除措施，防止虫害在厂区内滋生。 2.对生产加工场所的布局及各功能区划分的核查要求如下： （1）厂区应合理布局，各功能区域划分应明显，并有适当的分离或分隔措施，以有效防止交叉污染。 （2）生活区与生产区应保持规定的距离，或者采取有效的分隔措施。 （3）生产区内存在多种业态或多种食品类别的企业，各业态或不同食品类别产品生产区不应有交叉污染。 （4）各产品加工区的划分应严格按照表 2-8 的规定执行
			厂区布局基本合理，生活区与生产区相距较近或分隔不彻底。厂区环境略有不足	1		
			厂区布局不合理，或者生活区与生产区紧邻且未分隔，或者存在交叉污染。厂区环境不符合规定要求	0		

续表

序号	核查项目	核查内容	评分标准		核查得分	核查要求
1.2	厂房和车间	1.应当具有与生产的产品品种、数量相适应的厂房和车间，并根据生产工艺及清洁程度的要求合理布局和划分作业区，避免交叉污染；厂房内设置的检验室应当与生产区域分隔。现场提供的食品生产加工场所各功能区间布局平面图应与实际一致	符合规定要求	3	1.个别作业区布局和划分不太合理的，得1分。例如，厂房面积与空间略显不足，设备安装或人员操作空间较局促，或者个别作业区布局、清洁度控制不太合理，略有交叉尚无交叉污染风险，现场提供的平面图与实际不一致等。 2.厂房面积与空间不满足生产需求，或者各作业区布局和划分不合理，或者检验室未与生产区域分隔的，得0分。例如：厂房面积与空间严重不足，操作人员无法使用正常方式进行操作或对车间、设备进行清洁消毒；各作业区的划分不符合审查细则和生产工艺的要求；检验室与生产车间直接连通，未进行分隔等	1.厂房、车间功能布局应合理，避免交叉污染。 2.厂房和车间的面积、空间应与生产能力相适应。 3.各作业区的清洁程度划分应符合表2-8的规定。 4.清洁区、准清洁区入口应设置更衣室。 5.厂房内设置的检验室应与生产区域分隔。 6.用电梯传送物料、物件时，电梯应设在非清洁区，输送人员、物料的电梯应分开设置；电梯设在清洁区时电梯前应设置缓冲室
			个别作业区布局和划分不太合理	1		
			厂房面积与空间不满足生产需求，或者各作业区布局和划分不合理，或者检验室未与生产区域分隔	0		

续表

序号	核查项目	核查内容	评分标准		核查得分	核查要求
1.2	厂房和车间	2.车间应保持清洁，顶棚、墙壁和地面应当采用无毒、无味、防渗透、防霉、且要不易破损脱落的材料建造，且要易于清洁；顶棚在结构上不利于冷凝水垂直滴落，裸露食品上方的管路应当有防止灰尘散落及水滴掉落的措施；门窗应当闭合严密，不透水、不变形，并应有防止虫害侵入的措施。地面应当平坦防滑、无裂缝	符合规定要求	3		1.车间环境应保持清洁，不应存在肮脏、杂乱等现象。 2.车间顶棚、墙壁、地面和门窗的建造材料及结构应符合要求。 3.顶棚、门窗应有必要的防护措施。 4.生产车间地面、墙壁应易于清洗，保持清洁。 5.加工车间应有完善的防蝇设施。 6.暴露食品上方设置的顶棚和管路应有防止灰尘散落及水滴掉落的措施
			车间清洁程度以及顶棚、墙壁、地面和门窗或者相关防护措施略有不足	1	1.车间清洁程度以及顶棚、墙壁、地面和门窗或者相关防护措施略有不足的，得1分。例如，车间个别区域有杂物堆放，个别部位的建造材料及建筑结构略有不足，顶棚、墙壁和地面个别部位略有破损，个别区域的防虫害措施不足等。	
			严重不符合规定要求	0	2.车间清洁程度以及顶棚、墙壁、地面和门窗或者相关防护措施严重不足的，得0分。例如，车间环境卫生脏、乱、差；顶棚、墙壁、地面和门窗破损严重，暴露食品上方设置的管路导致灰尘散落及水滴掉落入食品中，车间门窗无虫害防范措施等	

续表

序号	核查项目	核查内容	评分标准		核查得分	核查要求
1.3	库房要求	1. 应当具有与所生产产品的数量、贮存要求相适应的，与食品生产加工场所平面图、食品生产加工场所各功能区间布局平面图中标注的库房一致的库房，且库房整洁，地面平整，易于维护、清洁，防止虫害侵入和藏匿。必要时，库房应当设置相适应的温、湿度控制等设施	符合规定要求	3	1.库房整洁程度或者相关设施略有不足的，得1分。例如，个别部位库房地面不平整，部分区域卫生状况较差，个别虫害防护措施失效，实际库房与平面图标注不一致等。 2.现场核查情况严重不符合规定要求的，得0分。例如：库房地面大面积破损，垃圾、杂物大量堆放在原辅料、半成品、成品仓库中；未根据审查细则、生产工艺和产品贮存的需求设置必要的温、湿度控制设施或者温、湿度控制设施性能不满足贮存的需求等	1.库房的种类、数量等应与企业原辅料、食品添加剂、食品包装材料、洗消用品、成品、半成品等的贮存需要相适应。 2.库房应保持清洁，且要以无毒、坚固的材料建成；地面应平整，便于通风换气。 3.库房的贮存条件应满足物料的存放要求：蜂王浆（含蜂王浆冻干品）原料及成品贮存温度应在−18 ℃以下（常温贮存产品除外），未经干燥的原料蜂花粉应冷藏或冷冻贮存。 4.库房的建筑材料、结构应易于维护和清洁，防止虫害藏匿，并应设有防止虫害侵入的装置。 5.以巢蜜为原料生产蜂蜜的，应设立蜜脾贮存库
			库房整洁程度或者相关设施略有不足	1		
			严重不符合规定要求	0		

续表

序号	核查项目	核查内容	评分标准		核查得分	核查要求
1.3	库房要求	2.原辅料、半成品、成品等物料应当依据性质的不同分设库房或分区存放。清洁剂、消毒剂、杀虫剂、润滑剂、燃料等物料应当与原辅料、半成品、成品等物料分隔放置。库房内的物料应当与墙壁、地面保持适当距离，并明确标识，防止交叉污染	符合规定要求	3	1.物料存放或标识略有不足的，得1分。例如，个别物料未离墙、离地存放，个别物料标识不清晰或标识错误等。 2.原辅料、半成品、成品等与清洁剂、消毒剂、杀虫剂、润滑剂、燃料等物料未分隔存放，物料无标识或标识混乱，存在严重交叉污染隐患的，得0分	1.原料、半成品、成品等物料应依据物料性质的不同分设贮存场所或分区域码放。 2.库房内的各类物料应标识明确，防止混淆、误用，避免交叉污染。 3.物料应离地、离墙且按照先进先出的方式存放，便于空气流通和物品搬运。 4.清洁剂、消毒剂、杀虫剂、润滑剂、燃料等化学物质应分别安全包装、明确标识，并与原料、半成品、成品、包装材料等分库存房或分隔放置。原辅料、包装材料共用库房的情况应分区存放、标识清晰。 5.半成品或者接近成品状态的半成品应如实标注生产日期、批次等信息，以免混淆。 6.食品添加剂（含加工助剂）应实行专库或专区存放、专人管理
			物料存放或标识略有不足	1		
			原辅料、半成品、成品等与清洁剂、消毒剂、杀虫剂、润滑剂、燃料等物料未分隔存放，物料无标识或标识混乱	0		

二、设备设施(共 36 分)

序号	核查项目	核查内容	评分标准		核查得分	核查要求
2.1	生产设备	1.应当配备与生产的产品品种、数量相适应的生产设备,设备的性能和精度应当满足生产加工的要求	符合规定要求	3	1.个别设备的性能和精度略有不足的,得 1 分。例如,个别设备的性能、精度或者维护稍差,能够基本满足生产需要,或者通过简单维护、维修可以满足生产需要。 2.生产设备不满足生产加工要求的,得 0 分。例如,缺少关键生产设备或设备的性能、精度不满足生产加工要求,或者设备无法正常运转的	1.申请材料中的“食品生产主要设备、设施清单”应与生产现场的主要生产设备的种类、数量一致,且生产设备能正常运转。 2.生产设备的种类、性能及数量应与其生产的蜂产品品种相适应,并能满足生产加工能力的需要。 3.计量检定证书:企业应按相关要求执行,不再明确要求。 4.审查过程中可结合表 2-9 的内容执行
			个别设备的性能和精度略有不足	1		
			生产设备不满足生产加工要求	0		

续表

序号	核查项目	核查内容	评分标准		核查得分	核查要求
2.1	生产设备	2.生产设备应清洁卫生，直接接触食品的设备、工器具材质应当无毒、无味、抗腐蚀、不易脱落、表面光滑、无吸收性，易于清洁保养和消毒	符合规定要求	3	1.设备清洁卫生程度或者设备材质略有不足的，得1分。例如，个别设备、工器具的材质虽然符合规定要求，但表面不光滑，不利于清洁保养和消毒。 2.设备清洁卫生程度或者设备材质严重不符合规定要求的，得0分。例如，设备肮脏；设备、工器具材质不符合要求；多数设备表面不光滑，不利于清洁保养和消毒，甚至设备表面有裂缝，易藏污纳垢或存在卫生死角，不利于清洁、消毒	1.生产设备应清洁卫生。 2.直接接触食品的设备、工器具应保持完好无损，其材质应无毒、无味、抗腐蚀、且不易脱落，且易于清洁保养和消毒。 3.确因生产工艺需要而使用竹木制品或纤维制品的，应确保其材质符合上述要求。竹木制品或纤维制品：易滋生各类微生物造成污染，清洗、消毒、维护、保养是关键。对于使用此类工器具、设备、设施的产品应落实其使用必要性。 4.压力容器和专用设备的使用和维护应落实到人，操作人员应有相应的培训合格证书；应有主要设备状况卡，且要记录清晰、完整。 5.盛装原料蜂蜜的周转桶，应符合食品安全要求，可使用蜂蜜包装钢桶、塑料桶，不得使用镀锌铁桶。使用蜂蜜包装钢桶的，还应定期检查内部涂层的完整性
			设备清洁卫生程度或者设备材质略有不足	1		
			严重不符合规定要求	0		
		3.生产设备应维护保养良好，并做好记录。用于监测、控制、记录的设备应当定期校准、维护。停用的设备需标注清晰，不影响正常生产	符合规定要求	3	1.无法提供个别关键设备的维护保养记录，个别用于监测、控制、记录的设备未进行校准或维护的，停用设备未标注的，得1分。 2.无设备维护保养记录，用于监测、控制、记录的设备未进行校准或维护的，得0分	1.申请人的生产设备应无破损、生锈等情况，且应有对应的维护保养计划及记录。 2.用于监测、控制、记录的设备应有定期校准、维护记录。 3.现场停用设备应进行标注，且标注应清晰
			维护保养、记录略有不足，或者个别监测设备未校准	1		
			无维护保养记录，或者监测设备无法满足规定要求	0		

续表

序号	核查项目	核查内容	评分标准		核查得分	核查要求
2.2	供排水设施	1.食品加工用水的水质应当符合GB 5749—2022的规定，有特殊要求的应当符合相应规定。食品加工用水与其他不与食品接触的用水应当以完全分离的管路输送，避免交叉污染，各管路系统应当明确标识以便区分	符合规定要求	3	1.供水管路标识略有不足的，得1分。例如，个别管路标识不清，但未造成交叉污染。 2.食品加工用水的水质不符合规定要求，或者供水管路无标识或标识混乱，或者供水管路存在交叉污染的，得0分	1.食品加工用水的水质应符合GB 5749—2022的规定。 2.除食品加工用水外的其他不与食品直接接触的用水（如间接冷却水、污水或废水等）应与食品加工用水以完全分离的管路输送，各管路系统应明确标识以便区分，避免交叉污染。 3.以自来水为水源的应提供缴费单或自来水公司的水质检验报告；自备水源的应提供自备水源的水质检验报告，项目参照当地自来水公司的控制要求执行。无论使用何种水源，企业均可以采用送检的方式获取检验报告，确保其水质符合GB 5749—2022的要求，方可使用
			供水管路标识略有不足	1		
			食品加工用水的水质不符合规定要求，或者供水管路无标识或标识混乱，或者供水管路存在交叉污染	0		

续表

序号	核查项目	核查内容	评分标准		核查得分	核查要求
2.2	供排水设施	2.排水系统的设计和建造应保证排水畅通，便于清洁维护，且满足生产的需要。室内排水应当由清洁程度高的区域流向清洁程度低的区域，且要有防止逆流的措施。排水系统出入口设计应合理并有防止污染和虫害侵入的措施	符合规定要求	3	1.相关防护措施略有不足的，得 1 分。例如，个别地漏无水封装置；排水系统的个别部位防逆流、防虫害等防护措施略有不足。 2.室内排水流向不符合要求，或者相关防护措施严重不足的，得 0 分。例如，车间排水的流向由清洁程度要求低的区域流向清洁程度要求高的区域，或防逆流、防虫害、防浊气溢出等防护措施严重不足	1.排水系统的设计和建造应能够保证排水畅通，便于清洁维护，防止食品和食品生产用水、环境卫生受到排水系统的污染。 2.车间排水系统的流向应由清洁程度要求高的区域流向清洁程度要求低的区域，且要有防逆流的设计。 3.排水系统入口应有带水封的地漏等设施，出口处应有适当的防虫害设施；包装区不能设地漏
			相关防护措施略有不足	1		
			室内排水流向不符合要求，或者相关防护措施严重不足	0		

续表

序号	核查项目	核查内容	评分标准		核查得分	核查要求
2.3	清洁消毒设施	应当配备相应的食品、工器具和设备的清洁设施，必要时配备相应的消毒设施。清洁消毒方式应当避免对食品造成交叉污染，使用的洗涤剂、消毒剂应当符合相关规定要求	符合规定要求	3	1.清洁消毒设施略有不足的，得1分。例如，个别设备未配备专用的消毒设施，个别消毒设施未能保证已使用和未使用的清洁消毒工器具分开放置等。 2.清洁消毒设施严重不足，或者清洁消毒的方式和用品不符合规定要求的，得0分。例如，未配备食品、工器具和设备的清洁消毒设施，使用不符合规定要求甚至可能污染食品的洗涤剂、消毒剂等	1.应配备足够的工器具和设备的专用清洁设施。 2.应配备必要的消毒设施。 3.企业应具备生产设备、管道、周转桶等清洗消毒设施，及时进行清洗消毒，防止对产品造成污染。 4.清洗消毒使用的洗涤剂、消毒剂不应对产品造成污染，应符合相关规定要求
			清洁消毒设施略有不足	1		
			清洁消毒设施严重不足，或者清洁消毒的方式、用品不符合规定要求	0		

续表

序号	核查项目	核查内容	评分标准		核查得分	核查要求
2.4	废弃物存放设施	应当配备设计合理、防止渗漏、易于清洁的存放废弃物的专用设施，必要时可设置废弃物临时存放设施。车间内存放废弃物的设施和容器应当标识清晰，不得与盛装原辅料、半成品、成品的容器混用	符合规定要求	3	1.废弃物存放设施及标识略有不足的，得1分。例如，个别生产区域的废弃物存放设施、容器不足，个别废弃物存放设施、容器无明确的标识。 2.废弃物存放设施设计不合理，或者与盛装原辅料、半成品、成品的容器混用的，得0分	1.应配备设计合理、防止渗漏、易于清洁的存放废弃物的专用设施。 2.车间内存放废弃物的设施和容器应标识清晰（如采用文字、颜色、形状等方式标识或区分），避免与存放食品原料、半成品、成品以及相关工器具的设施混用。必要时在适当地点设置废弃物临时存放设施，并依废弃物特性分类存放
			废弃物存放设施及标识略有不足	1		
			废弃物存放设施设计不合理，或者与盛装原辅料、半成品、成品的容器混用	0		

续表

序号	核查项目	核查内容	评分标准		核查得分	核查要求
2.5	个人卫生设施	生产场所或车间入口处应当设置更衣室，更衣室应当保证工作服与个人服装及其他物品分开放置；车间入口及车间内必要处，应当按需设置换鞋（穿戴鞋套）设施或鞋靴消毒设施；清洁作业区入口应当设置与生产加工人员数量相匹配的非手动式洗手、干手和消毒设施。洗手设施的材质、结构应当易于清洁消毒，邻近位置应当标示洗手方法。卫生间应当易于保持清洁，且不得与生产、包装或贮存等区域直接连通	符合规定要求	3	1.个人卫生设施略有不足的，得 1 分。例如，个别更衣柜存在个人服装与工作服混放现象，个别洗手、换鞋设施损坏或不符合规定要求，洗手设施材质结构容易藏污纳垢，邻近位置未标示洗手方法，卫生间不清洁等。 2.个人卫生设施严重不符合规范要求，或者卫生间与生产、包装、贮存等区域直接连通的，得 0 分	个人卫生设施包括更衣室、换鞋或鞋靴消毒设施以及洗手、干手、消毒设施和卫生间等。 1.车间入口处应设置更衣室，清洁作业区入口处可按需要设置更衣室。更衣室应保证工作服与个人服装及其他物品分开放置。 2.车间入口应按需设置换鞋（穿戴鞋套）设施或工作鞋靴消毒设施。若设置工作鞋靴消毒设施，其规格尺寸应能满足消毒需要。 3.清洁作业区入口应设置洗手、干手和消毒设施，与消毒设施配套的水龙头的开关应为非手动式。 4.更衣室、换鞋或鞋靴消毒设施以及洗手、干手、消毒设施均应能正常使用。 5.应根据需要设置卫生间，但应设置在更衣室外侧，且进入更衣室的门与进入卫生间的门不得相通。卫生间的结构、设施与内部材质应易于保持清洁，卫生间内的适当位置应设置洗手设施。 6.卫生间不得与食品生产、包装或贮存等区域直接连通。 7.应在邻近洗手设施的显著位置标示简明易懂的洗手方法
			个人卫生设施略有不足	1		
			个人卫生设施严重不符合规范要求，或者卫生间与生产、包装、贮存等区域直接连通	0		

续表

序号	核查项目	核查内容	评分标准		核查得分	核查要求
2.6	通风设施	应当配备适宜的通风、排气设施，避免空气从清洁程度要求低的作业区域流向清洁程度要求高的作业区域；合理设置进气口位置，必要时应当安装空气过滤净化或除尘设施。通风设施应当易于清洁、维修或更换，并能防止虫害侵入	符合规定要求	3	1.通风设施略有不足的，得1分。例如，个别通风设施损坏或防虫害侵入措施不足等。 2.通风设施严重不足，或者不能满足必要的空气过滤净化、除尘、防止虫害侵入的需求的，得0分	1.生产蜂王浆冻干品的清洁作业区空气洁净度静态时应达到《食品工业洁净用房建筑技术规范》(GB 50687—2011)中的2级要求，生产状态下企业每月至少对清洁作业区沉降菌按照标准要求监测1次。 2.蜂花粉粉碎破壁车间应根据粉碎破壁方式设置适宜的通风、除尘设施，保持空气洁净，有效去除和隔离飞溅的花粉粉末
			通风设施略有不足	1		
			通风设施严重不足，或者不能满足必要的空气过滤净化、除尘、防止虫害侵入的需求	0		
2.7	照明设施	厂房内应当有充足的自然采光或人工照明，光泽和亮度应能满足生产和操作需要，光源应能使物料呈现真实的颜色。在暴露食品和原辅料正上方应当使用安全型或有防护措施的照明设施；如需要，还应当配备应急照明设施	符合规定要求	3	1.照明设施或者防护措施略有不足的，得1分。例如，个别照明设施损坏或光泽、亮度不足，个别生产区域的照明设施防护不足等。 2.照明设施或者防护措施严重不足的，得0分。例如：照明设施的光泽、亮度不能满足生产需要，无法使食品呈现真实的颜色；多数安装在暴露食品和原料正上方的照明设施无相关防护措施等	1.厂房内应装设有充足的自然采光或人工照明的设施，以保证照度能够满足相应的生产和操作需要。 2.安装在暴露食品和原料正上方的照明设施，应使用安全型照明设施或采取必要的防爆措施。根据生产需要及安全生产的有关规定，厂房操作区域应设置应急照明设施
			照明设施或者防护措施略有不足	1		
			照明设施或者防护措施严重不足	0		

续表

序号	核查项目	核查内容	评分标准		核查得分	核查要求
2.8	温控设施	应当根据生产的需要,配备适宜的加热、冷却、冷冻以及用于监测温度和控制室温的设施	符合规定要求	3	1.温控设施略有不足的,得1分。例如,个别温控设施的仪表指示不准确等。 2.温控设施严重不足的,得0分。例如,无必要的温控设施,或者温度监测、室温控制效果不能满足相关规定要求	生产蜂王浆(含蜂王浆冻干品)的车间应配备温度控制设施,加工过程环境温度不得高于25 ℃;生产蜂王浆冻干品的车间应配备湿度控制设施,冷冻干燥后的加工环境相对湿度不得高于65%
			温控设施略有不足	1		
			温控设施严重不足	0		
2.9	检验设备设施	自行检验或部分自行检验的,应当具备与所检项目相适应的检验室、检验设备和检验试剂。检验室应当布局合理,检验设备的数量、性能、精度应当满足相应的检验需求,检验仪器设备应当按期检定或校准	符合规定要求	3	1.检验室布局略不合理,或者检验设备性能略有不足,个别设备未按期检定或校准的,得1分。例如,分析天平放置于高温设备或振动设备旁边,微生物检验室个别紫外杀菌灯损坏。 2.检验室布局不合理,或者检验设备数量、性能、精度不能满足检验需求,大部分设备未按期检定或校准的,得0分。例如,缺少检验方法标准规定的检验设备	1.可以采取自行检验或委托有资质的检验机构检验两种方式。自行检验的核查要求如下: (1)应具备与所检项目适应的检验室和检验设备,设备应按期检定或校准。 (2)检验室应布局合理,检验设备的数量、性能、精度应满足相应的检验方法标准要求,应具备检验所需标品和相应试剂。 2.可全项委托:全项委托企业应根据生产需要,配备过程检验所需的相关设备设施;应签订委托检验协议,明确批批检验,可以按实际情况至少保证1年有效期;落实委托检验机构相关资质。 3.检验设备可参照表2-11执行
			检验室布局略不合理,或者检验设备性能略有不足、个别设备未按期检定或校准	1		
			检验室布局不合理,或者检验设备数量、性能、精度不能满足检验需求	0		

三、设备布局和工艺流程(共9分)

序号	核查项目	核查内容	评分标准		核查得分	核查要求
3.1	设备布局	生产设备应当按照工艺流程有序排列,合理布局,且要便于清洁、消毒和维护,避免交叉污染	符合规定要求	3	1.个别设备布局不合理的,得1分。例如,个别设备的安装、布局不利于清洁、维护等。 2.设备布局存在交叉污染的,得0分。例如:加工生制品与加工熟制品的设备混杂或紧邻放置,存在严重的交叉污染隐患;设备布局不合理,未留下足够的人员进出通道和操作空间,导致设备无法正常操作以及清洁、维护	1.申请材料中的生产设备布局图应与实际设备布局一致。 2.设备布局应符合生产卫生规范以及生产工艺流程要求,合理、有序,避免不同清洁度要求的设备、操作人员及加工物料混杂,产生交叉污染。 3.固定在墙壁或地板上的设备应与墙壁或地板留有适当的空隙,避免藏污纳垢。在安装时应与地面和墙壁间保留足够空间,方便人员进出,利于设备的清洁和维护
			个别设备布局不合理	1		
			设备布局存在交叉污染	0		
3.2	工艺流程	1.应当具备合理的生产工艺流程,防止生产过程中造成交叉污染。申请的食品类别、产品配方、工艺流程应当与产品执行标准相适应。执行企业标准的,应当依法备案	符合规定要求	3	1.个别工艺流程略有交叉,或者略不符合产品执行标准规定的,得1分。 2.工艺流程相互交叉污染,或不符合产品执行标准的要求,或企业标准未依法备案的,得0分	1.申请材料中的生产工艺流程图应与实际生产工艺流程一致。 2.工艺流程应与申请人现场的工艺文件一致。 3.生产工艺流程应符合产品标准的要求。 4.现场工艺流程不应存在迂回交叉情况。 5.产品执行企业标准的,其企业标准应依法备案或公示。企业标准审查要求:产品名称等应符合GB 7718—2011等强制性要求;涉及食品安全的指标,如污染物、微生物等不应与国家要求相冲突;所有原辅料均应为可以用于食品生产加工的原辅料
			个别工艺流程略有交叉,或者略不符合产品执行标准的规定	1		
			工艺流程存在交叉污染,或者不符合产品执行标准的规定,或者企业标准未依法备案	0		

续表

序号	核查项目	核查内容	评分标准		核查得分	核查要求
3.2	工艺流程	2.应当制定所需的产品配方、工艺规程、作业指导书等工艺文件,明确生产过程中的食品安全关键环节	符合规定要求	3	1.工艺文件略有不足的,得1分。例如:个别工艺规程、工艺参数规定不明确或与实际情况有偏差。 2.工艺文件严重不足的,得0分。例如,未制定关键控制环节的工艺文件,工艺文件存在严重错误,或者实际生产工艺与产品标准规定的工艺严重不符	1.应根据实际生产工艺,确定原料验收、配料、包装等关键环节,并制定明确的生产工艺规程,确定关键控制参数等。 2.产品配方应符合相关要求,且应重点关注食品添加剂的使用情况。 3.蜂蜜生产过程中融蜜温度不得高于60 ℃。有需要进行脱水的,应采取适宜的方式,脱水温度不得高于65 ℃。 4.蜂王浆(含蜂王浆冻干品)应在包装密闭状态下解冻,解冻温度不得高于25 ℃,解冻时间不应超过72 h;生产过程中环境温度不得高于25 ℃;解冻完毕至包装或灌装完成不得超过12 h(不含真空冷冻干燥环节)。 5.蜂花粉生产过程中应采用适宜的干燥方式,干燥温度不得高于45 ℃。 6.采用辐照方式灭菌的蜂花粉生产企业应取得相应资质或委托具有资质的机构代为辐照。辐照过程应符合国家相关法律法规和标准的要求
			工艺文件略有不足	1		
			工艺文件严重不足	0		

四、人员管理(共9分)

序号	核查项目	核查内容	评分标准		核查得分	核查要求
4.1	人员要求	应当配备专职或兼职食品安全管理人员和食品安全专业技术人员，明确其职责。人员要求应当符合有关规定	符合规定要求	3	1.人员职责不太明确的，得1分。例如，个别食品安全管理人员（食品安全总监、食品安全员）的岗位职责规定得不太明确。 2.相关人员配备不足，或者人员要求不符合规定的，得0分。例如，未配备相应的食品安全管理及专业技术人员或者人员数量严重不足，关键岗位（如企业负责人、食品安全负责人、各部门负责人）的岗位职责不明确，或其资格不符合规定要求	1.申请材料中的名单应与现场食品安全管理及专业技术人员一致，且所在部门、文化程度、专业应相符。 2.食品安全管理及专业技术人员的学历、专业、工作经历应符合企业规定以及食品安全管理的需求。 3.食品安全管理及专业技术人员的岗位职责应明确。 4.化验员考核情况在此条体现，至少考核两人，每人两个项目；应关注他们对产品标准和检验标准的掌握情况，以及对基础知识的掌握情况、对实际操作的熟练情况、原始记录填写及结果判定情况等。 5.质量管理、安全管理、安全专业技术人员配备应满足质量工作需要。 6.特殊工种人员应持证上岗
			人员职责不太明确	1		
			相关人员配备不足，或者人员要求不符合规定	0		

续表

序号	核查项目	核查内容	评分标准		核查得分	核查要求
4.2	人员培训	应当制订和实施职工培训计划，根据岗位需求开展食品安全知识及卫生培训，做好培训记录。食品安全管理人员上岗前应当经过培训，并考核合格	符合规定要求	3	1.培训计划及计划执行略有不足的，得1分。例如，个别培训计划未按期实施或培训人员、培训内容未全面覆盖。 2.无培训计划，或者已上岗的相关人员未经培训或考核不合格的，得0分	1.应根据蜂产品生产不同岗位的需求，制订和实施食品安全年度培训计划并进行考核，做好培训和考核记录。 2.当食品安全相关的法律、法规、标准更新时，或者企业内部相关食品安全管理制度（文件）修改、更新后，亦应及时开展培训。 3.食品安全管理人员应经培训考核合格后上岗
			培训计划及计划执行略有不足	1		
			无培训计划，或者已上岗的相关人员未经培训或考核不合格	0		
4.3	人员健康管理制度	应当建立从业人员健康管理制度，明确患有国务院卫生行政部门规定的有碍食品安全疾病的或有明显皮肤损伤未愈合的人员，不得从事接触直接入口食品的工作。从事接触直接入口食品工作的食品生产人员应当每年进行健康检查，取得健康证明后方可上岗工作	符合规定要求	3	1.从业人员健康管理制度内容略有缺陷，或者个别人员未能提供健康证明的，得1分。例如，个别食品生产加工人员未洗手、更衣进入食品生产现场等。 2.无人员健康管理制度，或人员健康管理存在严重不足的，得0分。例如，从事接触直接入口食品工作的食品生产人员普遍未进行健康检查，未取得健康证明即上岗工作	1.申请人应建立从业人员健康管理制度。 2.直接接触蜂产品生产的工作人员每年应进行健康检查，取得健康证明；上岗前应接受卫生培训并考核合格。 3.患有有碍食品安全疾病的或有明显皮肤损伤的人员不能从事直接接触食品等影响食品安全的工作
			制度内容略有缺陷，或者个别人员未能提供健康证明	1		
			无制度，或者人员健康管理严重不足	0		

五、管理制度(共27分)

序号	核查项目	核查内容	评分标准		核查得分	核查要求
5.1	采购管理及进货查验记录制度	1.应当建立并执行采购管理制度,规定食品原料、食品添加剂、食品相关产品验收标准。采购时,应当查验供货者的许可证和产品合格证明;对无法提供合格证明的食品原料,应当按照食品安全标准及产品执行标准进行检验。 2.应当建立并执行进货查验记录制度,记录采购的原辅料名称、规格、数量、生产日期或者生产批号、保质期、进货日期以及供货者名称、地址、联系方式等信息,保存相关记录和凭证	符合规定要求	3	1.制度内容略有不足的,得1分。例如,制度规定得不详细,个别原辅料进货未查验许可证和相关批次产品合格证明,相关记录表格的项目、内容不太全面,未记录某批次原辅料的进货记录等。 2.无制度,或者制度内容严重不足的,得0分。例如,未制定原辅料验收标准或进货查验记录制度,未查验供货者的许可证和相关批次产品合格证明,未设计或使用进货查验记录表格,记录表格设计的项目、内容严重不符合《中华人民共和国食品安全法》第五十条的要求等	1.应建立原料采购管理制度,保证采购的原料符合国家法律法规和食品安全标准要求。 2.原料蜂蜜供应商应相对固定,并签订质量协议,在协议中明确双方所承担的质量责任及供应商采收后的存储、初加工及产品防护要求。鼓励企业加强蜜源管理,与蜜源基地签订稳定的采购协议。 3.应建立原料供应商审核制度,定期对主要原料供应商进行评价、考核,确定合格供应商名单。对原料蜂蜜供应商的审核至少应当包括供应商的资质,原料蜂蜜来源、品种、价格,原料蜂蜜质量安全状况等。 4.应建立食品原料、食品相关产品验收规范及进货查验记录制度,根据原料特性、风险因素等确定验收项目和要求。 5.原料蜂蜜的验收应当加强对氯霉素、喹诺酮类、甲硝唑等硝基咪唑类兽药残留的监测,不得采购含有淀粉糖、糖浆、食糖的原料蜂蜜
			制度内容略有不足	1		
			无制度,或者制度内容严重不足	0		

续表

序号	核查项目	核查内容	评分标准		核查得分	核查要求
5.2	生产过程控制制度	应当建立生产过程控制制度，制定所需的操作规程或作业指导书，明确原料（如领料、投料、余料管理等）、生产关键控制环节（如生产工序、设备、贮存、包装等）控制的相关要求，防止交叉污染，并记录产品的加工过程（包括工艺参数、环境监测等）	符合规定要求	3	1.个别制度内容略有不足的，得1分。例如，个别制度的内容规定得不全面或者个别控制环节与实际生产过程控制略有不符。 2.无制度，或者制度内容严重不足的，得0分。例如，缺少上述任一控制环节的管理制度，制度内容与申请人的实际生产过程控制制度严重不符	1.应核查原辅料控制情况。 2.应核查生产关键环节控制记录，评价关键点控制制度落实情况。 3.有配料工艺的，应对配料名称、进货时间、批号等进行严格核对和记录，配料装置应定期校准。配料，尤其涉及食品添加剂（含加工助剂）的配料，应至少两人复核、确认。 4.生产车间不应在生产过程中使用各类杀虫剂。 5.加工过程中应进行微生物监控，监控指标、取样点、监控频率、取样和检验方法应参照GB 14881—2013中的附录A执行。 6.蜂蜜生产过程控制应当在投料环节对原料蜂蜜品种进行核对，避免品种混淆；在储存环节对原料蜂蜜、半成品蜂蜜存储时间建立管理控制措施。企业应确定原料蜂蜜、半成品蜂蜜的储存期限。不得使用回收的蜂蜜再次生产蜂产品。以巢蜜为原料生产蜂蜜的，应制定蜜脾运输、储存等环节产品防护要求。 7.蜂产品制品生产过程中应当制定产品配方，明确蜂蜜、蜂王浆（含蜂王浆冻干品）、蜂花粉或其混合物的投料比例，严格按照配方投料，在产品标签配料表中应如实标注添加量或在成品中的含量。 8.应建立生产设备管理制度，制定设备、容器具的清洗消毒管理要求，定期维护保养并做好记录，出现故障应及时排除
			个别制度内容略有不足	1		
			无制度，或者制度内容严重不足	0		

续表

序号	核查项目	核查内容	评分标准		核查得分	核查要求
5.3	检验管理及出厂检验记录制度	1.应当建立并执行检验管理制度，规定原料检验、过程检验、产品出厂检验以及产品留样的方式及要求，综合考虑产品特性、工艺特点、原料控制等因素明确制定出厂检验项目，保存相关检验和留样记录。 2.应当建立并执行产品出厂检验记录制度，规定产品出厂时，应当查验出厂食品的检验合格证和安全状况，记录食品的名称、规格、数量、生产日期或者生产批号、保质期、检验合格证号、销售日期以及购货者名称、地址、联系方式等信息，保存相关记录和凭证	符合规定要求	3	1.制度内容略有不足的，得 1 分。例如，制度规定得不详细，相关记录表格的项目、内容不太全面，个别产品出厂检验记录内容不齐全等。 2.无制度，或者制度内容严重不足的，得 0 分。例如，未设计或使用出厂检验记录表格，记录表格设计的项目、内容严重不符合《中华人民共和国食品安全法》第五十一条的要求，未执行出厂检验记录制度等	1.核查检验控制情况。企业应制定检验管理制度，包括对原辅料、半成品和出厂检验的管理规定。企业应根据产品类别、工艺特点确定检验项目和检验频次。应特别关注企业自行界定生产批次的合理性。核查申请人应建立出厂检验记录制度，制度内容应符合要求。 2.核查申请人应配备相关记录表格，保存应符合要求，记录信息应齐全，且可追溯。 3.执行标准规定了出厂检验要求的，应按标准执行；执行标准未规定出厂检验要求的，企业应自行制定产品检验规程，合理界定产品检验批次和项目，对产品进行检验，合格后方可出厂销售。 4.企业可以自行进行出厂检验，也可以委托有资质的机构进行检验。 （1）自行检验的，应当具备与所检项目相适应的检验室和检验设备。检验室应当布局合理，检验设备的数量、性能、精度应当满足相应的检验需求。 （2）委托检验的，可部分或全项目委托，应与有资质的检验机构签订检验协议，协议应明确批批检验。检验管理制度中应该对委托检验有关事项进行规定，应能够落实批批检验的主体责任。委托检验要具有可操作性，应能从时间、空间（企业与检验机构的距离）等方面确保批批检验的可行性。部分委托检验的，可将企业自行检验的数据和委托检验的数据合并形成对应批次的出厂检验报告。 5.原则上应按照食品安全国家标准规定的方法进行检验。如果按食品安全国家标准规定的方法，其便利性、时效性等不能满足生产要求，企业可采用快速检验方法或其他标准规定的检验方法进行检验，但应保证数据准确，定期与食品安全国家标准规定的检验方法进行比对或者验证，当检验结果不合格或者在判定限值附近时，应使用食品安全国家标准规定的检验方法进行确认。企业应提供非标方法（含快速检验方法）与国标方法的定期比对报告。 6.有独立行使职权的检验机构，职责权限应明确，应履行检验、判定、统计和报告职能
			制度内容略有不足	1		
			无制度，或者制度内容严重不足	0		

续表

序号	核查项目	核查内容	评分标准		核查得分	核查要求
5.4	运输和交付管理制度	应当建立并执行运输和交付管理制度，规定根据产品特点、贮存要求、运输条件选择适宜的运输方式，并做好交付记录。委托运输的，应当对受托方的食品安全保障能力进行审核	符合规定要求	3	1.制度内容略有不足的，得1分。例如：制度的内容规定得不全面或者个别要求不符合产品贮存、运输控制要求；委托运输的，对受托方的食品安全保障能力未进行审核。 2.无制度，或者制度内容严重不足的，得0分。例如，缺少上述管理制度，制度内容与申请人的实际产品的贮存、运输要求严重不符	1.核查运输控制情况。若企业存在冷链运输，应记录冷链运输情况。企业无冷链运输工具的，应提供运输协议，且协议内容应合理，应对受托方的食品安全保障能力进行审核。 2.核查交付控制情况。查看企业的交付记录
			制度内容或执行略有不足	1		
			制度内容或执行严重不足	0		
5.5	食品安全追溯管理制度	应当建立并执行食品安全追溯管理体系，记录并保存法律、法规及标准等规定的信息，保证产品可追溯	符合规定要求	3	1.制定了追溯管理相关体系，并能提供相关批次产品的运行记录，得3分。 2.管理体系运行略有不足，记录内容略有缺陷的，得1分。例如，企业实际的生产控制过程未完全按体系要求运行，有关记录缺少个别项目等。 3.未建立体系，或者未按体系要求运行，相关运行记录无法提供的，得0分	1.核查追溯管理体系建立情况。 2.核查追溯管理体系运行记录
			制度内容或执行略有不足	1		
			制度内容或执行严重不足	0		

续表

序号	核查项目	核查内容	评分标准		核查得分	核查要求
5.6	食品安全自查制度	应当建立食品安全自查制度，并规定对食品安全状况定期进行检查评价，并根据评价结果采取相应的处理措施	符合规定要求	3	1.制度内容略有不足的，得1分。例如，制度内容规定得不全面，自查期限规定的间隔过长等。 2.无制度，或者制度内容严重不足的，得0分。例如，未定期开展自查，或对自查发现的问题未及时按照规定处置等	1.应制定食品安全自查制度，制度内容应符合要求。 2.应定期开展食品安全自查评价，并根据自查评价结果采取相应的处理措施。 3.自查应参照《食品生产经营日常监督管理办法》相关规定执行，新建企业应有自查制度、检查表格。自查频次每年至少一次
			制度内容略有不足	1		
			无制度，或者制度内容严重不足	0		
5.7	不合格品管理及不安全食品召回制度	1.应当建立并执行不合格品管理制度，规定原料、半成品、成品及食品相关产品中不合格品的管理要求和处置措施。 2.应当建立并执行不安全食品召回制度，并规定停止生产、通知相关生产经营者和消费者召回和处置不安全食品的相关要求，记录召回和通知情况	符合规定要求	3	1.制度内容略有不足的，得1分。例如，制度的内容不够全面，相关记录表格设计的项目、内容略有缺陷。 2.无制度，或者制度内容严重不足，管理要求和处置措施严重不足的，得0分。例如，无相关记录表格，记录表格设计的项目、内容存在严重缺陷，发现不安全食品未按规定实施召回，不合格品管理规定违反法律法规要求，未对不合格品进行标识、隔离以及违规处置等	1.申请人应建立不安全食品管理制度，且应规定生产过程中发现的原辅料、半成品、成品中的不合格品以及回收食品、过期食品的管理要求和处置措施。应按照规定对不合格品进行标识、隔离，以防止错用、误用。 2.应有对不合格品的返工、纠正或采取纠正措施的制度、程序文件，防止或减少不合格品的再次发生。应对不合格品进行统计分析，做好不合格品处理记录。 3.申请人应建立不安全食品召回制度，且应规定食品召回计划、召回公告的必备内容。应规定将不安全食品召回和处理情况向相关监管部门报告，且要查看实施召回的记录
			制度内容略有不足	1		
			无制度，或者制度内容严重不足	0		

续表

序号	核查项目	核查内容	评分标准		核查得分	核查要求
5.8	食品安全事故处置方案	应当建立食品安全事故处置方案，并规定食品安全事故处置措施及向相关食品安全监管部门和卫生行政部门报告的要求	符合规定要求	3	1.方案内容略有不足的，得1分。例如，食品安全事故处置方案的内容不太全面，可操作性相对较差等。 2.无方案，或者方案内容严重不足的，得0分。例如，食品安全事故处置方案的内容违反法律法规的规定，未定期检查各项食品安全防范措施的落实情况，发生食品安全事故未按规定处置等	1.申请人应建立食品安全事故处置方案。 2.申请人建立的食品安全处置方案应全面
			方案内容略有不足	1		
			无方案，或者方案内容严重不足	0		

续表

序号	核查项目	核查内容	评分标准		核查得分	核查要求
5.9	其他	应当按照相关法律法规、食品安全标准以及审查细则规定，建立其他保障食品安全的管理制度	符合规定要求	3	1.个别制度内容略有不足的，得1分。例如，个别制度的内容规定得不全面或者制度内容与实际情况略有不符。 2.无制度，或者制度内容严重不足的，得0分。例如，缺少必要的管理制度，制度内容违反法律法规或者与申请人的实际情况不符	1.应建立真实完整的生产销售记录并保存相关凭证。 2.应建立文件管理制度，且要有文件编制、更改、审批、发放、回收规定，保证在使用时有适用文件的有效版本。 3.应建立记录管理制度，规定各类记录的标识、维护、保存期限和处置要求。 4.应建立消费者投诉处理机制。 5.应建立食品安全舆情应对机制。 6.应建立产品留样制度，产品留样间应满足产品贮存条件要求，留样数量应满足复检要求，产品留样应保存至保质期满并有记录。 7.应建立产品追溯制度，如实记录原料验收、生产加工、产品检验、出厂销售等全过程信息，实现产品有效追溯。 企业应当合理设定产品批次，建立批生产记录。蜂产品制品批生产记录应当如实记录投料的原料名称、投料数量、产品批号、投料日期等信息。 记录内容应当完整、真实、准确，记录保存时限不得少于产品保质期满后6个月。 8.应建立食品标签审核制度，产品标签应当符合法律法规及食品安全标准等规定，反映产品真实属性。蜂产品的产品标签应当符合以下要求： （1）蜂蜜产品名称可根据蜜源植物命名，不得虚假标注。 （2）蜂产品制品应当在产品标签主展示面上醒目标示反映真实属性的专用名称“蜂产品制品”，字号不得小于同一展示面板其他文字，不得使用“蜂蜜”“××蜜”“蜂蜜膏”“蜂蜜宝”等名称。 （3）蜂产品制品标签上的配料表应当如实标明蜂蜜、蜂王浆（含蜂王浆冻干品）、蜂花粉或其混合物的添加量或在成品中的含量
			个别制度内容略有不足	1		
			无制度，或者制度内容严重不足	0		

六、试制产品检验合格报告(共1分)

序号	核查项目	核查内容	评分标准		核查得分	核查要求
6.1	试制产品检验合格报告	应当提交符合产品执行的食品安全标准、产品标准、审查细则和国务院卫生行政部门相关公告的试制食品检验合格报告	符合规定要求	1	1.产品检验合格报告中的非食品安全标准规定的检验项目不全的，得0.5分。 2.无检验合格报告，或者食品安全标准规定的检验项目不全的，得0分	1.申请食品的，根据所执行的食品安全标准和产品标准，核查试制食品检验合格报告的种类、检验项目及检验结论是否符合规定要求。 2.报告的提供原则：按照产品执行标准提供相应检验报告，即按照申报产品执行标准分别提供检验报告；执行同一标准但工艺存在明显差别的，应分别提供报告。 3.新办企业、生产条件发生重大变更、增加产品的，经核实需进行现场核查的，需要提供试制产品检验合格报告，生产条件未发生变化、未增加产品的，则无须提供。 4.报告可为全项自检、自检加委托、全项委托的形式，但不可同一报告委托多个机构
			非食品安全标准规定的检验项目不全	0.5		
			无检验合格报告，或者食品安全标准规定的检验项目不全	0		

附录三　酱油生产许可现场核查指南

一、生产场所(共 18 分)

序号	核查项目	核查内容	评分标准		核查要求
1.1	厂区要求	1.厂区不应选择对食品有显著污染的区域。厂区周围应无虫害大量滋生的潜在场所,无有害废弃物以及粉尘、有害气体、放射性物质和其他扩散性污染源。各类污染源难以避开时应当有必要的防范措施,能有效清除污染源造成的影响。现场提供的食品生产加工场所周围环境平面图应与实际一致	符合规定要求	3	1.生产场所选址设计及周围环境应符合细则要求,企业提交的食品生产加工场所周围环境平面图应与实际一致。 2.生产场所环境应保持整洁。 3.各类污染源的防范措施应有效。 4.查看厂区环境清洁记录以及污染源识别和防控可参考环境评价报告
			有污染源防范措施,但个别防范措施效果不明显	1	
			无污染源防范措施,或者污染源防范措施无效果	0	
		2.厂区环境应整洁,无扬尘或积水现象。各功能区划分应明显,布局合理。现场提供的食品生产加工场所平面图应与实际一致。生活区与生产区应保持适当距离或分隔,防止交叉污染。厂区道路应当采用硬质材料铺设。厂区绿化应当与生产车间保持适当距离,植被应当定期维护,防止虫害滋生	符合规定要求	3	1.企业提交的食品生产加工场所平面图应与实际一致,实际生产场所的布局及各功能区划分应合理。 2.各功能区划分应明显,避免存在交叉污染现象。 3.生产场所及周围环境应不存在污染源,空地应绿化、防虫。 4.生活区与生产区应保持适当距离,或者采取分隔措施。 5.查看除虫灭害记录
			厂区环境、布局、功能区划分、绿化带位置及维护等略有不足	1	
			厂区环境不整洁;厂区布局不合理,或者生活区与生产区未保持适当距离或分隔,并存在交叉污染	0	

续表

序号	核查项目	核查内容	评分标准		核查要求
1.2	厂房和车间	1.应当具有与生产的产品品种、数量相适应的厂房和车间，并根据生产工艺及清洁程度的要求合理布局和划分作业区，避免交叉污染；厂房内设置的检验室应当与生产区域分隔。现场提供的食品生产加工场所各功能区间布局平面图应与实际一致	符合规定要求	3	1.企业提交的食品生产加工场所各功能区间布局平面图应与实际一致；厂房、车间功能布局应合理，无迂回往返，避免交叉污染。 2.厂房和车间的面积、空间应与申报的生产能力相适应。 3.各作业区清洁度划分应按照审查细则和生产工艺的要求执行，不同清洁作业区之间应采取有效物理隔离。 4.出入清洁作业区的物料应有清洁措施，应设置原辅材料外包装清洁间、包材消毒间，进出清洁作业区两边的门应为防护门，防止同时开启。 5.清洁作业区、准清洁作业区应对加工环境采用适宜的方法进行消毒。 6.厂房内设置的检验室应与生产区域有效分隔，检验行为应不会对车间生产造成污染。 7.查看清洁区环境消毒记录
			作业区布局和划分存在轻微缺陷	1	
			厂房面积与空间不能满足生产需求，或者作业区布局和划分不合理，或者检验室未与生产区域分隔	0	

续表

序号	核查项目	核查内容	评分标准		核查要求
1.2	厂房和车间	2.车间应保持清洁，顶棚、墙壁、门窗和地面应当采用无毒、无味、防渗透、防霉、不易破损脱落的材料建造，且要结构合理，易于清洁；顶棚结构不利于冷凝水垂直滴落，裸露食品上方的管路应当有防止灰尘散落及水滴掉落的措施；门窗应当闭合严密，不透水、不变形，并有防止虫害侵入的措施；地面应当平坦防滑、无裂缝	符合规定要求	3	1.车间环境应保持清洁，不得存在肮脏、杂乱、卫生环境差的现象，要重点查看清洁作业区卫生状况。 2.车间顶棚、墙壁、地面和门窗应采用无毒、无味、防渗透、防霉、不易破损脱落的材料建造且要易于清洁。 3.原料蒸煮车间、制曲间顶棚需要满足具体的结构要求。 4.裸露食品上方的管路应当有防止灰尘散落及水滴掉落措施。 5.门窗应密封、透水、不变形，且要有防虫、鼠等措施。 6.准清洁作业区和清洁作业区地面应当平坦防滑、无裂缝。灌装间地面应使用易清洗、消毒的材料铺设，墙壁和天花板应有防霉措施。 7.查看车间的温、湿度记录（需要特殊控制的）和人员进出记录
			车间清洁程度以及顶棚、墙壁、地面和门窗或者相关防护措施略有不足	1	
			严重不符合规定要求	0	

续表

序号	核查项目	通则核查内容	评分标准		核查要求
1.3	库房要求	1.应当具有与所生产产品的数量、贮存要求相适应的，与食品生产加工场所平面图、食品生产加工场所各功能区间布局平面图中标注的库房一致的库房，且库房应整洁，地面平整，易于维护、清洁，防止虫害侵入和藏匿。必要时库房应当设置相适应的温、湿度控制等设施	符合规定要求	3	1.申请材料所列库房的种类、数量应与现场的库房实际情况一致。 2.库房应保持清洁，且要采用无毒、坚固的材料建成；库房地面应平整；库房应便于通风换气。 3.库房的建筑材料、面积、结构应与所生产产品的数量、贮存要求相适应。 4.库房的建筑材料、结构应易于维护和清洁，并应设有防止虫害、鼠害藏匿和侵入的装置。 5.库房照明，温、湿度应满足存放产品的要求。原料有避光和低温储藏的，应有满足贮藏要求的存储设施。 6.查看食品生产加工场所平面图、食品生产加工场所各功能区间布局平面图和温、湿度记录
			库房整洁程度或者相关设施略有不足	1	
			严重不符合规定要求	0	

续表

序号	核查项目	通则核查内容	评分标准		核查要求
1.3	库房要求	2.原料、半成品、成品、包装材料等应当依据性质的不同分设库房或分区存放。清洁剂、消毒剂、杀虫剂、润滑剂、燃料等物料应当分别安全包装，与原料、半成品、成品、包装材料等分隔放置。库房内的物料应当与墙壁、地面保持适当距离，并明确标识，防止交叉污染	符合规定要求	3	1.原料、半成品、成品、包装材料等物料应依据物料性质的不同分设贮存场所或分区域码放。 2.库房内的各类物料应标识明确，防止混淆、误用、交叉污染。 3.库房内贮存的物料应与墙壁、地面保持适当距离，以利于空气流通、物品搬运以及检查物料贮存状况和虫害灭杀效果。 4.清洁剂、消毒剂、杀虫剂、润滑剂、燃料等物质应安全包装，明确标识，且不得与原料、半成品、成品、包装材料一同放置。退货、不合格、召回产品或物料应分区存放，且应标识清楚。 5.库房内的物料标识卡应至少包含产品名称、数量、生产日期或批次等信息，账物应一致，便于库房内物品先进先出。 6.食品添加剂及食品营养强化剂应由专人负责管理，设置专库或专区存放，并使用专用登记册（或仓库管理软件）记录食品添加剂及营养强化剂的名称、进货时间、进货量和使用量等。 7.查看货物出入库记录、食品添加剂使用记录和温、湿度记录
			物料存放或标识略有不足	1	
			原料、半成品、成品、包装材料等与清洁剂、消毒剂、杀虫剂、润滑剂、燃料等物料未分隔存放，物料无标识或标识混乱	0	

二、设备设施(共36分)

序号	核查项目	核查内容	评分标准		核查方法
2.1	生产设备	1.应当配备与生产的产品品种、数量相适应的生产设备,设备的性能和精度应当满足生产加工的要求	符合规定要求	3	1.生产现场的主要生产设备的种类、数量应满足生产加工要求,且现场设备应能正常运行。 2.生产设备的性能、精度应满足审查细则及生产加工的需要。 3.查看设备设施清洗记录、维修保养记录、停复产记录及复产时安全控制记录
			个别设备的性能和精度略有不足	1	
			生产设备不能满足生产加工要求	0	
		2.生产设备应清洁卫生,直接接触原料、半成品、成品的设备、工器具材质应当无毒、无味、抗腐蚀、不易脱落、表面光滑、无吸收性,易于清洁保养和消毒	符合规定要求	3	1.应建立生产设备管理制度,生产设备台账、说明书、档案应保管齐全,且应有维修后进行验证或确认记录。 2.应有停水、停电应急措施。 3.应制定设备使用、清洁、维修保养操作规程,相关记录应齐全,生产设备应清洁卫生。 4.直接接触食品的设备、容器具应保持完好无损,其材质应无毒、无害、耐腐蚀、不生锈、不易脱落,不易滋生微生物,且应易于清洁保养和消毒。 5.审查细则无禁止性规定的生产设备、工器具,申请人可以使用,但应确保其材质符合食品加工要求,且现场应提供材质符合要求的证明。 6.主要管道的内容物应表明内容物名称和流向。 7.查看生产设备设施材质证明材料(邻苯二甲酸酯类材质检测报告)
			设备清洁卫生程度或者设备材质略有不足	1	
			严重不符合规定要求	0	

续表

序号	核查项目	核查内容	评分标准		核查要求
2.1	生产设备	3. 生产设备应维护保养良好，并做好记录。用于监测、控制、记录的设备应当定期校准、维护。停用的设备需标注清晰，不影响正常生产	符合规定要求	3	1.生产设备应正常运转、定期维护。 2.应具备用于生产过程监测的设备设施，且要满足监测要求、定期校准。 3.生产车间停用、报废的设备设施应进行标识，且不能影响正常生产。 4.查看生产设备设施维护保养记录和监测设备校准、维护计划、计量鉴定证书等
			维护保养、记录略有不足，或者个别监测设备未校准	1	
			无维护保养记录，或者监测设备无法满足规定要求	0	
2.2	供排水设施	1.食品加工用水的水质应当符合 GB 5749—2022 的规定，有特殊要求的应当符合相应规定。食品加工用水与其他不与食品接触的用水应当以完全分离的管路输送，避免交叉污染。各管路系统应当明确标识以便区分。	符合规定要求	3	1.自备水源应提供水质检验报告，项目参照当地自来水公司的控制要求执行；自来水应提供缴费单、自来水公司的水质检验报告；村供自备水源应提供合同、村送检的水质检验报告，项目参照当地自来水公司的控制要求执行。 2.除食品加工用水外的其他不与食品接触的用水（如间接冷却水、污水或废水等）应与食品加工用水以完全分离的管路输送，各管路系统应明确标识以便区分，防止交叉污染
			供水管路标识略有不足	1	
			食品加工用水的水质不符合规定要求，或者供水管路无标识或标识混乱，或者供水管路存在交叉污染	0	

续表

序号	核查项目	检查内容	评分标准		核查要求
2.2	供排水设施	2.排水系统的设计和建造应保证排水畅通，便于清洁维护，且满足生产的需要。室内排水应当由清洁程度高的区域流向清洁程度低的区域，且要有防止逆流的措施。排水系统出入口设计应合理并有防止污染和虫害侵入的措施	符合规定要求	3	1.排水系统应能够保证排水畅通，便于清洁维护，防止食品和食品生产用水、环境卫生受到排水系统的污染。原料清洗、设备清洗、环境清洗废水排放设施设置应合理，保证排水通畅。 2.车间排水系统应由清洁程度要求高的区域流向清洁程度要求低的区域，且应有防逆流的设计。 3.排水系统入口应有密封的地漏，出口处应有适当的防虫害设施
			排水略有不畅，或者相关防护措施略有不足	1	
			排水不畅，或者室内排水流向不符合要求，或者相关防护措施严重不足	0	
2.3	清洁消毒设施	应当配备相应的食品、工器具和设备等的专用清洁设施，必要时配备相应的消毒设施。清洁消毒方式应当避免对产品造成交叉污染，使用的洗涤剂、消毒剂应当符合相关规定要求	符合规定要求	3	1.食品生产者应配备足够的食品、工器具和设备的专用清洁设施。 2.食品生产者应配备必要的消毒设施。 3.有控水要求的工艺，设备的清洗、干燥应有控制措施，已清洗与未清洗的生产用具不应在同一区域。 4.清洗消毒使用的洗涤剂、消毒剂不应对食品引入污染风险，且应符合相关规定要求；直接接触食品的清洗剂和消毒剂应为食品级。 5.查看清洁剂、消毒剂使用记录以及食品级清洗剂和消毒剂检测报告
			清洁消毒设施略有不足	1	
			清洁消毒设施严重不足，或者清洁消毒的方式、用品不符合规定要求	0	

续表

序号	核查项目	核查内容	评分标准		核查要求
2.4	废弃物存放设施	应当配备设计合理、防止渗漏、易于清洁的存放废弃物的专用设施，必要时可设置废弃物临时存放设施。车间内存放废弃物的设施和容器应当标识清晰，不得与盛装原料、半成品、成品的容器混用	符合规定要求	3	1.食品生产者应配备设计合理、防止渗漏、易于清洁的存放废弃物的专用设施。 2.车间内存放废弃物的设施和容器应标识清晰（如采用文字、颜色、形状等方式标识或区分），不应与存放食品原料、半成品、成品以及相关容器具的设施混用。必要时应在适当地点设置废弃物临时存放设施，并依废弃物特性分类存放。清洁作业区应设置专用的废弃物运送通道。 3.查看废弃物（仅限原料、废半成品、成品）处置记录
			废弃物存放设施及标识略有不足	1	
			废弃物存放设施设计不合理，或者与盛装原料、半成品、成品的容器混用	0	

续表

序号	核查项目	核查内容	评分标准		核查要求
2.5	个人卫生设施	生产场所或车间入口处应当设置更衣室，更衣室应当保证工作服与个人服装及其他物品分开放置；车间入口及车间内必要处，应当按需设置换鞋（或穿戴鞋套）设施或鞋靴消毒设施；清洁作业区入口应当设置与生产加工人员数量相匹配的非手动式洗手、干手和消毒设施；洗手设施的材质、结构应当易于清洁消毒，邻近位置应当标示洗手方法。卫生间应当易于保持清洁，且不得与生产、包装或贮存等区域直接连通，卫生间内的适当位置应当设置洗手设施	符合规定要求	3	1.生产场所或车间入口处应设置更衣室，更衣室内工作服与个人服装及其他物品应分开放置；车间入口及车间内必要处，按需设置换鞋（穿戴鞋套）设施或鞋靴消毒设施。 2.清洁作业区的入口应设置二次更衣室，更衣室的空气洁净度应达到清洁作业区的要求，更衣室对应不同洁净区两边的门应防止同时被开启。清洁作业区入口处非手动式洗手、干手和消毒设施数量应与生产加工人员数量相匹配，且应能正常使用。 3.进入清洁作业区的更衣、洗手、消毒顺序应符合相关规定，一般流程为换鞋（必要时）、更外衣、洗手、更洁净工作衣、手消毒。邻近洗手、消毒设施的显著位置分别标示洗手和消毒程序。 4.应建立工作服清洗保洁制度，并查看制度的合理性和具体执行情况以及工作服清洁消毒方式。 5.车间内的卫生间应设置合理，不得与生产、包装或贮存等区域直接连通，且应配备洗手设施
			个人卫生设施略有不足	1	
			个人卫生设施严重不符合要求	0	

续表

序号	核查项目	核查内容	评分标准		核查要求
2.6	通风设施	应当配备适宜的通风设施，进气口位置应合理，避免空气从清洁程度要求低的作业区域流向清洁程度要求高的作业区域。必要时应当安装空气过滤装置和除尘设施。通风设施应当易于清洁、维修或更换，能防止虫害侵入	符合规定要求	3	1.生产者应配备适宜的通风、排气措施控制生产环境的温度、湿度、洁净度。 2.通风设施应避免空气从清洁度要求低的作业区域流向清洁度要求高的作业区。 3.进气口位置应合理设置，且应与污染源保持适宜距离和角度；进、排气口应有相应的防虫害措施。 4.查看清洁作业区每年的第三方空气检测报告和车间洁净度控制记录
			通风设施略有不足	1	
			通风设施严重不足，或者不能满足必要的空气过滤净化、除尘、防止虫害侵入的需求	0	
2.7	照明设施	厂房内应当有充足的自然采光或人工照明，光泽和亮度应能满足生产和操作需要，光源应能使物料呈现真实的颜色。在暴露原料、半成品、成品正上方应当使用安全型或有防护措施的照明设施；如需要，还应当配备应急照明设施	符合规定要求	3	1.厂房内应装设有充足的自然采光或人工照明的设施，且照度应能够满足相应的生产和操作需要。 2.安装在暴露食品和原料正上方的照明设施，应使用安全型照明设施或采取必要的措施防止照明设施破裂时造成的污染。根据生产需要及安全生产的有关规定，厂房操作区域应设置应急照明设施
			照明设施或者防护措施略有不足，光泽和亮度略显不足，或改变物料真实颜色	1	
			照明设施或者防护措施严重不足	0	

续表

序号	核查项目	核查内容	评分标准		核查要求
2.8	温控设施	应当根据生产的需要，配备适宜的加热、冷却、冷冻以及用于监测温度和控制室温的设施	符合规定要求	3	1.生产车间配备的温、湿度控制设施应能满足清洁作业区控制需求。 2.蒸煮、自培菌(必要时)、发酵、杀菌等工序应配备适宜温、湿度控制设施，且应运行正常。 3.生产记录应与测仪表指示一致
			温控或监测设施略有不足	1	
			温控或监测设施严重不足	0	
2.9	检验设备设施	自行检验或部分自行检验的，应当具备与所检项目相适应的检验室、检验仪器设备和检验试剂。检验室应当布局合理，检验仪器设备的数量、性能、精度应当满足相应的检验需求，检验仪器设备应当按期检定或校准	符合规定要求	3	1.应具备与所检项目适应的检验室和检验设备、设施和试剂，应能满足产品执行标准及检验管理制度规定的原辅料、半成品、成品检验要求。 2.自行检验涉及产品执行标准及检验项目的，应配备相应的检验设备。 3.检验室应布局合理，水电齐全，检验设备的数量、性能、精度和试剂配备应满足相应的检验方法标准要求。 4.委托检验的应查委托方资质、委托检验协议以及协议的可执行性，应对批批检验负责。 5.查看检验设备使用记录。
			检验室布局略不合理，或者检验仪器设备的性能略有不足，或者个别检验仪器设备未按期检定或校准	1	
			检验室布局不合理，或者检验仪器设备数量、性能、精度不能满足检验需求，或者检验仪器设备未检定或校准	0	

三、设备布局和工艺流程(共 9 分)

序号	核查项目	核查内容	评分标准		核查要求
3.1	设备布局	生产设备应当按照工艺流程有序排列，合理布局，且要便于清洁、消毒和维修保养，避免交叉污染	符合规定要求	3	1.布局图应与实际设备布局一致。 2.设备布局应符合审查细则、生产卫生规范以及生产工艺流程要求，合理、有序，避免不同清洁度要求的设备、操作人员及加工物料混杂，产生交叉污染。 3.设备安置、安装应不留空隙地固定在墙壁或地板上，避免藏污纳垢，或者在安装时与地面和墙壁间保留足够空间，方便人员进出，利于设备的清洁和维护
			个别设备布局不合理	1	
			设备布局存在交叉污染	0	
3.2	工艺流程	1.应当具备合理的生产工艺流程，防止生产过程中造成交叉污染。申请的食品类别、产品配方、工艺流程应当与产品执行标准相适应。执行企业标准的，应当依法备案或公开	符合规定要求	3	1.生产工艺流程图应与实际生产工艺流程一致。 2.工艺流程与申请人现场的工艺文件应一致。 3.生产工艺流程应符合审查细则和产品标准要求。 4.工艺流程应避免存在交叉污染风险。 5.申请人的产品执行企业标准的，企业标准应依法到卫生行政管理部门备案，并在备案有效期内使用
			个别工艺流程略不合理	1	
			工艺流程存在交叉污染，或者不符合产品执行标准的规定，或者企业标准未依法备案或公开	0	

续表

序号	核查项目	核查内容	评分标准		核查要求
3.2	工艺流程	2.应当制定所需的产品配方、工艺规程等工艺文件，明确生产过程中的食品安全关键环节和控制措施。生产复配食品添加剂时，产品配方、有害物质、致病性微生物等控制要求应当符合食品安全标准规定	符合规定要求	3	1.生产者应根据实际生产工艺，确定关键环节，并制定可操作的生产工艺规程，明确关键控制指标；生产过程关键控制环节制定应合理且受控。 2.配方所用原料应与营养强化剂、投料记录一致，所用基料应为食品原料，食品营养强化剂单体化合物应来自 GB 14880—2012 且应符合相关法律法规。配方配比应符合要求，食品添加剂、营养强化剂使用应符合标准要求，使用的品种、数量应和出入库记录台账一致。 3.企业工艺文件应满足细则中规定的相关产品的生产工艺控制要求，工艺参数应按照产品生产工艺控制要求执行
			工艺文件略有不足	1	
			工艺文件严重不足，或者生产复配食品添加剂的相关控制要求不符合食品安全标准的规定	0	

四、人员管理(共9分)

序号	核查项目	核查内容	评分标准		核查要求
4.1	人员要求	应当配备专职或兼职食品安全管理人员和食品安全专业技术人员，明确其职责。人员要求应当符合有关规定	符合规定要求	3	1.申请材料中的人员名单应与现场食品安全管理及专业技术人员一致，且所在部门、文化程度、专业应相符。 2.食品安全管理及专业技术人员的学历、专业、工作经历应符合酱油生产的要求。 3.食品安全管理及专业技术人员(食品安全总监、食品安全员)等各岗位职责应明确。 4.化验员应经培训考核合格上岗，且应现场考核两名化验员出厂检验项目的检验能力。 5.查看相关制度、记录，考核相关岗位人员能力
			人员职责不太明确，或者个别人员不符合规定要求	1	
			相关人员配备不足，或者人员不符合规定要求	0	

续表

序号	核查项目	核查内容	评分标准		核查要求
4.2	人员培训	应当制订和实施职工培训计划，根据岗位需求开展食品安全知识及卫生培训，做好培训记录。食品安全管理人员上岗前应当经过培训，并考核合格	符合规定要求	3	1.应建立培训制度，根据食品生产不同岗位的需求，制订和实施食品安全年度培训计划并进行考核，做好培训记录。 2.当食品安全相关的法律、法规、标准更新时，或者企业内部相关食品安全管理制度（文件）修改、更新后，应及时开展培训。 3.食品安全管理人员应经培训考核合格方能上岗。 4.查看培训考核记录
			培训计划及计划实施、培训记录略有不足	1	
			无培训计划，或计划实施严重不足，或无培训记录	0	
4.3	人员健康管理制度	应当建立并执行从业人员健康管理制度，明确患有国务院卫生行政部门规定的有碍食品安全疾病的或有明显皮肤损伤未愈合的人员，不得从事接触直接入口食品的工作。从事接触直接入口食品工作的食品生产人员应当每年进行健康检查，取得健康证明后方可上岗工作	符合规定要求	3	1.申请人应建立从业人员健康管理制度。 2.从事接触直接入口食品工作人员应每年进行健康检查，取得健康证明；上岗前应接受卫生培训并考核合格。 3.患有有碍食品安全疾病的或有明显皮肤损伤的人员不应从事影响食品安全的工作。应查看相关人员健康证。 4.查看人员健康管理记录
			制度内容或执行略有缺陷	1	
			无制度或者制度执行严重不足	0	

五、管理制度（共 27 分）

序号	核查项目	核查内容	评分标准		核查要求
5.1	采购管理及进货查验记录制度	1.应当建立并执行采购管理制度，规定食品原料、食品添加剂、食品相关产品验收标准。采购时，应当查验供货者的许可证和产品合格证明；对无法提供合格证明的食品原料，应当按照食品安全标准及产品执行标准进行检验。 2.应当建立并执行进货查验记录制度，记录采购的食品原料、食品添加剂及食品相关产品名称、规格、数量、生产日期或者生产批号、保质期、进货日期以及供货者名称、地址、联系方式等信息，保存相关记录和凭证	符合规定要求	3	1.供方管理制度、双方食品安全协议、原辅料采购验收管理规定应符合细则规定。重点核查主要原料大豆、脱脂大豆、小麦、小麦粉、麦麸等验收准则的合理性，验收指标及供方核查报告应符合细则的要求。 2.申请人应建立进货查验记录制度，制度内容应符合要求。 3.进货查验记录应记录供方名称、联系人、联系方式、品种、数量、价格、采购时间等追溯信息，信息应齐全完整。 4.查看供方评价、考核表及档案，供方资质及随货同行合格证明。 5.包装材料应清洁、无毒且符合国家相关标准及规定，直接接触食品的包装材料不应使用添加邻苯二甲酸酯类物质的材料，包装材料在特定贮存和使用条件下不应影响酱油的安全和产品特性，包装材料不应重复使用。 6.查看销售记录、客户投诉记录、退货记录、供应商审核记录、原料检验记录以及进货台账及查验记录
			制度内容或执行略有不足	1	
			制度内容或执行严重不足	0	

续表

序号	核查项目	核查内容	评分标准		核查要求
5.2	生产过程控制制度	应当建立并执行生产过程控制制度,制定所需的操作规程或作业指导书,明确原料(如领料、投料、余料管理等)、生产关键环节(如生产工序、设备、贮存、包装等)控制的相关要求,防止交叉污染,并记录产品的加工过程(包括工艺参数、环境监测等)	符合规定要求	3	1.应建立微生物、化学、物理污染管理制度、追溯制度及电子信息化管理系统、工作服清洗管理制度、生产设备管理制度、仓储管理制度、配方专人管理制度、清场管理制度、环境及过程微生物监控程序、干燥作业区的控制制度、产品防护制度、运输制度、检验制度,且这些制度的内容应完善,与企业的实际情况相适应。 2.查看生产场所清洁记录,停复产设备设施控制记录,客户投诉记录,原料检验、出厂检验、留样记录,出厂放行记录,供应商审核记录,包材使用、库房保管、食品添加剂使用记录以及关键控制点控制记录
			个别制度内容或执行略有不足	1	
			制度内容或执行严重不足	0	
5.3	检验管理及出厂检验记录制度	1.应当建立并执行检验管理制度,规定原料检验、过程检验、产品出厂检验以及产品留样的方式及要求,并保存相关检验和留样记录。委托检验的,应当委托有资质的机构进行检验。 2.应当建立并执行产品出厂检验记录制度,规定产品出厂时,查验出厂产品的安全状况和检验合格证,记录产品的名称、规格、数量、生产日期或者生产批号、保质期、销售日期以及购货者名称、地址、联系方式等信息,保存相关记录和凭证。生产复配食品添加剂的,还应当明确规定各种食品添加剂的含量和检验方法	符合规定要求	3	1.申请人应建立出厂检验管理制度,制度内容应符合要求。 2.申请人应配备检验原始记录、出厂检验报告。对于出厂委托检验的现场查验:出厂委托检验合同(明确规定批批检验、检验机构对批次负责、至少满足一年有效期、检验项目)、检验机构资质应涵盖被委托检验项目。 3.若采用快速检验方法,应定期与国家标准规定的检验方法比对或者验证。非标准方法的检验结果为阳性时,应使用国标规定的检验方法进行确认。 4.检验合格的食品应标注检验合格证号,检验合格证号应可追索到相应的出厂检验报告;检验记录应保存完整(包括电子文档),保存时间不得少于产品保质期满后6个月。记录的任何更改都要注明日期和姓名;每年应至少对出厂检验项目的检验能力进行一次验证并保存好报告,对快速检验方法检验项目出现阳性时与国家标准的验证记录也应保存齐全。 5.查看检验记录、比对验证材料
			制度内容或执行略有不足	1	
			制度内容或执行严重不足	0	

续表

序号	核查项目	核查内容	评分标准		核查要求
5.4	运输和交付管理制度	应当建立并执行运输和交付管理制度，规定根据产品特点、贮存要求、运输条件选择适宜的运输方式，并做好交付记录。委托运输的，应当对受托方的食品安全保障能力进行审核	符合规定要求	3	1.申请人应建立运输和交付管理制度，制度应合理且应与企业实际运行情况相一致。 2.企业运输条件和方式应满足产品要求；委托运输的应对委托方进行审核，委托方的运输能力应满足产品运输要求。 3.查看交付记录、委托运输合同、审核报告等
			制度内容或执行略有不足	1	
			制度内容或执行严重不足	0	
5.5	食品安全追溯管理体系	应当建立并执行食品安全追溯管理体系，记录并保存法律、法规及标准等规定的信息，保证产品可追溯	符合规定要求	3	1.申请人应建立食品安全追溯管理体系，要合理，且应与企业实际运行情况相一致。 2.记录应齐全，信息填写应包括原辅料入厂、生产过程控制、出厂检验、销售等生产全过程的记录，且应实现产品的可追溯。 3.查看企业记录
			管理体系或执行略有不足	1	
			管理体系或执行严重不足	0	

续表

序号	核查项目	通则核查内容	评分标准		核查要求
5.6	食品安全自查制度	应当建立并执行食品安全自查制度，规定对食品安全状况定期进行检查评价，并根据评价结果采取相应的处理措施	符合规定要求	3	1.申请人应制定食品安全自查制度，制度内容应符合要求。 2.申请人应定期开展食品安全自查
			制度内容或执行略有不足	1	
			制度内容或执行严重不足	0	
5.7	不合格品管理及不安全食品召回制度	1.应当建立并执行不合格品管理制度，规定原料、半成品、成品及食品相关产品中不合格品的管理要求和处置措施。 2.应当建立并执行不安全食品召回制度，规定停止生产、通知相关生产经营者和消费者、召回和处置不安全食品的相关要求，记录召回和通知情况	符合规定要求	3	1.企业应建立不合格品管理制度，无论是否存在实际召回的经历，每年须至少进行一次召回演习。 2.查看不合格品召回记录和召回演习记录
			制度内容或执行略有不足	1	
			制度内容或执行严重不足	0	

续表

序号	核查项目	核查内容	评分标准		核查要求
5.8	食品安全事故处置方案	应当建立食品安全事故处置方案，规定食品安全事故处置措施及向事故发生地县级市场监督管理部门和卫生行政部门报告的要求	符合规定要求	3	1.申请人应建立食品安全事故处置方案。 2.申请人建立的食品安全处置方案应全面。 3.食品安全事故处置方案对新企业应进行应急演练，方案应符合企业实际，并查看有效性；换证企业处置记录应保存完好，且应有改进措施
			方案内容或执行略有不足	1	
			方案内容或执行严重不足	0	
5.9	其他	应当按照相关法律法规、食品安全标准以及审查细则规定，建立并执行其他保障食品安全的管理制度	符合规定要求	3	1.应建立标签标识管理制度、菌种管理制度等。 2.制度内容的适宜性、有效性和可操作性应和企业生产规模、工艺、产品品种、生产设备、人员和检验能力相适应
			个别制度内容或执行略有不足	1	
			制度内容或执行严重不足	0	

六、试制产品检验合格报告(共 1 分)

序号	核查项目	核查内容	评分标准		核查要求
6.1	试制产品检验合格报告	应当提交符合产品执行的食品安全标准、产品标准、审查细则和国务院卫生行政部门相关公告的试制产品检验合格报告	符合规定要求	1	1.试制食品检验合格报告的种类、检验项目及检验结论、试制产品检验报告应符合规定要求,检测单位资质应齐全,标签应符合 GB 7718—2011 的要求,产品生产日期、检验日期、方法标准等信息应符合规定要求。 2.试制产品检验合格报告的具体核查要求按照审查细则的规定执行。报告的提供原则:按照产品执行标准和产品工艺特性提供相应检验报告,即按照企业申报产品执行标准分别提供检验报告;执行同一标准但工艺存在明显差别的,应分别提供报告。报告可为全项自检、自检加委托、全项委托的形式,要求为同批次产品报告,且不可同一报告委托多个机构出具。 3.换证企业生产条件未发生变化、未增加产品的,无须提供试制产品检验报告
			非食品安全标准规定的检验项目不全	0.5	
			无检验合格报告,或者食品安全标准规定的检验项目不全	0	

附录四　乳制品生产许可现场核查指南

一、生产场所(共 18 分)

序号	核查项目	核查内容	评分标准		核查得分	核查要求
1.1	厂区要求	1. 厂区不应选择对食品有显著污染的区域。厂区周围应无虫害大量滋生的潜在场所，无有害废弃物以及粉尘、有害气体、放射性物质和其他扩散性污染源。各类污染源难以避开时应当有必要的防范措施，能有效清除污染源造成的影响。现场提供的食品生产加工场所周围环境平面图应与实际一致	符合规定要求	3	1.对污染源有相应的防范或清除措施，但个别措施效果不明显的，得 1 分。例如：为了防止周边粉尘污染源对生产的影响，企业采用了全封闭式厂房，但个别部位密闭性稍有不足；现场提供的平面图与实际不一致。 2.未对污染源采取防范或清除措施，或者虽有措施但措施无明显效果的，得 0 分。例如，企业周边有粉尘污染源，但企业未采取任何防范措施或虽然采用了全封闭式厂房，但全封闭式厂房多处存在密闭性较差的问题，无法有效保证生产加工区域不被粉尘污染	1.厂区及周围环境不应有污染源。 (1)厂区周围原则上不应有粉尘、有害气体、放射性物质、有害废弃物以及其他扩散性污染源。 (2)生产场所周围不宜有虫害大量滋生的潜在场所。 (3)厂区内及厂区周边一定范围内不应有畜禽养殖场。 (4)厂区内坑式厕所及水冲式厕所集粪池应与车间保持足够的距离，或采取有效的防护措施，不应对乳制品生产产生污染。 2.若生产场所及周围环境有污染源且难以避开，应采取必要且有效的清除或防范措施，将污染风险降至最低水平，确保不会对乳制品生产产生污染。 3.生产场所环境应保持整洁。 4.实际生产场所应与申报地址一致
			有污染源防范措施，但个别防范措施效果不明显	1		
			无污染源防范措施，或者污染源防范措施无明显效果	0		

续表

序号	核查项目	核查内容	评分标准		核查得分	核查要求
1.1	厂区要求	2. 厂区环境应整洁，无扬尘或积水现象。各功能区划分应明显，且布局合理。现场提供的食品生产加工场所平面图应与实际一致。生活区与生产区应保持适当距离或分隔，防止交叉污染。厂区道路应当采用硬质材料铺设。厂区绿化应当与生产车间保持适当距离，植被应当定期维护，防止虫害滋生	符合规定要求	3	1.厂区布局基本合理，但生活区与生产区相距较近或分隔不彻底，个别措施效果不佳的；现场提供的平面图与实际不一致的；个别道路未硬化，个别厂区地面有土壤裸露现象或积水现象，绿化带距离生产车间较近的等，得1分。 2.厂区布局不合理，或者生活区与生产区紧邻且未分隔，未对生活区的潜在污染源采取防范、清除措施或者虽有防范措施但措施效果不佳，存在交叉污染的；多数厂区地面未硬化或绿化，厂区扬尘或积水现象严重，绿化带紧邻生产车间，存在虫害污染、杀虫剂带来的化学污染的，得0分	1.对生产加工场所的布局及各功能区划分的核查要求如下： (1)实际生产场所的布局及各功能区划分应合理。 (2)生活区与生产区应保持规定的距离，或者采取分隔措施。 2.对厂区、道路及绿化情况的核查要求如下： (1)厂区道路应铺设混凝土、沥青或者其他硬质材料。 (2)厂区内不能有裸露地面，厂区地面应采用铺设水泥、地砖或草坪等方式，便于保持环境清洁，防止正常天气下扬尘和积水等现象发生。 (3)绿化区与生产车间应保持适当的距离；申请人要定期维护绿化区内的树木、草坪等植被，采取适当的虫害灭除措施，防止虫害在厂区内滋生
			厂区布局基本合理，生活区与生产区相距较近或分隔不彻底。厂区环境略有不足	1		
			厂区布局不合理，或者生活区与生产区紧邻且未分隔，或者存在交叉污染。厂区环境不符合规定要求	0		

续表

序号	核查项目	核查内容	评分标准		核查得分	核查要求
1.2	厂房和车间	1.应当具有与生产的产品品种、数量相适应的厂房和车间，并根据生产工艺及清洁程度的要求合理布局和划分作业区，避免交叉污染；厂房内设置的检验室应当与生产区域分隔。现场提供的食品生产加工场所各功能区间布局平面图应与实际一致	符合规定要求	3	1.个别作业区布局和划分不太合理的，得 1 分。例如：厂房面积与空间略显不足，设备安装或人员操作空间较局促，或者个别作业区布局、清洁度控制不太合理，略有交叉但尚无污染风险；现场提供的平面图与实际不一致等。 2.厂房面积与空间不满足生产需求，或者各作业区布局和划分不合理，或者检验室未与生产区域分隔的，得 0 分。例如：厂房面积与空间严重不足，操作人员无法按正常方式进行操作或对车间、设备进行清洁消毒；各作业区的划分不符合要求；检验室与生产车间直接连通，未进行分隔等	1.应具有与生产的乳制品品种、数量相适应的厂房和车间，其内部设计和布局应满足乳制品的卫生操作要求，且不会交叉污染。 2.厂房和车间的面积、空间应与生产能力相适应，并便于设备安置、清洁消毒、物料存储及人员操作。 3.应按产品特点、生产工艺、生产特性以及生产过程对清洁程度的要求合理划分作业区，并采取有效分离或分隔。具体的分区应参照表 4-4 执行。 4.厂房内设置的检验室应与生产区域分隔。 5.用电梯输送物料、物品时，电梯应设在非清洁区，输送人员、物料的电梯应分开设置；电梯设在清洁区或准清洁作业区时，电梯前应设置缓冲室。 6.厂房内如果存在闲置车间或与生产产品无关的车间，不应对乳制品的生产加工产生不良影响
			个别作业区布局和划分不太合理	1		
			厂房面积与空间不满足生产需求，或者各作业区布局和划分不合理，或者检验室未与生产区域分隔	0		

续表

序号	核查项目	核查内容	评分标准		核查得分	核查要求
1.2	厂房和车间	2.车间应保持清洁，顶棚、墙壁和地面应当采用无毒、无味、防渗透、防霉、不易破损脱落的材料建造，且要易于清洁；顶棚在结构上不利于冷凝水垂直滴落，裸露食品上方的管路应当有防止灰尘散落及水滴掉落的措施；门窗应当闭合严密，不透水、不变形，并应有防止虫害侵入的措施。地面应当平坦防滑、无裂缝	符合规定要求	3	1.车间清洁程度以及顶棚、墙壁、地面和门窗或者相关防护措施略有不足的，得1分。例如，车间个别区域有杂物堆放，个别部位的建造材料及建筑结构略有不足，顶棚、墙壁和地面个别部位略有破损，个别区域的防虫害措施稍显不足等。 2.车间清洁程度以及顶棚、墙壁、地面和门窗或者相关防护措施严重不足的，得0分。例如：车间环境卫生脏、乱、差；顶棚、墙壁、地面和门窗破损严重；暴露食品上方铺设的管路上有灰尘、蛛网，顶棚、墙壁等滴水严重；车间门窗无虫害防范措施等	1.车间环境应保持清洁，顶棚、墙壁、地面及门窗等不应有积尘、蛛网及滴水。 2.顶棚应使用无毒、无味、与生产需求相适应、易于观察清洁状况的材料建造。若直接在屋顶内层喷涂涂料作为顶棚，应使用无毒、无味、防霉、不易脱落、易于清洁的涂料。 3.顶棚应易于清洁、消毒，在结构上应采取必要的措施避免冷凝水垂直滴落，还应防止虫害和霉菌滋生。 4.蒸汽、水、电等管路应避免设置于暴露食品的上方；如确需设置，应采取防止灰尘散落及水滴掉落的有效措施。 5.顶棚、门窗应有必要的防护措施，防止蚊蝇等飞虫进入。 6.易产生蒸汽的工序，应采取必要的防止冷凝水垂直滴落的防护措施，并且防止大量霉菌的滋生。 7.墙面、隔断应使用无毒、无味的防渗透材料建造，在操作高度范围内的墙面应光滑、不易积累污垢且易于清洁。若使用涂料，应使用无毒、无味、防霉、不易脱落、易于清洁的涂料。 8.墙壁、隔断和地面交界处应结构合理、易于清洁，能有效避免污垢积存。例如，设置漫弯形交界面等。 9.清洁作业区的出入应有合理的限制和控制，清洁作业区、准清洁作业区的对外出入口应安装能自动关闭(如自动感应器或闭门器等)的门和(或)空气幕，并应确保两侧的门不被同时开启。进出清洁作业区的人员、原料、包装材料、废弃物、工器具等，应有防止交叉污染的措施。应设置原辅料包装清洁设施和包装材料清洁消毒设施，进出清洁作业区的原辅料通道两边的门应防止同时被开启。 10.地面应使用无毒、无味、不渗透、耐腐蚀的材料建造；应平坦防滑、无裂缝，且应有一定的坡度，以利排污和清洗，避免积水。 11.清洁作业区应保持干燥，并尽量减少供水设施及系统，如无法避免，应有相应防护措施
			车间清洁程度以及顶棚、墙壁、地面和门窗或者相关防护措施略有不足	1		
			严重不符合规定要求	0		

续表

序号	核查项目	核查内容	评分标准		核查得分	核查要求
1.3	库房要求	1.应当具有与所生产产品的数量、贮存要求相适应的，与食品生产加工场所平面图、食品生产加工场所各功能区间布局平面图中标注的库房一致的库房，且库房应整洁，地面平整，易于维护、清洁，防止虫害侵入和藏匿。必要时库房应当设置相适应的温、湿度控制等设施	符合规定要求	3	1.库房整洁程度或者相关设施略有不足的，得1分。例如，库房个别地面不平整，个别区域卫生状况稍差，个别虫害防护措施不到位，实际库房与平面图标注不一致等。 2.现场核查情况严重不符合规定要求的，得0分。例如：库房地面大面积破损，垃圾、杂物大量堆放在原辅料、半成品、成品仓库中；未根据产品贮存的要求设置必要的温、湿度控制设施或者温、湿度控制设施性能不满足贮存的条件等	1.应具有与所生产乳制品的数量、贮存要求相适应的库房。 2.库房应保持清洁，仓库地面应平整，并配置通风换气设施。 3.仓库应易于维护和清洁，防止虫害藏匿，并应有防止虫害侵入的装置。 4.必要时应设置温、湿度控制设施，满足物料或产品贮存条件和产品安全防护的要求。 5.存放食品添加剂（含加工助剂）的库房条件应符合其标签标示的贮存条件要求。 6.接收、发放和发运区域应能保护物料、产品免受外界天气（如雨、雪）的影响，接收区的布局和设施应能够保证物料在进入仓储区前可对外包装进行必要的清洁
			库房整洁程度或者相关设施略有不足	1		
			严重不符合规定要求	0		

续表

序号	核查项目	核查内容	评分标准		核查得分	核查要求
1.3	库房要求	2.原辅料、半成品、成品等物料应当依据性质的不同分设库房或分区存放。清洁剂、消毒剂、杀虫剂、润滑剂、燃料等物料应当与原辅料、半成品、成品等物料分隔放置。库房内的物料应当与墙壁、地面保持适当距离，并明确标识，防止交叉污染	符合规定要求	3	1.物料存放或标识略有不足的，得1分。例如，个别物料未离墙、离地存放，个别物料标识不清晰或标识不准确等。 2.原辅料、半成品、成品等与清洁剂、消毒剂、杀虫剂、润滑剂、燃料等物料未分隔存放，物料无标识或标识混乱，存在严重交叉污染隐患的，得0分	1.原料、过程产品、成品、包装材料等要依据性质的不同分设储存场所或分区域码放，不合格、退货或召回的物料或产品分隔或分区存放，并要有明确标识，必要时应设置温、湿度控制措施，如采用自动化仓储管理系统对物料进行管控，应保证具有等同的可控性。 2.库房内的各类物料应标识明确，防止混淆、误用，避免交叉污染。 3.物料应离地、离墙且按照先进先出的方式存放，便于空气流通和物品搬运。 4.清洁剂、消毒剂、杀虫剂、润滑剂、燃料等化学物质应分别安全包装、明确标识，并与原料、半成品、成品、包装材料等分库存房或分隔放置。原辅料、包装材料共用库房时应分区存放、标识清晰。 5.半成品或者接近成品状态的半成品应如实标注生产日期、批次等信息，以免混淆。 6.食品添加剂(含加工助剂)应实行专库或专区存放、专人管理
			物料存放或标识略有不足	1		
			原辅料、半成品、成品等与清洁剂、消毒剂、杀虫剂、润滑剂、燃料等物料未分隔存放，物料无标识或标识混乱	0		

二、设备设施(共36分)

序号	核查项目	核查内容	评分标准		核查得分	核查要求
2.1	生产设备	1. 应当配备与生产的产品品种、数量相适应的生产设备，设备的性能和精度应当满足生产加工的要求	符合规定要求	3	1.个别设备的性能和精度略有不足的，得1分。例如，个别设备的性能、精度或者维护稍差，但基本能够满足生产需要，或者通过简单维护、维修可以满足生产需要。 2.生产设备不满足生产加工要求的，得0分。例如，缺少关键生产设备或设备的性能、精度不满足生产加工要求，或者设备无法正常运转	1. 申请材料中的食品生产主要设备、设施清单应与生产现场的主要生产设备的种类、数量一致，且生产设备应能正常运转。 2.生产设备的种类、性能及数量应与其生产的乳制品品种相适应，并能满足生产加工能力的需要。 3.计量检定证书：企业应按相关要求执行，不再明确要求。 4.具体乳制品生产设备加工能力参照表4-5执行
			个别设备的性能和精度略有不足	1		
			生产设备不满足生产加工要求	0		
		2. 生产设备应清洁卫生，直接接触食品的设备、工器具材质应当无毒、无味、抗腐蚀、不易脱落、表面光滑、无吸收性、易于清洁保养和消毒	符合规定要求	3	1.设备清洁卫生程度或者设备材质略有不足的，得1分。例如，个别设备、工器具的材质虽然符合规定要求，但表面不光滑，不利于清洁保养和消毒。 2.设备清洁卫生程度或者设备材质严重不符合规定要求的，得0分。例如：设备卫生条件差；设备、工器具材质不符合要求；多数设备表面不光滑，不利于清洁保养和消毒，甚至设备表面有裂缝，易藏污纳垢或存在卫生死角等，不利于清洁、消毒	1.生产设备应清洁、卫生、无污染。 2.直接接触食品的设备、工器具等应完好无破损，其材质应无毒、无味、抗腐蚀、不易脱落，易于清洁保养和消毒。 3.确因生产工艺需要而使用竹木制品或纤维制品的，应确保其符合无毒、无味、抗腐蚀、不易脱落，易于清洁、保养和消毒等要求。竹木制品或纤维制品等易滋生各类微生物造成污染，应做好其清洗、消毒、维护、保养等工作，确保不会对乳制品生产造成物理、化学、微生物污染。对于使用此类工器具、设备、设施的产品应在记录中描述其必要性，制定其清洗、消毒、维护、保养的制度及避免污染措施
			设备清洁卫生程度或者设备材质略有不足	1		
			严重不符合规定要求	0		

续表

序号	核查项目	核查内容	评分标准		核查得分	核查要求
2.1	生产设备	3.生产设备应维护保养良好，并做好记录。用于监测、控制、记录的设备应当定期校准、维护。停用的设备需标注清晰，不影响正常生产	符合规定要求	3	1.无法提供个别关键设备的维护保养记录，个别用于监测、控制、记录的设备未进行校准或维护的，停用设备未标注的，得 1 分。 2.无设备维护保养记录，用于监测、控制、记录的设备未进行校准或维护的，得 0 分	1.申请人的生产设备应无破损、生锈等情况，且应有对应的维护保养计划及记录。 2.用于监测、控制、记录的设备应有定期校准、维护记录。 3.现场停用设备应进行标注，且标注应清晰
			维护保养、记录略有不足，或者个别监测设备未校准	1		
			无维护保养记录，或者监测设备无法满足规定要求	0		
2.2	供排水设施	1.食品加工用水的水质应当符合 GB 5749—2022 的规定，有特殊要求的应当符合相应规定。食品加工用水与其他不与食品接触的用水应当以完全分离的管路输送，避免交叉污染，各管路系统应当明确标识以便区分	符合规定要求	3	1.供水管路标识略有不足的，得 1 分。例如，个别管路标识不清，但未造成交叉污染。 2.食品加工用水的水质不符合规定要求，或者供水管路无标识或标识混乱，或者供水管路存在交叉污染的，得 0 分	1.食品加工用水的水质应符合 GB 5749—2022 的规定。 2.除食品加工用水外的其他不与食品直接接触的用水（如间接冷却水、污水或废水等）应与食品加工用水以完全分离的管路输送，各管路系统应明确标识以便区分，避免交叉污染。 3.以自来水为水源的应提供缴费单或自来水公司的水质检验报告；自备水源的应提供自备水源的水质检验报告，项目参照当地自来水公司的控制要求执行。无论使用何种水源，企业均可以采用送检的方式获取检验报告，确包其水质符合 GB 5749—2022 的要求，方可使用
			供水管路标识略有不足	1		
			食品加工用水的水质不符合规定要求，或者供水管路无标识或标识混乱，或者供水管路存在交叉污染	0		

续表

序号	核查项目	核查内容	评分标准		核查得分	核查要求
2.2	供排水设施	2.排水系统的设计和建造应保证排水畅通，便于清洁维护，且满足生产的需要。室内排水应当由清洁程度高的区域流向清洁程度低的区域，且要有防止逆流的措施。排水系统出入口设计应合理并有防止污染和虫害侵入的措施	符合规定要求	3	1.相关防护措施略有不足的，得1分。例如，个别地漏无水封装置，排水系统的个别部位防逆流、防虫害等防护措施略有不足。 2.室内排水流向不符合要求，或者相关防护措施严重不足的，得0分。例如，车间排水的流向由清洁程度要求低的区域流向清洁程度要求高的区域，或防逆流、防虫害、防浊气溢出等防护措施严重不足	1.排水系统的设计和建造应能够保证排水畅通，便于清洁维护，防止食品和食品生产用水、环境卫生受到排水系统的污染。 2.车间排水系统的流向应由清洁程度要求高的区域流向清洁程度要求低的区域，且要有防逆流的设计或措施。 3.排水系统入口应安装带水封的地漏等装置，以防止固体废弃物进入及浊气逸出；出口处应有适当的防虫害设施，以防止鼠、虫、蝇等进入
			相关防护措施略有不足	1		
			室内排水流向不符合要求，或者相关防护措施严重不足	0		
2.3	清洁消毒设施	应当配备相应的食品、工器具和设备的清洁设施，必要时配备相应的消毒设施。清洁消毒方式应当避免对食品造成交叉污染，使用的洗涤剂、消毒剂应当符合相关规定要求	符合规定要求	3	1.清洁消毒设施略有不足的，得1分。例如，个别设备未配备专用的消毒设施，个别消毒设施未能保证已使用和未使用的清洁消毒工器具分开放置等。 2.清洁消毒设施严重不足，或者清洁消毒的方式和用品不符合规定要求的，得0分。例如，未配备食品、工器具和设备的清洁消毒设施，使用不符合规定要求甚至可能污染食品的洗涤剂、消毒剂等	1.应配备相应的工器具和设备的专用清洁设施。 2.应配备必要的消毒设施。 3.清洗消毒使用的洗涤剂、消毒剂应符合相应的食品安全国家标准及有关规定要求，且不应对食品造成污染。 4.根据实际生产情况，可不使用消毒剂，改为以物理方式清洁设备，如气枪吹扫，也可采用热空气、热水、热蒸汽等消毒的方式消毒
			清洁消毒设施略有不足	1		
			清洁消毒设施严重不足，或者清洁消毒的方式、用品不符合规定要求	0		

续表

序号	核查项目	核查内容	评分标准		核查得分	核查要求
2.4	废弃物存放设施	应当配备设计合理、防止渗漏、易于清洁的存放废弃物的专用设施，必要时可设置废弃物临时存放设施。车间内存放废弃物的设施和容器应当标识清晰，不得与盛装原辅料、半成品、成品的容器混用	符合规定要求	3	1.废弃物存放设施及标识略有不足的，得1分。例如，个别生产区域内外的废弃物存放设施、容器等标识略有不足等。 2.废弃物存放设施设计不合理，或者与盛装原辅料、半成品、成品的容器混用的，得0分	1.应配备设计合理、防止渗漏、易于清洁的存放废弃物的设施。 2.车间内存放废弃物的设施和容器应标识清晰(如采用文字、颜色、形状等方式标识或区分)，以避免与存放食品原料、半成品、成品的容器混淆。 3.必要时在适当地点设置废弃物临时存放设施，依据废弃物特性分类存放，但应及时运出。 4.清洁作业区内应设有废弃物专用运送通道。 5.废弃物放置场所不应有不良气味或有毒、有害气体逸出，废弃物应定期清除，易腐败、变质的废弃物应及时清除
			废弃物存放设施及标识略有不足	1		
			废弃物存放设施设计不合理，或者与盛装原辅料、半成品、成品的容器混用	0		

续表

序号	核查项目	核查内容	评分标准		核查得分	核查要求
2.5	个人卫生设施	生产场所或车间入口处应当设置更衣室，更衣室应当保证工作服与个人服装及其他物品分开放置；车间入口及车间内必要处，应当按需设置换鞋（穿戴鞋套）设施或鞋靴消毒设施；清洁作业区入口应当设置与生产加工人员数量相匹配的非手动式洗手、干手和消毒设施，洗手设施的材质、结构应当易于清洁消毒，邻近位置应当标示洗手方法。卫生间应当易于保持清洁，且不得与生产、包装或贮存等区域直接连通	符合规定要求	3	1.个人卫生设施略有不足的，得1分。例如，个别更衣柜存在个人服装与工作服混放现象，个别洗手、换鞋设施稍有不足或不符合规定，洗手设施材质结构容易藏污纳垢，邻近位置未标示洗手方法，卫生间不清洁等。 2.个人卫生设施严重不符合要求，或者卫生间与生产、包装、贮存等区域直接连通的，得0分	个人卫生设施包括更衣室、换鞋或鞋靴消毒设施以及洗手、干手、消毒设施和卫生间等。 1.准清洁作业区更衣室应设在生产作业区入口处，内部应设置足够数量的非手动式洗手、干手、消毒设施，并在邻近洗手设施的显著位置标示洗手消毒程序。进入准清洁作业区的更衣、洗手、消毒顺序应符合作业指导书的规定，一般流程为换鞋、更外衣、洗手、更清洁工作服、手消毒。 2.清洁作业区的入口应设置二次更衣室，并设置阻拦式鞋柜、洁净服独立存放及消毒设施等。进入清洁作业区的更衣顺序为换鞋、更一更工服（或不更）、手消毒（或洗手和手消毒）、更清洁工作服、手消毒。更清洁工作服的房间的空气洁净度应达到清洁作业区的要求。二次更衣后，需经过互锁式气闸室或风淋室进入清洁作业区。 3.清洁作业区的员工工作服应为连体式或一次性工作服，并配备帽子、口罩和工作鞋。准清洁作业区、一般作业区的员工工作服应符合相应区域的卫生要求，并配备帽子和工作鞋。 4.根据需要设置的卫生间应保持清洁，有洗手设施，不得与生产、包装或贮存等区域直接连通，且卫生间的门、窗不得与生产作业区域入口相对。厂房内设置的卫生间应有洗手消毒设施
			个人卫生设施略有不足	1		
			个人卫生设施严重不符合规范要求，或者卫生间与生产、包装、贮存等区域直接连通	0		

续表

序号	核查项目	核查内容	评分标准		核查得分	核查要求
2.6	通风设施	应当配备适宜的通风、排气设施，避免空气从清洁程度要求低的作业区域流向清洁程度要求高的作业区域；合理设置进气口位置，必要时应当安装空气过滤净化或除尘设施。通风设施应当易于清洁、维修或更换，并能防止虫害侵入	符合规定要求	3	1.通风设施略有不足的，得1分。例如，个别通风设施损坏或防虫害侵入措施不足等。 2.通风设施严重不足，或者不能满足必要的空气过滤净化、除尘、防止虫害侵入等需求的，得0分	1.应配备适宜的通风措施，在产生蒸汽比较多的食品加工区域上方应设置有效的通风、排气、除湿设施，以有效控制生产环境的温度和湿度。通风口应安装防止虫、蝇等侵入的网罩。通风设施应易于清洁、维修和更换。 2.通风时应避免空气从清洁度要求低的作业区域流向清洁度要求高的作业区域。 3.应合理设置通风口位置，进气口应与排气口、户外垃圾存放处等污染源保持适当的距离和角度。进、排气口应安装防止虫害侵入的网罩等设施。 4.若生产过程中需要对空气进行过滤净化处理，如进入清洁作业区的空气，应加装空气过滤装置并定期清洁维护。 5.吹入干燥塔的空气和流化床的洁净低温空气应经过滤设施过滤，必要时应配置除湿装置或设施。过滤设施应定期检查、更换，符合生产控制要求。排出干燥塔的气体应经过除尘处理。 6.生产企业应根据需要在生产及辅助车间配备空气调节和净化系统，使温度、相对湿度与生产工艺相适应，保证空气由清洁度要求高的区域流向清洁度要求低的区域，并形成一定的压力梯度。空气净化系统运行情况应按规定进行检查维护，且要有运行记录。清洁作业区的供风系统应独立设置，采用初效、中效、高效（亚高效）过滤器三级过滤，保持清洁作业区室内正压。 7.对于通过风动管道运输的原料或产品进入清洁作业区的空气，需要设计和安装适当的空气过滤系统。 8.生产车间内有臭味及气体（蒸汽或有害气体）或有产生大量湿、热空气的生产场所，应采用足够能力的单向排风设备，通风口必须装有易清洗、耐腐蚀网罩。有粉尘污染的区域，应有适当的收集或控制装置
			通风设施略有不足	1		
			通风设施严重不足，或者不能满足必要的空气过滤净化、除尘、防止虫害侵入的需求	0		

续表

序号	核查项目	核查内容	评分标准		核查得分	核查要求
2.7	照明设施	厂房内应当有充足的自然采光或人工照明，光泽和亮度应能满足生产和操作需要，光源应能使物料呈现真实的颜色。在暴露食品和原辅料正上方应当使用安全型或有防护措施的照明设施；如需要，还应当配备应急照明设施	符合规定要求	3	1.照明设施或防护措施略有不足的，得1分。例如，个别照明设施损坏或亮度不足，个别生产区域的照明设施防护不足等。 2.照明设施或者防护措施严重不足的，得0分。例如：照明设施的亮度不能满足生产需要，无法使食品呈现真实的颜色；多数安装在暴露食品和原料正上方的照明设施无相关防护措施等	1.厂房内应有充足的自然采光或装设人工照明设施，光泽和亮度应能满足生产和操作需要，光源应使食品呈现真实的颜色。 2.安装在暴露成品、半成品和原料正上方的照明设施，应使用安全型照明设施或采取必要的措施防止照明设施破裂时造成的污染。 3.应根据生产需要及安全生产的有关规定设置应急照明设施
			照明设施或者防护措施略有不足	1		
			照明设施或者防护措施严重不足	0		
2.8	温控设施	应当根据生产的需要，配备适宜的加热、冷却、冷冻以及用于监测温度和控制室温的设施	符合规定要求	3	1.温控设施略有不足的，得1分。例如，个别温控设施的仪表指示不精准等。 2.温控设施严重不足的，得0分。例如，无必要的温控设施，或者温度监测、控制设施不能满足相关规定要求或无法正常运行的	1.应根据生产需要配备适宜的加热、冷藏、冷冻等设施，以及用于监测温度、控制温度的设施。 2.有温度控制要求的工序，应配备监控温度的设施；生产有冷藏或冷冻要求的乳制品，应配备制冷设备，其制冷能力应能满足要求
			温控设施略有不足	1		
			温控设施严重不足	0		

续表

序号	核查项目	核查内容	评分标准		核查得分	核查要求
2.9	检验设备设施	自行检验或部分自行检验的，应当具备与所检项目相适应的检验室、检验设备和检验试剂。检验室应当布局合理，检验设备的数量、性能、精度应当满足相应的检验需求，检验仪器设备应当按期检定或校准	符合规定要求	3	1.检验室布局略不合理，或者检验设备性能略有不足的，得1分。例如，分析天平放置于高温设备或振动设备旁边，微生物检验室个别紫外杀菌灯损坏，个别试剂有过期情况，个别设备未按期检定或校准等。 2.检验室布局不合理，或者检验设备数量、性能、精度不能满足检验需求的，得0分。例如，缺少检验方法标准规定的检验设备，或者检验设备数量、性能、精度不能满足检验需求，大部分设备未按期检定或校准等	1.应具备产品执行标准规定的出厂检验项目的检验能力，主要包括配备的检验仪器设备及应检项目的检验能力，设备是否按期检定或校准。 2.出厂检验可以采取自行检验或委托有资质的检验机构检验的方式。 3.自行检验的，核查要求如下： (1)应具备与所检项目适应的检验室、检验仪器设备、试剂药品、检验人员等。 (2)检验室应布局合理，检验设备的数量、性能、精度应满足检验项目的检验方法标准要求。 (3)出厂检验允许使用快检设备，当出现问题时，应及时采用标准规定的方法予以验证。使用快检设备时，应定期与国标规定的方法进行比对，以确保快检的准确性。 4.出厂检验项目全项委托检验的，企业可无化验室，但应委托有资质的检验机构进行出厂检验，且签订的合同(协议)应明确产品批批检验。合同(协议)有效期至少为1年。 5.出厂检验项目的确定：产品的执行标准中明确规定出厂检验项目的，以执行标准为准；若执行标准中未规定出厂检验项目，出厂检验项目应至少包含审查细则中规定的且标准中有判定依据的项目。 6.应配备留样室，留样的贮存条件应符合产品的存贮要求
			检验室布局略不合理，或者检验设备性能略有不足、个别设备未按期检定或校准	1		
			检验室布局不合理，或者检验设备数量、性能、精度不能满足检验需求	0		

三、设备布局和工艺流程(共9分)

序号	核查项目	核查内容	评分标准		核查得分	核查要求
3.1	设备布局	生产设备应当按照工艺流程有序排列，合理布局，且要便于清洁、消毒和维护，避免交叉污染	符合规定要求	3	1.个别设备布局不合理的，得1分。例如：个别设备的安装、布局不利于清洁、维护等。 2.设备布局存在交叉污染的，得0分。例如：加工半成品与加工成品的设备共用或紧邻放置，存在严重的交叉污染隐患；设备布局不合理，未留下足够的人员进出通道和操作空间，导致设备无法正常操作以及清洁、维护	1.申请材料中的生产设备布局图应与实际设备布局一致。 2.设备布局应符合生产卫生规范以及生产工艺流程要求，合理、有序，避免不同清洁度要求的设备、操作人员及加工物料混杂，产生交叉污染。 3.固定在墙壁或地板上的设备应与墙壁或地板有适当的空隙，避免藏污纳垢。在安装时应保留足够空间，方便人员进出，利于设备的清洁和维护。 4.设备、工艺布局等的交叉污染问题统一根据该条进行判断
			个别设备布局不合理	1		
			设备布局存在交叉污染	0		
3.2	工艺流程	1.应当具备合理的生产工艺流程，防止生产过程中造成交叉污染。申请的食品类别、产品配方、工艺流程应当与产品执行标准相适应。执行企业标准的，应当依法备案	符合规定要求	3	1.个别工艺流程略有交叉，但无交叉污染风险，或者略不符合产品执行标准或细则规定的，得1分。 2.工艺流程相互交叉污染，或不符合产品执行标准或细则的要求且确实不合理的，或企业标准未依法备案或未公开公示的，得0分	1.申请材料中的生产工艺流程图应与实际生产工艺流程一致。 2.工艺流程应与企业的工艺文件一致。 3.生产工艺流程、工艺配方均应符合产品执行标准的要求。 4.工艺流程不应存在交叉污染风险。 5.申请人的产品执行企业标准的，其企业标准应依法备案或公开公示，且在备案有效期内。企业标准审查要求：产品名称应符合GB 7718—2011等强制性要求；涉及食品安全的指标，如污染物、真菌毒素、微生物限量等应符合国家或地方食品安全标准的相关要求及规定；所有原辅料应为可用于食品生产加工的原辅料
			个别工艺流程略有交叉，或者略不符合产品执行标准的规定	1		
			工艺流程存在交叉污染，或者不符合产品执行标准的规定，或者企业标准未依法备案	0		

续表

序号	核查项目	核查内容	评分标准		核查得分	核查要求
3.2	工艺流程	2.应当制定所需的产品配方、工艺规程、作业指导书等工艺文件,明确生产过程中的食品安全关键环节	符合规定要求	3	1.工艺文件略有不足的,得1分。例如,个别工艺规程、工艺参数规定不明确或与实际情况有偏差。 2.工艺文件严重不足的,得0分。例如:未制定关键控制环节的工艺文件;工艺文件存在严重错误,或者实际生产工艺与产品标准规定的工艺严重不符	1.应根据产品实际的生产工艺,确定乳制品生产关键控制环节,并制定具有可操作的生产工艺规程,明确关键控制参数。 2.产品配方中使用的原辅料、食品添加剂、发酵乳制品使用的菌株等关键配料应符合相关标准的要求及有关规定。 3.全脂奶粉、脱脂奶粉、部分脱脂奶粉不得采用干法工艺生产。 4.生产工艺流程及关键控制点参照表4-6执行。 5.新增或调整产品工艺流程及关键设备时,应进行必要性论证和安全性确认,保证产品质量符合要求。 6.通过危害分析方法明确影响产品质量的关键工序或关键控制点,并制定操作规程或作业指导书,应至少对乳制品生产关键工序或关键控制点形成电子信息记录。 7.生产企业应有控制措施对配料过程的物料称量进行管理及复核。配料过程应根据生产指令单所要求的物料种类、用量,进行物料称量,保存配料记录。配料记录包括物料名称、生产者名称、规格、物料批号、使用数量、配料人、复核人等,保证记录的可溯源性。投料前需根据投料单对物料标识、品种、数量等进行核对
			工艺文件略有不足	1		
			工艺文件严重不足	0		

四、人员管理(共9分)

<table>
<tr><th>序号</th><th>核查项目</th><th>核查内容</th><th colspan="2">评分标准</th><th>核查得分</th><th>核查要求</th></tr>
<tr><td rowspan="3">4.1</td><td rowspan="3">人员要求</td><td rowspan="3">应当配备专职或兼职食品安全管理人员和食品安全专业技术人员，明确其职责。人员要求应当符合有关规定</td><td>符合规定要求</td><td>3</td><td rowspan="3">1.人员职责不太明确的，得1分。例如，个别食品安全管理人员(食品安全总监、食品安全员)的岗位职责规定不太明确。
2.相关人员配备不足，或者人员要求不符合规定的，得0分。例如：未配备相应的食品安全管理人员；关键岗位(企业负责人、食品安全负责人)的岗位职责不明确，或其资格不符合规定要求</td><td rowspan="3">1.应设置独立的食品质量安全管理部门，配备专职或兼职的食品安全管理人员，负责按照国家有关食品安全法律法规和《食品安全国家标准 乳制品良好生产规范》(GB 12693—2010)建立、实施和持续改进食品安全管理制度及生产质量管理体系。
2.应明确企业负责人、食品安全负责人和食品安全管理人员的岗位职责，并应能履行其相应的责任和义务。
3.企业负责人是食品安全第一责任人，应熟悉食品安全有关法律法规和乳制品质量安全知识，对本企业的食品安全承担法律责任和义务。
4.食品安全负责人应具有食品及相关专业本科以上学历且3年以上相关工作经历，经专业理论和食品安全知识培训合格，掌握食品安全有关的法律法规和乳制品的质量安全知识。食品安全负责人应当是生产企业法定代表人(负责人)或经授权的负责人，应独立行使职权，承担乳制品安全管理和出厂放行责任，其职责不得委托他人，特殊情况需进行授权。
5.食品安全管理人员应有相关专业专科以上学历且具有3年以上的乳制品生产工作经历或食品安全管理经验，应掌握乳制品产品涉及的法律法规及标准规定，履行食品安全控制和食品安全保证相应的职责。
6.生产技术人员应具有相关专业专科以上学历或3年以上相关工作经验，掌握乳制品生产专业知识。
7.从事检验人员应具有食品、化学或相关专业专科以上的学历或者具有1年以上食品检测工作经历。实验室负责人应具有食品、化学或相关专业本科以上学历且有3年以上相关工作经历。企业自行检验的，要求每个检验项目至少2人以上具有独立检验的能力。
8.生产操作人员的数量应适应企业规模、工艺、设备要求。关键控制环节操作人员应具有一定的技术经验，掌握生产工艺操作规程，能熟练操作生产设备。特殊岗位的生产操作人员资格应符合有关规定</td></tr>
<tr><td>人员职责不太明确</td><td>1</td></tr>
<tr><td>相关人员配备不足，或者人员要求不符合规定</td><td>0</td></tr>
</table>

续表

序号	核查项目	核查内容	评分标准		核查得分	核查要求
4.2	人员培训	应当制订和实施职工培训计划，根据岗位需求开展食品安全知识及卫生培训，做好培训记录。食品安全管理人员上岗前应当经过培训，并考核合格	符合规定要求	3	1.培训计划及计划执行略有不足的，得1分。例如：个别培训计划未按期实施或培训人员、培训内容未全面覆盖。 2.无培训计划，或者已上岗的相关人员未经培训或考核不合格的，得0分	1.应根据乳制品生产不同岗位的需求，制订和实施食品安全年度培训计划并进行考核，做好培训记录。 2.当食品安全相关的法律、法规、标准更新时，或者企业内部相关食品安全管理制度（文件）修改、更新后，亦应及时开展培训。 3.未经培训的人员或培训考核不合格的食品安全管理人员及生产加工操作人员不得上岗
			培训计划及计划执行略有不足	1		
			无培训计划，或者已上岗的相关人员未经培训或考核不合格	0		

续表

序号	核查项目	核查内容	评分标准		核查得分	核查要求
4.3	人员健康管理制度	应当建立从业人员健康管理制度，明确患有国务院卫生行政部门规定的有碍食品安全疾病的或有明显皮肤损伤未愈合的人员，不得从事接触直接入口食品的工作。从事接触直接入口食品工作的食品生产人员应当每年进行健康检查，取得健康证明后方可上岗工作	符合规定要求	3	1.从业人员健康管理制度内容略有缺陷，或者个别人员未能提供健康证明的，得1分。例如，个别食品生产加工人员未洗手、更衣进入食品生产现场等。 2.无人员健康管理制度，或人员健康管理存在严重不足的，得0分。例如，从事接触直接入口食品工作的食品生产人员普遍未进行健康检查，未取得健康证明即上岗工作	1.申请人应建立从业人员健康管理制度。 2.食品生产加工人员每年应进行健康检查，上岗前应接受卫生知识培训并考核合格。有机会直接接触食品的加工人员均应取得健康证明。 3.患有有碍食品安全疾病的或有明显皮肤损伤的人员不应从事影响食品安全的工作
			制度内容略有缺陷，或者个别人员未能提供健康证明	1		
			无制度，或者人员健康管理严重不足	0		

五、管理制度(共 27 分)

序号	核查项目	核查内容	评分标准		核查得分	核查要求
5.1	采购管理及进货查验记录制度	1.应当建立并执行采购管理制度，规定食品原料、食品添加剂、食品相关产品验收标准。采购时，应当查验供货者的许可证和产品合格证明；对无法提供合格证明的食品原料，应当按照食品安全标准及产品执行标准进行检验。 2.应当建立并执行进货查验记录制度，记录采购的原辅料名称、规格、数量、生产日期或者生产批号、保质期、进货日期以及供货者名称、地址、联系方式等信息，保存相关记录和凭证	符合规定要求	3	1.制度内容略有不足的，得 1 分。例如，制度规定得不详细，个别原辅料进货未查验许可证和相关批次产品合格证明，相关记录表格的项目、内容不太全面，未记录某批次原辅料的进货记录等。 2.无制度，或者制度内容严重不足的，得 0 分。例如，未制定原辅料验收标准或进货查验记录制度，未查验供货者的许可证和相关批次产品合格证明，未设计或使用进货查验记录表格，记录表格设计的项目、内容严重不符合《中华人民共和国食品安全法》第五十条的要求等	1.制定原辅料供应商审核制度，定期对供应商进行审核。原辅料供应商的确定及变更应进行食品安全评估，并经企业食品安全管理部门批准后方可采购。应与主要原辅料供应商签订食品安全协议，明确双方所承担的责任。 2.制定进货查验制度，包括原辅料验收标准和进厂的原辅料进行验证、检验、记录、报告以及接收或拒收的处理意见和审批手续等内容。 3.建立原辅料管理制度。保证采购、使用的原辅料符合相应的食品安全国家标准、地方标准或企业标准的规定。
			制度内容略有不足	1		
			无制度，或者制度内容严重不足	0		

续表

序号	核查项目	核查内容	评分标准		核查得分	核查要求
5.2	生产过程控制制度	应当建立生产过程控制制度，制定所需的操作规程或作业指导书，明确原料（如领料、投料、余料管理等）、生产关键控制环节（如生产工序、设备、贮存、包装等）控制的相关要求，防止交叉污染，并记录产品的加工过程（包括工艺参数、环境监测等）	符合规定要求	3	1.个别制度内容略有不足的，得1分。例如，个别制度的内容规定得不全面或者个别关键控制环节与实际生产过程控制略有不符。 2.无制度，或者制度内容严重不足的，得0分。例如，缺少上述任一控制环节的管理制度，制度内容与申请人的实际生产过程控制制度严重不符	1.核查原辅料控制情况。 2.核查生产关键环节控制记录，评价关键点控制制度落实情况。 3.核查检验控制情况。应特别关注企业自行界定生产批次的合理性。 4.核查运输控制情况。重点是生鲜乳的运输情况。 5.核查交付控制情况。重点是生鲜乳的交接情况。 6.有配料工艺的，应对配料名称、进货时间、批号等进行严格核对和记录，配料装置应定期校准。配料，尤其涉及食品添加剂（含加工助剂）的配料，应至少有两人复核、确认的记录。 7.生产车间不应在生产过程中使用各类杀虫剂。 8.加工过程中应进行微生物监控，监控指标、取样点、监控频率、取样和检验方法应参照生产过程产品防护措施的相关要求执行。 9.企业应制定物料储存和分发制度。应建立物料动态信息标示卡和出入库台账，确保物料做到账物相符。 10.应制定生产人员工作服和工作鞋清洁消毒程序。生产中应注意保持工作服和工作鞋干净完好，必要时及时更换。 11.建立清洁和消毒制度，制订适宜的计划和程序。确保对所有区域进行清洁，重要区域、设备和器具应进行特殊清洁。 12.建立设备设施管理制度，确保设备设施正常运行。设备设施应指定专人进行管理，设备设施的标识、台账、说明书、档案、维护和维修记录应准确、齐全。 13.应建立物料运输管理制度，不得将原辅料、产品与有毒有害物品一同运输。运输工具、车辆应定期检查卫生清洁情况，运输条件应符合物料的储存要求（温度、湿度等）。 14.应建立产品追溯制度，应厘清乳制品原辅材料来源、生产环节及衔接、物料流向、信息采集及记录规则等，建立顺向可追踪、逆向可溯源的乳制品质量安全追溯制度，明确追溯目标、措施和责任人员，并定期实施内部审核，以评价追溯体系的有效性
			个别制度内容略有不足	1		
			无制度，或者制度内容严重不足	0		

续表

序号	核查项目	核查内容	评分标准		核查得分	核查要求
5.3	检验管理及出厂检验记录制度	1.应当建立并执行检验管理制度,规定原料检验、过程检验、产品出厂检验以及产品留样的方式及要求,综合考虑产品特性、工艺特点、原料控制等因素明确制定出厂检验项目,保存相关检验和留样记录。 2.应当建立并执行产品出厂检验记录制度,规定产品出厂时,应当查验出厂食品的检验合格证和安全状况,记录食品的名称、规格、数量、生产日期或者生产批号、保质期、检验合格证号、销售日期以及购货者名称、地址、联系方式等信息,保存相关记录和凭证	符合规定要求	3	1.制度内容略有不足的,得1分。例如,制度规定得不够详细,相关记录表格的项目、内容不太全面,个别产品出厂检验记录内容不齐全等。 2.无制度,或者制度内容严重不足的,得0分。例如,未设计或使用出厂检验记录表格,记录表格设计的项目、内容严重不符合《中华人民共和国食品安全法》第五十一条的要求,未执行出厂检验记录制度等	1.核查检验控制情况。企业应制定检验管理制度,包括对原辅料、半成品和出厂检验的管理规定。企业应根据产品类别、工艺特点确定检验项目和检验频次。应特别关注企业自行界定生产批次的合理性。 2.应建立出厂检验记录制度,检验记录应真实、准确。出厂检验应依据产品执行标准规定的所有检验项目进行每批次检验。针对短保质期乳制品(如巴氏杀菌乳、低温发酵乳等),企业应根据产品特性建立微生物出厂检验制度,明确主体责任,可采用有效的快速检测方法开展检验,或通过有效过程控制措施,保障产品符合食品安全标准。检验结果符合相应食品安全国家标准的合格产品应标注可追溯编码,并可追溯到相应的出厂检验报告。 3.企业自行确定出厂检验项目应合标合理。 4.应配备出厂检验记录相关表格,表格内容应合理,记录信息应齐全,且可追溯,记录保存期限不得少于2年。 5.出厂检验为委托检验的,现场查验并评价出厂委托检验合同(批批检验、批次负责、至少满足一年有效期、检验项目)、检验机构资质。出厂检验项目包含执行标准所规定的出厂检验项目。 6.企业可以使用非国家标准检验方法进行检验,但应对非标准方法进行有效的确认,确保检验数据准确。当检验结果出现不符合食品安全国家标准或企业标准规定的限量时,应采用食品安全国家标准规定的检验方法进行验证;无食品安全国家标准检验方法的应采用必要的质量控制措施进行监控。 7.根据企业的出厂检验报告,应查阅相关检验原始记录。 8.应建立产品留样制度,及时保留样品。产品留样间应满足产品储存条件要求,留样数量应满足检验要求,产品留样应保存至保质期满,并有相应记录。 9.建立产品出厂放行制度。明确批准出厂的标准、职责。产品出厂检验合格后方可批准放行
			制度内容略有不足	1		
			无制度,或者制度内容严重不足	0		

续表

序号	核查项目	核查内容	评分标准		核查得分	核查要求
5.4	运输和交付管理制度	应当建立并执行运输和交付管理制度，规定根据产品特点、贮存要求、运输条件选择适宜的运输方式，并做好交付记录。委托运输的，应当对受托方的食品安全保障能力进行审核	符合规定要求	3	1.制度内容略有不足的，得 1 分。例如：制度的内容规定得不全面或者个别要求不符合产品贮存、运输控制要求；委托运输的，对受托方的食品安全保障能力未进行审核。 2.无制度，或者制度内容严重不足的，得 0 分。例如，缺少上述管理制度，制度内容与申请人的实际产品的贮存、运输要求严重不符	1.核查运输控制情况。若企业存在冷链运输，应记录冷链运输情况。企业无冷链运输工具的，应提供运输协议，且协议内容应合理，应对受托方的食品安全保障能力进行审核。 2.核查交付控制情况。查看企业的交付记录
			制度内容或执行略有不足	1		
			制度内容或执行严重不足	0		
5.5	食品安全追溯管理体系	应当建立并执行食品安全追溯管理体系，记录并保存法律、法规及标准等规定的信息，保证产品可追溯	符合规定要求	3	1.管理体系运行略有不足，记录内容略有缺陷的，得 1 分。例如，企业实际的生产控制过程未完全按体系要求运行，有关记录缺少个别项目等。 2.未建立体系，或者未按体系要求运行，相关运行记录无法提供等，得 0 分	1.核查追溯管理体系建立情况。 2.核查追溯管理体系运行记录
			管理体系或执行略有不足	1		
			管理体系或执行严重不足	0		

续表

序号	核查项目	核查内容	评分标准		核查得分	核查要求
5.6	食品安全自查制度	应当建立食品安全自查制度，并规定对食品安全状况定期进行检查评价，并根据评价结果采取相应的处理措施	符合规定要求	3	1.制度内容略有不足的，得1分。例如，制度内容规定得不全面，自查期限规定的间隔过长等。 2.无制度，或者制度内容严重不足的，得0分。例如，未定期开展自查，或对自查发现的问题未及时按照规定处置等	1.申请人应制定食品安全自查制度，制度内容应符合要求。 2.申请人应定期开展食品安全自查评价，并根据自查评价结果采取相应的处理措施。 3.自查应参照《食品生产经营日常监督管理办法》相关规定执行，新建企业应有自查制度、检查表格。自查频次每年应至少一次
			制度内容略有不足	1		
			无制度，或者制度内容严重不足	0		
5.7	不合格品管理及不安全食品召回制度	1.应当建立并执行不合格品管理制度，规定原料、半成品、成品及食品相关产品中不合格品的管理要求和处置措施。 2.应当建立并执行不安全食品召回制度，并规定停止生产、通知相关生产经营者和消费者召回和处置不安全食品的相关要求，记录召回和通知情况	符合规定要求	3	1.制度内容略有不足的，得1分。例如：制度的内容不够全面，相关记录表格设计的项目、内容略有缺陷。 2.无制度，或者制度内容严重不足，管理要求和处置措施严重不足的，得0分。例如，无相关记录表格，记录表格设计的项目、内容存在严重缺陷，发现不安全食品未按规定实施召回，不合格品管理规定违反法律法规要求的，未对不合格品进行标识、隔离以及违规处置等	1.申请人应建立不安全食品管理制度，且应规定生产过程中发现的原辅料、半成品、成品中不合格品以及回收食品、过期食品的管理要求和处置措施。应按照规定对不合格品进行标识、隔离，以防止错用、误用。 2.应有对不合格品的返工、纠正或采取纠正措施的制度、程序文件，防止或减少不合格品的再次发生。应对不合格品进行统计分析，做好不合格处理记录。 3.申请人应建立不安全食品召回制度，且应规定食品召回计划、召回公告的必备内容。应规定将不安全食品召回和处理情况向相关监管部门报告的要求，且要查看实施召回的记录
			方案内容略有不足	1		
			无方案，或者方案内容严重不足	0		

续表

序号	核查项目	核查内容	评分标准		核查得分	核查要求
5.8	食品安全事故处置方案	应当建立食品安全事故处置方案，并规定食品安全事故处置措施及向相关食品安全监管部门和卫生行政部门报告的要求	符合规定要求	3	1.方案内容略有不足的，得1分。例如，食品安全事故处置方案内容不太全面，可操作性相对较差。 2.无方案，或者方案内容严重不足的，得0分。例如，食品安全事故处置方案的内容违反法律法规的规定；未定期检查各项食品安全防范措施的落实情况，发生食品安全事故未按规定处置等	1.申请人应建立食品安全事故处置方案。 2.申请人建立的食品安全处置方案应全面
			方案内容略有不足	1		
			无方案，或者方案内容严重不足	0		
5.9	其他	应当按照相关法律法规、食品安全标准以及审查细则规定，建立其他保障食品安全的管理制度	符合规定要求	3	1.个别制度内容略有不足的，得1分。例如，个别制度的内容规定得不全面或者制度内容与实际情况略有不符。 2.无制度，或者制度内容严重不足的，得0分。例如，缺少必要的管理制度，制度内容违反法律法规或者与申请人的实际情况不符	1.应建立真实完整的生产销售记录并保存相关凭证。 2.应建立文件管理制度，有文件编制、更改、审批、发放、回收规定，保证在使用时有适用文件的有效版本。 3.应建立记录管理制度，规定各类记录的标识、维护、保存期限和处置要求。 4.应建立消费者投诉处理机制。 5.应建立食品安全舆情应对机制
			个别制度内容略有不足	1		
			无制度，或者制度内容严重不足	0		

六、试制产品检验合格报告(共1分)

序号	核查项目	核查内容	评分标准		核查得分	核查要求
6.1	试制产品检验合格报告	应当提交符合产品执行的食品安全标准、产品标准、审查细则和国务院卫生行政部门相关公告的试制食品检验合格报告	符合规定要求	1	1.产品检验合格报告中的非食品安全标准规定的检验项目不全的,得0.5分。 2.无检验合格报告,或者食品安全标准规定的检验项目不全的,得0分	1.试制产品检验合格报告的种类、检验项目及检验结论应符合规定要求。 2.报告的提供原则:按照产品执行标准、产品工艺特性和审查通则规定提供相应检验报告,即按照企业申报产品执行标准分别提供检验报告;执行同一标准但工艺存在明显差别的,应分别提供检验报告;应提供试制产品检验报告出具单位、报告编号、出具日期、产品名称、生产日期、检验结论等信息。 3.检验报告可以全项自检、自检加委托、全项委托等方式出具。自检加委托应为同一批次产品。 4.产品检验报告由企业全项自检的,应分析评价企业自检能力,其相应的检验设备应在申请材料中予以申报。 5.同一产品检验报告不允许企业委托两家及以上单位共同完成,但允许检验机构分包。 6.检验报告检验项目包括:①标准中直接明确规定的检验项目;②审查细则中列明的项目;③食品安全国家标准中规定的项目。 7.检验报告应为半年(生产日期)内的报告。 8.审核组应描述并评价委托检验机构的检验资质。延续换证企业生产条件未发生变化、未增加新产品,无须提供报告但应提供生产条件未发生变化的声明
			非食品安全标准规定的检验项目不全	0.5		
			无检验合格报告或者食品安全标准规定的检验项目不全	0		

附录五　蔬菜制品生产许可现场核查指南

一、生产场所(共18分)

序号	核查项目	核查内容	评分标准		核查要求
1.1	厂区要求	1. 厂区不应选择对食品有显著污染的区域。厂区周围应无虫害大量滋生的潜在场所,无有害废弃物以及粉尘、有害气体、放射性物质和其他扩散性污染源。各类污染源难以避开时应当有必要的防范措施,能有效清除污染源造成的影响。现场提供的食品生产加工场所周围环境平面图应与实际一致	符合规定要求	3	1.生产场所环境应保持整洁。 2.生产场所及周围环境不应存在污染源。 3.污染源的清除和防范措施应有效。 4.核查厂区内及厂区周边家禽、家畜养殖落实情况。 5.厂区内坑式厕所及水冲式厕所集粪池应与车间保持足够的距离,或采取有效的防护措施。 6.实际生产场所应与申报地址一致
			有污染源防范措施,但效果不明显,可通过改善防范措施有效清除污染源造成的影响	1	
			无污染源防范措施,或者污染源防范措施无明显效果	0	

续表

序号	核查项目	核查内容	评分标准		核查要求
1.1	厂区要求	2.厂区环境应整洁，无扬尘或积水现象。各功能区划分应明显，且布局合理。现场提供的食品生产加工场所平面图应与实际一致。生活区与生产区应保持适当距离或分隔，防止交叉污染。厂区道路应当采用硬质材料铺设。厂区绿化应当与生产车间保持适当距离，植被应当定期维护，防止虫害滋生	符合规定要求	3	1.对生产加工场所的布局及各功能区划分的核查要求如下： (1)实际生产场所的布局及各功能区划分应合理。 (2)生活区与生产区应保持规定的距离，或者采取分隔措施。 2.对厂区、道路及绿化情况的核查要求如下： (1)厂区的道路应采用混凝土、沥青或者其他硬质材料铺设。 (2)厂区内不能有裸露地面，厂区地面应采用铺设水泥、地砖或草坪等方式，便于保持环境清洁，防止正常天气下扬尘和积水等现象发生。 (3)绿化区与生产车间应保持适当的距离；申请人要定期维护绿化区内的树木、草坪等植被，采取适当的虫害灭除措施，防止虫害在厂区内滋生
			厂区环境、布局、功能区划分、绿化带位置及维护等略有不足	1	
			厂区环境不整洁；厂区布局不合理，或者生活区与生产区未保持适当距离或分隔，并存在交叉污染	0	

续表

序号	核查项目	核查内容	评分标准		核查要求
1.2	厂房和车间	1.应当具有与生产的产品品种、数量相适应的厂房和车间，并根据生产工艺及清洁程度的要求合理布局和划分作业区，避免交叉污染；厂房内设置的检验室应当与生产区域分隔。现场提供的食品生产加工场所各功能区间布局平面图应与实际一致	符合规定要求	3	1.厂房、车间的功能布局应合理，无迂回往返，避免交叉污染。 2.厂房和车间的面积、空间应与申报的生产能力相适应。 3.各作业区清洁度的划分应按照审查细则和生产工艺的要求执行.不同清洁作业区之间应采取有效物理隔离，不得存在交叉污染的现象。 4.清洁作业区、准清洁作业区应定期对加工环境采用适宜的方法进行消毒。 5.厂房内设置的检验室应与生产区域有效分隔，检验行为不应对车间生产造成污染
			1.厂房面积与空间略显不足，设备安装或人员操作空间较局促。 2.个别作业区布局、清洁度控制不太合理，略有交叉。 3.作业区布局和划分存在轻微缺陷	1	
			1.厂房面积与空间不满足生产需求，或者各作业区布局和划分不满足细则规定，或者检验室未与生产区域分隔。 2.清洁作业区无法有效实施人流、物流控制或清洁作业区、准清洁作业区缺少空间环境消毒设施或不同清洁区间存在显著交叉污染	0	

续表

序号	核查项目	核查内容	评分标准		核查要求
1.2	厂房和车间	2.车间应保持清洁，顶棚、墙壁和地面应当采用无毒、无味、防渗透、防霉、不易破损脱落的材料建造，且要结构合理，易于清洁；顶棚在结构上不利于冷凝水垂直滴落，裸露食品上方的管路应当有防止灰尘散落及水滴掉落的措施；门窗应当闭合严密，不透水、不变形，并应有防止虫害侵入的措施。地面应当平坦防滑、无裂缝	符合规定要求	3	1.车间环境应保持清洁，不得存在肮脏、杂乱、卫生环境差的现象，重点核查验收区、盐渍区、腌渍区、晾晒区的环境卫生状况。 2.车间顶棚、墙壁、地面和门窗的建造材料及结构应符合要求。若设置原料蔬菜验收区，验收区应加盖顶棚，遮阳挡雨，地面应平整硬化；有晒制工艺的晾晒区地面应采用水泥或坚硬材料铺设，无扬尘，四周应设立围墙或纱网等防护设施，晾晒产品应有垫板或固定台面，产品不得直接接触地面。 3.顶棚、门窗应有必要的防护措施。盐渍区、腌渍区及晾晒区应设有防鼠、防蝇虫等防止有害物侵入的设施。 4.盐渍区尤其是大型盐渍池旁应设置警示语，安全操作指南、人员安全防护设施，防止人员跌落
			车间清洁程度以及顶棚、墙壁、地面和门窗的材质或者相关防护措施，盐渍区安全防护略有不足	1	
			车间环境卫生脏、乱、差；地面、墙壁等材质不符合要求，不易于清洗；顶棚、墙壁、地面和门窗破损严重；暴露食品上方设置的管路易导致灰尘散落及水滴掉落入食品中；车间门窗及其他必要生产区域无虫害、鼠害防范措施，盐渍区缺少必要的防范措施等	0	

续表

序号	核查项目	核查内容	评分标准		核查要求
1.3	库房要求	1. 应当具有与所生产产品的数量、贮存要求相适应的，与食品生产加工场所平面图、食品生产加工场所各功能区间布局平面图中标注的库房一致的库房，且库房应整洁，地面平整，易于维护、清洁，防止虫害侵入和藏匿。必要时库房应当设置相适应的温、湿度控制等设施	符合规定要求	3	1.申请材料中所列的库房的种类、数量应与现场的库房实际情况一致。 2.库房的种类应符合审查细则的要求。 3.库房应保持清洁，应以无毒、坚固的材料建成；库房地面应平整；库房应便于通风换气。 4.库房的建筑材料、面积、结构应与所生产产品的数量、贮存要求相适应。 5.库房的建筑材料、结构应易于维护和清洁，防止虫害藏匿，并应设有防止虫害侵入的装置。 6.库房温、湿度应满足存放产品的要求。原料蔬菜保鲜库温、湿度应满足原料保鲜贮藏工艺要求；蔬菜干制品及干制食用菌的成品库房温、湿度应适宜，库房应阴凉、干燥、通风良好；食用菌制品应根据食用菌贮藏要求设置原料冷库、半成品冷库；其他原料（如花生、大豆）应根据需求设置满足贮藏要求的存储设施。 7.对酱腌菜企业，核查购进原料咸坯的贮藏情况，并应根据需要配备盐渍池储存原料咸坯。不含后杀菌工艺的产品应按照产品贮存、运输要求设置贮存条件
			库房整洁程度或者相关设施略有不足	1	
			严重不符合规定要求	0	

续表

序号	核查项目	核查内容	评分标准		核查要求
1.3	库房要求	2.原辅料、半成品、成品、包装材料等应当依据性质的不同分设库房或分区存放。清洁剂、消毒剂、杀虫剂、润滑剂、燃料等物料应当分别安全包装，与原辅料、半成品、成品、包装材料等分隔放置。库房内的物料应当与墙壁、地面保持适当距离，并明确标识，防止交叉污染	符合规定要求	3	1.原料、半成品、成品、包装材料等物料应依据物料性质的不同分设贮存场所或分区域码放。 2.库房内的各类物料应标识明确，防止混淆、误用、交叉污染。 3.库房内贮存的物料应与墙壁、地面保持适当距离，以利于空气流通、物品搬运以及检查物料贮存状况和虫害灭杀效果。 4.清洁剂、消毒剂、杀虫剂、润滑剂、燃料等物质应分别安全包装，明确标识，并与原料、半成品、成品、包装材料等分隔放置。原辅料可与包装材料共用库房但应分区存放、标示清晰，不造成交叉污染。清洁剂、消毒剂、杀虫剂、润滑剂、燃料等物料需设独立库房、独立存放间或存放柜。 5.库房内的物料标识卡应至少包含产品名称、数量、生产日期或批次等信息，且要账物一致，便于库房内物品先进先出
			1.物料存放或标识略有不足。 2.食品添加剂及食品营养强化剂有专人负责管理，设置专库或专区存放，但记录略有不足	1	
			1.物料未依据性质的不同分设库房或分区存放。 2.原辅料、半成品、成品等与清洁剂、消毒剂、杀虫剂、润滑剂、燃料等物料未分隔存放，物料无标识或标识混乱。 3.食品添加剂及食品营养强化剂无专人负责管理，未设置专库或专区存放，记录不全	0	

二、设备设施（共 36 分）

序号	核查项目	核查内容	评分标准		核查要求
2.1	生产设备	1.应当配备与生产的产品品种、数量相适应的生产设备，设备的性能和精度应当满足生产加工的要求	符合规定要求	3	1.申请材料中的食品生产主要设备、设施清单及申报产品品种应与生产现场的主要生产设备的种类、数量一致且要满足生产加工要求，现场设备应能正常运行。 2.生产设备的性能、精度应满足审查细则及生产加工的需要。 3.有后杀菌工艺的酱腌菜产品应配备相应的杀菌、冷却设备，设备能达到所需的产品杀菌、冷却参数
			个别设备的性能和精度略有不足	1	
			生产设备数量、性能和精度不满足细则及生产加工要求	0	
		2.生产设备应清洁卫生，直接接触食品的设备、工器具材质应当无毒、无味、抗腐蚀、不易脱落、表面光滑、无吸收性、易于清洁保养和消毒	符合规定要求	3	1.生产设备应清洁卫生。 2.直接接触食品的设备、容器具应保持完好无损，其材质应无毒、无害、耐腐蚀、不生锈、不易脱落、不易滋生微生物，且要易于清洁保养和消毒。 3.酱腌菜盐渍顶部高度设置应能防止污水及异物侵入，盐渍容器内蔬菜应密封严密，且应无发霉腐烂和异味。 3.审查细则无禁止性规定的生产设备、工器具，申请人可以使用，但应确保其材质符合食品加工要求，现场应提供材质符合要求的证明
			设备清洁卫生程度或者设备材质略有不足	1	
			设备清洁卫生程度或者设备材质不符合规定要求	0	

续表

序号	核查项目	核查内容	评分标准		核查要求
2.1	生产设备	3.生产设备应维护保养良好，并做好记录。用于监测、控制、记录的设备应当定期校准、维护。停用的设备需标注清晰，不影响正常生产	符合规定要求	3	1.申请人的生产设备设施状况应无损坏、生锈等情况，且应有对应的维护保养计划及记录。 2.用于监测、控制、记录的设备应当定期校准、维护。 3.现场停用设备应进行标注，且标注应清晰
			维修保养、记录略有不足，或者个别监测设备未校准	1	
			无维修保养记录，或者监测设备无法满足规定要求	0	
2.2	供排水设施	1.食品加工用水的水质应当符合GB 5749—2022的规定，有特殊要求的应当符合相应规定。食品加工用水与其他不与食品接触的用水应当以完全分离的管路输送，避免交叉污染，各管路系统应当明确标识以便区分	符合规定要求	3	1.食品加工用水的水质应符合GB 5749—2022的规定。 2.除食品加工用水外的其他不与食品接触的用水（如间接冷却水、污水或废水等）应与食品加工用水以完全分离的管路输送，各管路系统应明确标识以便区分，防止交叉污染。 3.自备水源应提供水质检验报告，项目参照当地自来水公司控制要求执行；自来水应提供缴费单、自来水公司的水质检验报告；村供自备水源应提供合同、村送检的水质检验报告，项目参照当地自来水公司的控制要求执行
			供水管路标识略有不足	1	
			食品加工用水的水质不符合规定要求，或者供水管路存在交叉污染	0	

续表

序号	核查项目	核查内容	评分标准		核查要求
2.2	供排水设施	2. 排水系统的设计和建造应保证排水畅通，便于清洁维护，且满足生产的需要。室内排水应当由清洁程度高的区域流向清洁程度低的区域，且要有防止逆流的措施。排水系统出入口设计应合理并有防止污染和虫害侵入的措施	符合规定要求	3	1.排水系统的设计和建造应能够保证排水畅通，便于清洁维护，防止食品和食品生产用水、环境卫生受到排水系统的污染。原料清洗、盐渍、腌渍、脱盐脱水工序废水排放设施应设置合理，排水通畅。 2.车间排水系统的流向应由清洁程度要求高的区域流向清洁程度要求低的区域，且应有防逆流的设计。 3.排水系统入口应有密封的地漏，出口处应有适当的防虫害设施
			相关防护措施略有不足	1	
			室内排水流向不符合要求，或者相关防护措施严重不足	0	

续表

序号	核查项目	核查内容	评分标准		核查要求
2.3	清洁消毒设施	应当配备相应的食品、工器具和设备的清洁设施，必要时配备相应的消毒设施。清洁消毒方式应当避免对食品造成交叉污染，使用的洗涤剂、消毒剂应当符合相关规定要求	符合规定要求	3	1.食品生产者应配备足够的食品、工器具和设备的专用清洁设施。 2.盐渍、腌渍设施应清洁卫生，空置盐渍、腌渍设施应无发霉、发臭、腐败蔬菜残留物未及时清理的情况。 3.应根据生产需要制定盐渍、腌渍设施的清洁消毒制度，明确清理时间、方法、目标，且要符合企业生产实际，便于操作。 4.蔬菜干制品企业应定期对生产设备设施清洗，识别需要消毒的设备设施，明确消毒方法、消毒剂浓度、消毒时间、冲洗次数，确保消毒效果，避免消毒剂带来的交叉污染。 5.使用的洗涤剂、消毒剂不应对食品造成污染，且应符合相关规定要求，提供可用于食品清洗、消毒的证明
			清洁消毒设施略有不足	1	
			清洁消毒设施严重不足，或者清洁消毒的方式、用品不符合细则规定要求	0	

续表

序号	核查项目	核查内容	评分标准		核查要求
2.4	废弃物存放设施	应当配备设计合理、防止渗漏、易于清洁的存放废弃物的专用设施。必要时可设置废弃物临时存放设施。车间内存放废弃物的设施和容器应当标识清晰，不得与盛装原辅料、半成品、成品的容器混用	符合规定要求	3	1.食品生产者应配备设计合理、防止渗漏、易于清洁的存放废弃物的专用设施。 2.车间内存放废弃物的设施和容器应标识清晰(如采用文字、颜色、形状等方式标识或区分)，不应与存放食品原料、半成品、成品以及相关容器具的设施混用。必要时应在适当地点设置废弃物的临时存放设施，并依废弃物特性分类存放。 3.原料蔬菜预处理区、辅料预处理区、腌制蔬菜处理区处理后的合格原料、待返工原料、改作他用原料、废弃物应严格分类存放，标识清楚，半成品、副产品应及时进入下一加工环节，废弃物应定期清理，确保无腐败变质及异味产生，满足细则的规定
			废弃物存放设施及标识略有不足	1	
			废弃物存放设施设计不合理，或者与盛装原辅料、半成品、成品的容器混用	0	

续表

序号	核查项目	核查内容	评分标准		核查要求
2.5	个人卫生设施	生产场所或车间入口处应当设置更衣室，更衣室应当保证工作服与个人服装及其他物品分开放置；车间入口及车间内必要处，应当按需设置换鞋（穿戴鞋套）设施或鞋靴消毒设施；清洁作业区入口应当设置与生产加工人员数量相匹配的非手动式洗手、干手和消毒设施，洗手设施的材质、结构应当易于清洁消毒，邻近位置应当标示洗手方法。卫生间应当易于保持清洁，且不得与生产、包装或贮存等区域直接连通	符合规定要求	3	个人卫生设施包括更衣室、换鞋或鞋靴消毒设施以及非手动洗手、干手、消毒设施和卫生间等。 1.食品生产者应根据审查细则、GB 14881—2013，结合蔬菜制品实际生产需要，在相关作业区设置相应的个人卫生设施。 2.配备的洗手设施的材质、结构应易于清洁消毒，洗手设施应整洁卫生，邻近位置应标示洗手方法。 3.现场核查粗放式管理及传统工艺的盐渍区、腌制区、晾晒区，人员应更衣后进入相应的生产加工区；应设置人员更衣、洗手、换鞋等个人卫生设施，查看现场工作人员的个人卫生设施的状况。 4.厂房内设置的卫生间应与食品生产、包装或贮存等区域直接连通，并应有洗手设施
			个人卫生设施略有不足	1	
			个人卫生设施严重不符合规范要求，或者卫生间与生产、包装、贮存等区域直接连通	0	

续表

序号	核查项目	核查内容	评分标准		核查要求
2.6	通风设施	应当配备适宜的通风、排气设施，避免空气从清洁程度要求低的作业区域流向清洁程度要求高的作业区域；合理设置进气口位置，必要时应当安装空气过滤净化或除尘设施。通风设施应当易于清洁、维修或更换，并能防止虫害侵入	符合规定要求	3	1.生产者应配备适宜的通风、排气措施，减少空气来源的污染，控制异味。 2.产生大量蒸汽、油烟等的企业生产车间应配备适宜的通风除湿设施，且设备应运转正常，达到通风的效果。 3.酱腌菜及腌渍食用菌盐渍区构造应利于通风排气，自然通风不良的应根据需要配备通风排气设施，排出盐渍过程中产生的有毒有害气体。 4.蔬菜干制品及干制食用菌粉碎车间应设置除尘设施，空气应无扬尘，保持洁净。 5.通风设施应避免空气从清洁度要求低的作业区域流向清洁度要求高的作业区域。 6.进气口位置应设置合理，且应与污染源保持适宜距离和角度；进、排气口应有相应的防虫害措施
			通风设施略有不足	1	
			空气净化设施或通风设施严重不足，不能满足细则规定要求	0	

续表

<table>
<tr><th>序号</th><th>核查项目</th><th>核查内容</th><th colspan="2">评分标准</th><th>核查要求</th></tr>
<tr><td rowspan="3">2.7</td><td rowspan="3">照明设施</td><td rowspan="3">厂房内应当有充足的自然采光或人工照明，光泽和亮度应能满足生产和操作需要，光源应能使物料呈现真实的颜色。在暴露食品和原辅料正上方应当使用安全型或有防护措施的照明设施；如需要，还应当配备应急照明设施</td><td>符合规定要求</td><td>3</td><td rowspan="3">1.厂房内应装设有充足的自然采光或人工照明的设施，应能够保证照度能够满足相应的生产和操作需要。
2.安装在暴露食品和原料正上方的照明设施，应使用安全型照明设施或采取必要的措施防止照明设施破裂时造成的污染。根据生产需要及安全生产的有关规定，厂房操作区域应设置应急照明设施</td></tr>
<tr><td>照明设施或者防护措施略有不足</td><td>1</td></tr>
<tr><td>照明设施或者防护措施严重不足</td><td>0</td></tr>
<tr><td rowspan="3">2.8</td><td rowspan="3">温控设施</td><td rowspan="3">应当根据生产的需要，配备适宜的加热、冷却、冷冻以及用于监测温度和控制室温的设施</td><td>符合规定要求</td><td>3</td><td rowspan="3">1.生产车间配备的温、湿度控制设施应能满足产品加工过程的控制需求。
2.蔬菜干制品生产车间应配备适宜的温、湿度控制设施。
3.生产车间应配备相应的温、湿度监测设施。
4.温、湿度监控设施数值应满足生产加工要求</td></tr>
<tr><td>加热、冷却、冷冻等设施或温控设施略有不足</td><td>1</td></tr>
<tr><td>加热、冷却、冷冻等设施或温控设施严重不满足细则规定</td><td>0</td></tr>
</table>

续表

序号	核查项目	核查内容	评分标准		核查要求
2.9	检验设备设施	自行检验或部分自行检验的，应当具备与所检项目相适应的检验室、检验仪器设备和检验试剂。检验室应当布局合理，检验仪器设备的数量、性能、精度应当满足相应的检验需求，检验仪器设备应当按期检定或校准	符合规定要求	3	1.应具备与所检项目相适应的检验室和检验设备、设施和试剂，设备应按期检定或校准，且应能满足产品执行标准及检验管理制度规定的原辅料、半成品、成品的检验要求。 2.应根据产品执行标准及检验项目，配备相应的检验设备。鼓励即食产品生产企业配备微生物相关检测设备。 3.检验室应布局合理，水电齐全，检验设备的数量、性能、精度和试剂配备应满足相应的检验方法标准要求
			检验室布局略不合理，或者检验设备性能、试剂配备略有不足或者个别检验仪器设备未按期检定或校准	1	
			检验室布局不合理，或者检验设备数量、性能、精度及试剂配备不能满足检验需求，或者检验仪器设备未检定或校准	0	

三、设备布局和工艺流程(共9分)

序号	核查项目	核查内容	评分标准		核查要求
3.1	设备布局	生产设备应当按照工艺流程有序排列,合理布局,且要便于清洁、消毒和维护,避免交叉污染	符合规定要求	3	1.布局图应与实际设备布局一致。 2.设备布局应符合审查细则、生产卫生规范以及生产工艺流程要求,合理、有序,避免不同清洁度要求的设备、操作人员及加工物料混杂,产生交叉污染。 3.设备应不留空隙地固定在墙壁或地板上,避免藏污纳垢,或在安装时与地面和墙壁间保留足够空间,方便人员进出,利于设备的清洁和维护。 4.不符合要求、报废设备应及时拆除
			个别设备布局不合理,暂停使用的设备的标志不够清晰	1	
			设备布局存在交叉污染,设备安装拥挤,不利于清理维护及人员操作,不符合要求,报废设备在生产区堆放	0	

续表

序号	核查项目	核查内容	评分标准		核查要求
3.2	工艺流程	1.应当具备合理的生产工艺流程，防止生产过程中造成交叉污染。申请的食品类别、产品配方、工艺流程应当与产品执行标准相适应。执行企业标准的，应当依法备案或公开	符合规定要求	3	1.申请材料中的生产工艺流程图应与实际生产工艺流程一致。 2.申请材料中的工艺流程应与申请人现场的工艺文件一致。 3.申请材料中的生产工艺流程应符合审查细则和产品标准要求。 4.申请材料中的工艺流程不应存在交叉污染风险。 5.申请人的产品执行企业标准的，企业标准应依法到卫生行政管理部门备案，并在备案有效期内使用。企业标准审查要求：产品名称等应符合 GB 7718—2011 等强制性要求；涉及食品安全的指标，如污染物、微生物指标等不应与相关的食品安全国家标准要求相冲突；所有原辅料均应为可以用于普通食品生产加工的原辅料
			个别工艺流程略有交叉，或者略不符合产品执行标准或细则的规定	1	
			工艺流程存在交叉污染，或者不符合产品执行标准或细则的规定，或者企业标准未依法备案或公开	0	

续表

序号	核查项目	核查内容	评分标准		核查要求
3.2	工艺流程	2.应当制定所需的产品配方、工艺规程、作业指导书等工艺文件，明确生产过程中的食品安全关键环节和控制措施	符合规定要求	3	1.食品生产者应根据实际生产工艺，确定关键环节，并制定可操作的生产工艺规程，明确关键控制指标；生产过程关键控制环节制定应合理且受控。 2.核查配方、投料记录的一致性，所用原料及食品添加剂应符合相关法律法规。 3.企业工艺文件应满足细则中规定的相关产品的生产工艺控制要求，工艺参数控制要求应按照产品生产工艺的控制要求执行
			个别工艺规程、工艺参数、关键控制环节规定不明确或与实际情况有偏差	1	
			1.未制定关键控制环节的工艺文件；工艺文件存在严重错误。 2.配方及投料记录存在“两超一非”，生产投料记录与提供配方严重不符	0	

四、人员管理（共9分）

序号	核查项目	核查内容	评分标准		核查要求
4.1	人员要求	应当配备专职或兼职食品安全管理人员和食品安全专业技术人员，明确其职责。人员要求应当符合有关规定	符合规定要求	3	结合申请材料“食品安全管理及专业技术人员名单”核查： 1.申请材料中的名单应与现场食品安全管理及专业技术人员一致，所在部门、文化程度、专业应相符。 2.食品安全管理及专业技术人员的学历、专业、工作经历应符合蔬菜制品企业食品安全管理的要求。 3.食品安全管理及专业技术人员（食品安全总监、食品安全员）的岗位职责应明确。 4.化验员应经培训考核合格上岗，且应现场考核两名化验员出厂检验项目的检验能力
			企业人员配备充足且人员要求符合规定，但人员职责不太明确	1	
			食品安全管理人员及相关人员配备不足，或者人员要求不符合规定	0	

续表

序号	核查项目	核查内容	评分标准		核查要求
4.2	人员培训	应当制定和实施职工培训计划，根据岗位需求开展食品安全知识及卫生培训，做好培训记录。食品安全管理人员上岗前应当经过培训，并考核合格	符合规定要求	3	1.申请人应根据食品生产不同岗位的需求，制订和实施食品安全年度培训计划并进行考核，做好培训记录。 2.当食品安全相关的法律、法规、标准更新时，或者企业内部相关食品安全管理制度（文件）修改、更新后，应及时开展培训。 3.食品安全管理人员应经培训，并考核合格方能上岗
			培训计划及计划执行略有不足	1	
			无培训计划，或者已上岗的相关人员未经培训或考核不合格	0	

续表

序号	核查项目	核查内容	评分标准		核查要求
4.3	人员健康管理制度	应当建立从业人员健康管理制度，明确患有国务院卫生行政部门规定的有碍食品安全疾病的或有明显皮肤损伤未愈合的人员，不得从事接触直接入口食品的工作。从事接触直接入口食品工作的食品生产人员应当每年进行健康检查，取得健康证明后方可上岗工作	符合规定要求	3	1.申请人应建立从业人员健康管理制度。 2.从事接触直接入口食品工作人员每年应进行健康检查，取得健康证明；上岗前应接受卫生培训并考核合格。 3.患有有碍食品安全疾病的或有明显皮肤损伤的人员不应从事影响食品安全的工作。要查看相关人员健康证
			制度内容略有缺陷，或者个别人员未能提供健康证明	1	
			无制度，或者人员健康管理严重不足	0	

五、管理制度（共 27 分）

序号	核查项目	核查内容	评分标准		核查要求
5.1	采购管理及进货查验记录制度	1.应当建立并执行采购管理制度，规定食品原料、食品添加剂、食品相关产品验收标准。采购时，应当查验供货者的许可证和产品合格证明；对无法提供合格证明的食品原料，应当按照食品安全标准及产品执行标准进行检验。 2.应当建立并执行进货查验记录制度，记录采购的食品原料、食品添加剂及食品相关产品名称、规格、数量、生产日期或者生产批号、保质期、进货日期以及供货者名称、地址、联系方式等信息，保存相关记录和凭证	符合规定要求	3	1.供方管理制度、双方食品安全协议、原辅料采购验收管理规定应符合细则规定。原料蔬菜、食用菌、咸坯验收准则应合理，验收指标应符合细则的要求。 2.申请人应建立进货查验记录制度，制度内容应符合要求。 3.进货查验记录应记录供方名称、联系人、联系方式、品种、数量、价格、采购时间等追溯信息，信息应齐全完整。 4.核查供方评价、考核表及档案、供方资质及随货同行合格证明
			1.进货查验记录制度或供方评价管理规定、双方食品安全协议、原辅料采购验收管理规定的内容略有不足。 2.个别辅料未能提供合格证明文件	1	
			1.无进货查验记录制度或供方评价管理规定、双方食品安全协议、原辅料采购验收管理规定，或者内容严重不足，不能有效约束双方责任，保障稳定供给关系。 2.主要原料供方无资质、无与采购记录相对应的合格证明文件或原辅料不符合食品安全国家标准	0	

续表

序号	核查项目	核查内容	评分标准		核查要求
5.2	生产过程控制制度	应当建立生产过程控制制度，制定所需的操作规程或作业指导书，明确原料（如领料、投料、余料管理等）、生产关键环节（如生产工序、设备、贮存、包装等）控制的相关要求，防止交叉污染，并记录产品的加工过程（包括工艺参数、环境监测等）	符合规定要求	3	1.核查原料控制情况。 2.核查生产关键环节控制记录，评价关键点控制制度落实情况。 3.核查各类产品生产过程控制制度内容的合理性，应满足细则对产品生产过程的控制要求
			个别制度内容规定得不全面或者个别控制环节与实际生产过程控制略有不符	1	
			1.无制度，或者缺少细则规定控制环节的管理制度。 2.制度内容与申请人的实际生产过程控制要求严重不符	0	

续表

序号	核查项目	核查内容	评分标准		核查要求
5.3	检验管理及出厂检验记录制度	1.应当建立并执行检验管理制度，规定原料检验、过程检验、产品出厂检验以及产品留样的方式及要求，综合考虑产品特性、工艺特点、原料控制等因素明确制定出厂检验项目，保存相关检验和留样记录。委托检验的，应当委托有资质的机构进行检验。 2.应当建立并执行出厂检验记录制度，并规定食品出厂时，查验出厂产品的安全状况和检验合格证明，记录产品的名称、规格、数量、生产日期或者生产批号、保质期、检验合格证证明编号、销售日期以及购货者名称、地址、联系方式等信息，保存相关记录和凭证	符合规定要求	3	1.企业应制定检验管理制度，包括对原辅料、半成品和出厂检验的管理规定。企业应根据产品类别、工艺特点确定检验项目和检验频次。应特别关注企业自行界定生产批次的合理性。 2.申请人应建立出厂检验记录制度，制度内容应符合要求。 3.申请人应配备检验原始记录、出厂检验报告。对于出厂委托检验的，应现场查验出厂委托检验合同（明确规定批批检验、检验机构对批次负责、至少满足一年有效期、检验项目），检验机构资质应涵盖被委托检验项目。 4.企业应制定出厂检验相关规程，且应明确产品出厂检验要求及项目，并与细则要求一致；蔬菜制品出厂检验应至少包含细则所规定的项目。 5.若采用快速检验方法，应定期与国家标准规定的检验方法比对或者验证。 6.非标方法检验结果不合格时，应使用国标规定的检验方法进行确认。 7.应关注企业实验室产品留样的记录情况
			1.制度规定得不详细，相关记录的项目、内容不太全面，个别产品出厂检验记录内容不齐全等。 2.采用快速检验方法时未定期与国家标准规定的检验方法比对或者验证。 3.非标方法检验结果不合格时，未使用国标规定的检验方法进行确认	1	
			1.无制度，或者制度内容严重不足。 2.未设计或使用出厂检验记录，未执行出厂检验管理制度等	0	

续表

序号	核查项目	核查内容	评分标准		核查要求
5.4	运输和交付管理制度	应当建立并执行运输和交付管理制度，规定根据产品特点、贮存要求、运输条件选择适宜的运输方式，并做好交付记录。委托运输的，应当对受托方的食品安全保障能力进行审核	制定了该制度，并有相关记录	3	1.核查运输控制情况。若企业存在冷链运输，应记录冷链运输情况。企业无冷链运输工具的，应提供运输协议，且协议内容应合理，应对受托方的食品安全保障能力进行审核。 2.核查交付控制情况。查看企业的交付记录
			制度内容或执行略有不足	1	
			无制度，或者制度内容严重不足	0	
5.5	食品安全追溯管理体系	应当建立并执行食品安全追溯管理体系，记录并保存法律、法规及标准等规定的信息，保证产品可追溯	制定了追溯管理相关体系，并能提供相关批次产品的运行记录	3	1.核查追溯管理体系建立情况。 2.核查追溯管理体系运行记录
			管理体系运行略有不足，记录内容略有缺陷	1	
			未建立体系，或者未按体系要求运行，相关运行记录无法提供等	0	

续表

序号	核查项目	核查内容	评分标准		核查要求
5.6	食品安全自查制度	应当建立食品安全自查制度，并规定对食品安全状况定期进行检查评价，并根据评价结果采取相应的处理措施	符合规定要求	3	1.申请人应制定食品安全自查制度，制度内容应符合要求。 2.申请人应定期开展食品安全自查评价，并根据自查评价结果采取相应的处理措施。 3.自查应参照《食品生产经营监督管理办法》相关规定执行，新建企业应有自查制度、检查表格。自查频次每年至少一次
			制度内容略有不足	1	
			无制度，或者制度内容严重不足	0	

续表

序号	核查项目	核查内容	评分标准		核查要求
5.7	不合格品管理及不安全食品召回制度	1.应当建立并执行不合格品管理制度，规定原料、半成品、成品及食品相关产品中不合格品的管理要求和处置措施。 2.应当建立并执行不安全食品召回制度，规定停止生产、通知相关生产经营者和消费者、召回和处置不安全食品的相关要求，记录召回和通知情况	符合规定要求	3	1.申请人应建立不安全食品管理制度，且应规定生产过程中发现的原辅料、半成品、成品中不合格品以及回收食品、过期食品的管理要求和处置措施。应按照规定对不合格品进行标识、隔离，以防止错用、误用。 2.应有对不合格品的返工、纠正或采取纠正措施的制度、程序文件，防止或减少不合格品的再次发生。应对不合格品进行统计分析，做好不合格处理记录。 3.申请人应建立不安全食品召回制度，且应规定食品召回计划、召回公告的必备内容。应规定将不安全食品召回和处理情况向相关监管部门报告的要求，且要查看实施召回的记录
			制度内容略有不足	1	
			无制度，或者制度内容严重不足的，管理要求和处置措施严重不足	0	

续表

序号	核查项目	核查内容	评分标准		核查要求
5.8	食品安全事故处置方案	应当建立食品安全事故处置方案，并规定食品安全事故处置措施及向相关食品安全监管部门和卫生行政部门报告的要求	符合规定要求	3	1.申请人应建立食品安全事故处置方案。 2.申请人建立的食品安全处置方案应全面
			方案内容略有不足	1	
			无方案，或者方案内容严重不足	0	
5.9	其他	应当按照相关法律法规、食品安全标准以及审查细则规定，建立其他保障食品安全的管理制度	符合规定要求	3	现场核查时，应当结合审查细则以及GB 14881—2013的规定，对申请人的其他保证食品安全的管理制度进行核查
			个别制度内容略有不足或归档的批次产品生产记录个别工序不完整	1	
			1.无制度，或者制度内容严重不足。 2.未定期整理、归档批次产品对应的生产记录	0	

六、试制产品检验合格报告(共1分)

序号	核查项目	核查内容	评分标准		核查要求
6.1	试制产品检验合格报告	应当提交符合产品执行的食品安全标准、产品标准、审查细则和国务院卫生行政部门相关公告的试制食品检验合格报告	符合规定要求	1	1.试制食品检验合格报告的种类、检验项目及检验结论应符合规定要求。 2.试制产品检验合格报告的具体核查要求应按照审查细则的规定执行。报告的提供原则:按照产品执行标准和产品工艺特性提供相应检验报告,即按照企业申报产品执行标准分别提供检验报告;执行同一标准但工艺存在明显差别的,应分别提供报告。报告可为全项自检、自检加委托、全项委托的形式,要求为同批次产品报告,且不可同一报告委托多个机构出具。 3.换证企业生产条件未发生变化、未增加产品的,无须提供试制产品检验报告
			非食品安全标准规定的检验项目不全	0.5	
			无检验合格报告,或者食品安全标准规定的检验项目不全	0	

附录六　水产制品生产许可现场核查指南

一、生产场所(共18分)

序号	核查项目	核查内容	评分标准		核查得分	核查要求
1.1	厂区要求	1.厂区不应选择对食品有显著污染的区域。厂区周围应无虫害大量滋生的潜在场所,无有害废弃物以及粉尘、有害气体、放射性物质和其他扩散性污染源。各类污染源难以避开时应当有必要的防范措施,能有效清除污染源造成的影响。现场提供的食品生产加工场所周围环境平面图应与实际一致	符合规定要求	3	1.现场核查情况全部符合核查内容规定要求的,得3分。 2.对污染源有相应的防范或清除措施,但个别措施效果不明显的,得1分。例如:饲养有与生产加工有关的动物的,对暂养净化设施和环境有相应的防范措施,但个别措施效果不明显;对车间外废弃物放置场所有相应的防范措施,但个别措施效果不明显,如废弃物放置场所清理消毒不彻底,有残渣;现场提供的平面图与实际不一致。 3.未对污染源采取防范或清除措施,或者虽有措施但措施无明显效果的,得0分。例如:生产区域内饲养有与生产加工无关的动物;对饲养有与生产加工有关的动物,对暂养净化设施和环境未采取相应的防范措施,或虽有措施但措施无明显效果;车间外废弃物放置场所未与食品加工场所隔离,或虽有隔离但起不到有效防止污染的作用,生产场所有严重腥臭味,有虫害滋生的现象,废弃物放置场所没有防止腥臭等不良气味溢出及虫害滋生的相应措施	1.生产场所环境应保持整洁。 2.生产场所及周围环境不应存在污染源。 3.污染源的清除和防范措施应有效。 4.厂区内及厂区周边不应有家禽、家畜养殖场。 5.厂区内坑式厕所及水冲式厕所集粪池应与车间保持足够的距离或采取有效防护措施。 6.实际生产场所应与申报地址一致
			有污染源防范措施,但个别防范措施效果不明显	1		
			无污染源防范措施,或者污染源防范措施无明显效果	0		

续表

序号	核查项目	核查内容	评分标准		核查得分	核查要求
1.1	厂区要求	2. 厂区环境应整洁，无扬尘或积水现象。各功能区划分应明显，且布局合理。现场提供的食品生产加工场所平面图应与实际一致。生活区与生产区应保持适当距离或分隔，防止交叉污染。厂区道路应当采用硬质材料铺设。厂区绿化应当与生产车间保持适当距离，植被应当定期维护，防止虫害滋生	符合规定要求	3	1.现场核查情况全部符合核查内容规定要求的，得 3 分。 2.厂区布局基本合理，生活区与生产区相距较近或分隔不彻底，对个别潜在的污染源有相应防范、清除措施，但个别措施效果不佳的；现场提供的平面图与实际不一致的；个别道路未硬化，个别厂区地面有土壤裸露现象或积水现象，绿化带距离生产车间较近的，得 1 分。 3.厂区布局不合理，或者生活区与生产区紧邻且未分隔，未对生活区的潜在污染源采取防范、清除措施或者虽有防范措施但措施效果普遍不佳，存在交叉污染的；多数厂区地面未硬化或绿化，厂区扬尘或积水现象严重，绿化带紧邻生产车间，存在虫害污染、杀虫剂带来的化学污染的，得 0 分	1.对生产加工场所的布局及各功能区划分的核查要求如下： （1）实际生产场所的布局及各功能区划分应合理。 （2）生活区与生产区应保持规定的距离，或者采取分隔措施。 2.对厂区、道路及绿化情况的核查要求如下： （1）厂区道路应铺设混凝土、沥青或者其他硬质材料。 （2）厂区内不能有裸露地面，厂区地面应采用铺设水泥、地砖或草坪等方式，便于保持环境清洁，防止正常天气下扬尘和积水等现象发生。 （3）绿化区与生产车间应保持适当的距离；申请人要定期维护绿化区内的树木、草坪等植被，采取适当的虫害灭除措施，防止虫害在厂区内滋生
			厂区布局基本合理，生活区与生产区相距较近或分隔不彻底。厂区环境略有不足	1		
			厂区布局不合理，或者生活区与生产区紧邻且未分隔，或者存在交叉污染。厂区环境不符合规定要求	0		

续表

序号	核查项目	核查内容	评分标准		核查得分	核查要求
1.2	厂房和车间	1.应当具有与生产的产品品种、数量相适应的厂房和车间，并根据生产工艺及清洁程度的要求合理布局和划分作业区，避免交叉污染；厂房内设置的检验室应当与生产区域分隔。现场提供的食品生产加工场所各功能区间布局平面图应与实际一致	符合规定要求	3	1.现场核查情况全部符合核查内容规定要求的，得 3 分。 2.个别作业区布局和划分不太合理的，得 1 分。例如：厂房面积与空间略显不足，设备安装或人员操作空间较局促，或者个别作业区布局、清洁度控制不太合理，略有交叉尚无交叉污染风险；晾晒场所有防护措施，但防护措施效果不佳，如防蝇纱网有破损，晒场地面虽采用水泥、石板等材料铺砌但不平坦、易积水；盐渍水产品的烫煮区域和盐渍区域地面破乱，不整洁；盐渍区域防鸟、防鼠设施不够完善，有破损的情况；现场提供的平面图与实际不一致。 3.厂房面积与空间不满足生产需求，或者各作业区布局和划分不合理，或者检验室未与生产区域分隔的，得 0 分。例如：厂房面积与空间严重不足，操作人员无法使用正常方式进行操作或对车间、设备进行清洁消毒；各作业区的划分不符合审查细则和生产工艺的要求，如加工布局未遵循原料、半成品、成品、包装、贮存顺畅合理的原则，在加工过程中存在交叉和倒流的现象；检验室与生产车间直接连通，未进行分隔；晾晒场所无防护措施，地面裸露，晒场周围蚊虫滋生较多，环境较差	1.厂房、车间功能布局应合理，避免交叉污染。 2.厂房和车间的面积、空间应与生产能力相适应。 3.各作业区的清洁程度划分应符合生产工艺的要求。 4.厂房内设置的检验室应与生产区域分隔，检验行为不能对车间生产造成污染。 5.车间内如果存在闲置车间或与生产产品无关的车间，不应对生产加工产品产生不良影响
			个别作业区布局和划分不太合理	1		
			厂房面积与空间不满足生产需求，或者各作业区布局和划分不合理，或者检验室未与生产区域分隔	0		

续表

序号	核查项目	核查内容	评分标准		核查得分	核查要求
1.2	厂房和车间	2.车间应保持清洁，顶棚、墙壁和地面应当采用无毒、无味、防渗透、防霉、不易破损脱落的材料建造，且要易于清洁；顶棚在结构上不利于冷凝水垂直滴落，裸露食品上方的管路应当有防止灰尘散落及水滴掉落的措施；门窗应当闭合严密，不透水、不变形，并应有防止虫害侵入的措施。地面应当平坦防滑、无裂缝	符合规定要求	3	1.现场核查情况全部符合核查内容规定要求的，得3分。 2.车间清洁程度以及顶棚、墙壁、地面和门窗或者相关防护措施略有不足的，得1分。例如，车间个别区域有杂物堆放，个别部位的建造材料及建筑结构略有不足，顶棚、墙壁和地面个别部位略有破损，个别区域的防虫害措施不足等。 3.车间清洁程度以及顶棚、墙壁、地面和门窗或者相关防护措施严重不足的，得0分。例如，车间环境卫生脏、乱、差，顶棚、墙壁、地面和门窗破损严重，暴露食品上方设置的管路导致灰尘散落及水滴掉落食品中，车间门窗无虫害防范措施等	1.车间环境应保持清洁，不能有肮脏、杂乱、卫生环境差的情况。 2.车间顶棚、墙壁、地面和门窗的建造材料及结构应符合要求，结构设计应防止灰尘沉积和散落。 3.顶棚、门窗应有必要的防护措施，防止蚊蝇等飞虫进入。 4.采用地板革、PVC等材质铺设地板时需关注地板的固定及密封情况，应有防潮处理且不得有异味和危害健康的物质挥发。 5.煮制车间、杀菌车间、冷却车间等易产生蒸汽区域，应具备防止冷凝水垂直滴落的措施。 6.物料进入生产车间的传递口必要时应设置风幕装置
			车间清洁程度以及顶棚、墙壁、地面和门窗或者相关防护措施略有不足	1		
			严重不符合规定要求	0		

续表

序号	核查项目	核查内容	评分标准		核查得分	核查要求
1.3	库房要求	1. 应当具有与所生产产品的数量、贮存要求相适应的，与食品生产加工场所平面图、食品生产加工场所各功能区间布局平面图中标注的库房一致的库房，且库房应整洁，地面平整，易于维护、清洁，防止虫害侵入和藏匿。必要时库房应当设置相适应的温、湿度控制等设施	符合规定要求	3	1.现场核查情况全部符合核查内容规定要求的，得3分。 2.库房整洁程度或者相关设施略有不足的，得1分。例如，个别部位库房地面不平整，部分区域卫生状况较差，个别虫害防护措施失效，实际库房与平面图标注不一致等。 3.现场核查情况严重不符合规定要求的，得0分。例如：库房地面大面积破损，垃圾、杂物大量堆放在原辅料、半成品、成品仓库中；未根据审查细则、生产工艺和产品贮存的需求设置必要的温、湿度控制设施或者温、湿度控制设施性能不满足贮存的需求等	1.库房的种类应符合物料存放的要求。 2.库房应保持清洁，以无毒、坚固的材料建成；地面应平整，无积水，便于通风换气。 3.库房的建筑材料、面积、结构应与所生产产品的数量、贮存要求相适应。 4.库房的建筑材料、结构应易于维护和清洁，防止虫害藏匿，并应设有防止虫害侵入的装置
			库房整洁程度或者相关设施略有不足	1		
			严重不符合规定要求	0		

续表

序号	核查项目	核查内容	评分标准		核查得分	核查要求
1.3	库房要求	2.原辅料、半成品、成品等物料应当依据性质的不同分设库房或分区存放。清洁剂、消毒剂、杀虫剂、润滑剂、燃料等物料应当与原辅料、半成品、成品等物料分隔放置。库房内的物料应当与墙壁、地面保持适当距离，并明确标识，防止交叉污染	符合规定要求	3	1.现场核查情况全部符合核查内容规定要求的，得 3 分。 2.物料存放或标识略有不足的，得 1 分。例如，个别物料未离墙、离地存放，个别物料标识不清晰或标识错误等。 3.原辅料、半成品、成品等与清洁剂、消毒剂、杀虫剂、润滑剂、燃料等物料未分隔存放，物料无标识或标识混乱，存在严重交叉污染隐患的，得 0 分	1.原料、半成品、成品等物料应依据物料性质的不同分设贮存场所或分区域码放。 2.库房内的各类物料应标识明确，防止混淆、误用、交叉污染。 3.物料应离地、离墙且按照先进先出的方式存放，便于空气流通和物品搬运。 4.清洁剂、消毒剂、杀虫剂、润滑剂、燃料等物质应分别安全包装，明确标识，并与原料、半成品、成品、包装材料等分隔放置。原辅料、包装材料共用库房时应分区存放、标识清晰。 5.列入危险化学品名录的食品添加剂或清洗消毒剂应实行专人管理
			物料存放或标识略有不足	1		
			原辅料、半成品、成品等与清洁剂、消毒剂、杀虫剂、润滑剂、燃料等物料未分隔存放，物料无标识或标识混乱	0		

二、设备设施(共36分)

序号	核查项目	核查内容	评分标准		核查得分	核查要求
2.1	生产设备	应当配备与生产的产品品种、数量相适应的生产设备，设备的性能和精度应当满足生产加工的要求	符合规定要求	3	1.现场核查情况全部符合核查内容规定要求的，得3分。 2.个别设备的性能和精度略有不足的，得1分。例如，个别设备的性能、精度或者维护稍差，能够基本满足生产需要，或者通过简单维护、维修可以满足生产需要。 3.生产设备不满足生产加工要求的，得0分。例如，缺少关键生产设备或设备的性能、精度不满足生产加工要求，或者设备无法正常运转	1.食品生产主要设备、设施清单应与生产现场的主要生产设备的种类、数量一致，且设备应能正常运行。 2.生产设备的种类、性能及数量应满足生产加工的需要，与生产相适应
			个别设备的性能和精度略有不足	1		
			生产设备不满足生产加工要求	0		

续表

序号	核查项目	核查内容	评分标准		核查得分	核查要求
2.1	生产设备	2.生产设备应清洁卫生，直接接触食品的设备、工器具材质应当无毒、无味、抗腐蚀、不易脱落，表面光滑、无吸收性，易于清洁保养和消毒	符合规定要求	3	1.现场核查情况全部符合核查内容规定要求的，得 3 分。 2.设备清洁卫生程度或者设备材质略有不足的，得 1 分。例如：个别设备、工器具的材质虽然符合规定要求，但表面不光滑，不利于清洁保养和消毒的；维修结束后对维修区域进行了清洗消毒，但品控人员未对清洗消毒效果进行验证。 3.设备清洁卫生程度或者设备材质严重不符合规定要求的，得 0 分。例如：设备肮脏；设备、工器具材质不符合要求；多数设备表面不光滑，不利于清洁保养和消毒，甚至设备表面有易藏污纳垢的裂缝或卫生死角，不利于清洁、消毒；设备维修未采取有效措施防止对产品造成污染；维修结束后没有对维修区域彻底清洗消毒，即进行生产	1.生产设备应清洁卫生，未受到污染。 2.直接接触食品的设备、工器具应保持完好无损，其材质应无毒、无味、抗腐蚀、不易脱落，易于清洁保养和消毒。 3.确因生产工艺需要而使用竹木制品或纤维制品的，应确保其材质符合上述要求。竹木制品或纤维制品易滋生各类微生物造成污染，应做好清洗、消毒、维护、保养等工作。对于使用此类工器具、设备、设施的产品应在记录中描述其必要性
			设备清洁卫生程度或者设备材质略有不足	1		
			严重不符合规定要求	0		

续表

序号	核查项目	核查内容	评分标准		核查得分	核查要求
2.1	生产设备	3.生产设备应维护保养良好，并做好记录。用于监测、控制、记录的设备应当定期校准、维护。停用的设备需标注清晰，不影响正常生产	符合规定要求	3	1.制定了设备维护保养制度或计划，并按计划执行的，对监测、控制、记录的设备定期校准和维护的，得3分。 2.无法提供个别关键设备的维护保养记录，个别用于监测、控制、记录的设备未进行校准或维护的，停用设备未标注的，得1分。 3.无设备维护保养记录，用于监测、控制、记录的设备未进行校准或维护的，得0分	1.申请人的生产设备应无破损、生锈等情况，且应有对应的维护保养计划及记录。 2.用于监测、控制、记录的设备应当定期校准、维护。 3.现场停用设备应进行标注，且标注应清晰
			维护保养、记录略有不足，或者个别监测设备未校准	1		
			无维修保养记录，或者监测设备无法满足规定要求	0		

续表

序号	核查项目	核查内容	评分标准		核查得分	核查要求
2.2	供排水设施	1.食品加工用水的水质应当符合GB 5749—2022的规定，有特殊要求的应当符合相应规定。食品加工用水与其他不与食品接触的用水应当以完全分离的管路输送，避免交叉污染，各管路系统应当明确标识以便区分	符合规定要求	3	1.现场核查情况全部符合核查内容规定要求的，得3分。 2.供水管路标识略有不足的；个别管路标识不清，但未造成交叉污染的；加工用冰的制造、破碎、运输、贮存的卫生条件略有不足的，贮存加工用冰的容器要求略有不足的，得1分。 3.食品加工用水的水质不符合规定要求，或者供水管路无标识或标识混乱，或者供水管路存在交叉污染的；加工用冰的制造、破碎、运输、贮存的卫生条件不符合规定的或者贮存加工用冰的容器不符合要求的，得0分	1.食品加工用水的水质应符合GB 5749—2022的规定；对加工用水水质、水源有特殊要求的食品还应符合相应的规定。 2.除食品加工用水外的其他不与食品接触的用水（如间接冷却水、污水或废水等）应与食品加工用水以完全分离的管路输送，各管路系统应明确标识以便区分，防止交叉污染。 3.来自非公共供水系统的水源应采用封闭管道输送，防止污染
			供水管路标识略有不足	1		
			食品加工用水的水质不符合规定要求，或者供水管路无标识或标识混乱，或者供水管路存在交叉污染	0		

续表

序号	核查项目	核查内容	评分标准		核查得分	核查要求
2.2	供排水设施	2. 排水系统的设计和建造应保证排水畅通，便于清洁维护，且满足生产的需要。室内排水应当由清洁程度高的区域流向清洁程度低的区域，且要有防止逆流的措施。排水系统出入口设计应合理并有防止污染和虫害侵入的措施	符合规定要求	3	1.现场核查情况全部符合核查内容规定要求的，得 3 分。 2.相关防护措施略有不足的，得 1 分。例如，个别地漏无水封装置，排水系统的个别部位防逆流、防虫害等防护措施略有不足。 3.室内排水流向不符合要求，或者相关防护措施严重不足的，得 0 分。例如，车间排水的流向由清洁程度要求低的区域流向清洁程度要求高的区域，或防逆流、防虫害、防浊气溢出等防护措施严重不足	1.排水系统的设计和建造应能够保证排水畅通，便于清洁维护，防止食品和食品生产用水、环境卫生受到排水系统的污染。 2.车间排水系统的流向应由清洁程度要求高的区域流向清洁程度要求低的区域，且应有防逆流的设计。 3.排水系统入口应有带水封的地漏，出口处应有适当的防虫害设施
			相关防护措施略有不足	1		
			室内排水流向不符合要求，或者相关防护措施严重不足	0		

续表

序号	核查项目	核查内容	评分标准		核查得分	核查要求
2.3	清洁消毒设施	应当配备相应的食品、工器具和设备的清洁设施，必要时配备相应的消毒设施。清洁消毒方式应当避免对食品造成交叉污染，使用的洗涤剂、消毒剂应当符合相关规定要求	符合规定要求	3	1.现场核查情况全部符合核查内容规定要求的，得3分。 2.清洁消毒设施略有不足的，得1分。例如，个别设备未配备专用的消毒设施，个别消毒设施未能保证已使用和未使用的清洁消毒工器具分开放置等。 3.清洁消毒设施严重不足，或者清洁消毒的方式和用品不符合规定要求的，得0分。例如，未配备食品、工器具和设备的清洁消毒设施，使用不符合规定要求甚至可能污染食品的洗涤剂、消毒剂等	1.应配备足够的工器具和设备的专用清洁设施。 2.应配备必要的消毒设施。 3.清洗消毒使用的洗涤剂、消毒剂不应对食品造成污染，应符合相关规定要求
			清洁消毒设施略有不足	1		
			清洁消毒设施严重不足，或者清洁消毒的方式、用品不符合规定要求	0		

续表

序号	核查项目	核查内容	评分标准		核查得分	核查要求
2.4	废弃物存放设施	应当配备设计合理、防止渗漏、易于清洁的存放废弃物的专用设施，必要时可设置废弃物临时存放设施。车间内存放废弃物的设施和容器应当标识清晰，不得与盛装原辅料、半成品、成品的容器混用	符合规定要求	3	1.现场核查情况全部符合核查内容规定要求的，得 3 分。 2.废弃物存放设施及标识略有不足的，得 1 分。例如，个别生产区域的废弃物存放设施、容器不足，个别废弃物存放设施、容器无明确的标识，废弃物容器的防水、防腐蚀、防渗漏措施略有不足，弃物管道的维护和使用略有欠缺。 3.废弃物存放设施设计不合理，或者与盛装原辅料、半成品、成品的容器混用的；未设置废弃物容器的；废弃物容器无防水、防腐蚀、防渗漏措施，造成严重污染的；废弃物管道未及时清洗、维护、保养，产生严重不良气味和微生物污染车间的，得 0 分	1.食品生产者应配备设计合理、防止渗漏、易于清洁的存放废弃物的专用设施。 2.车间内存放废弃物的设施和容器应标识清晰(如采用文字、颜色、形状等方式标识或区分)，存放食品原料、半成品、成品以及相关工器具的设施不能混用。必要时应在适当地点设置废弃物临时存放设施，并依据废弃物特性分类存放
			废弃物存放设施及标识略有不足	1		
			废弃物存放设施设计不合理，或者与盛装原辅料、半成品、成品的容器混用	0		

续表

序号	核查项目	核查内容	评分标准		核查得分	核查要求
2.5	个人卫生设施	生产场所或车间入口处应当设置更衣室，更衣室应当保证工作服与个人服装及其他物品分开放置；车间入口及车间内必要处，应当按需设置换鞋（穿戴鞋套）设施或鞋靴消毒设施；清洁作业区入口应当设置与生产加工人员数量相匹配的非手动式洗手、干手和消毒设施。洗手设施的材质、结构应当易于清洁消毒，邻近位置应当标示洗手方法。卫生间应当易于保持清洁，且不得与生产、包装或贮存等区域直接连通	符合规定要求	3	1.现场核查情况全部符合核查内容规定要求的，得3分。 2.个人卫生设施略有不足的，得1分。例如，个别更衣柜存在个人服装与工作服混放现象，个别洗手、换鞋设施损坏或不符合规定要求，洗手设施材质、结构容易藏污纳垢，邻近位置未标示洗手方法，卫生间不清洁等。 3.个人卫生设施严重不符合规范要求，或者卫生间与生产、包装、贮存等区域直接连通的，得0分	个人卫生设施包括更衣室、换鞋或鞋靴消毒设施以及洗手、干手、消毒设施和卫生间等。 1.应根据GB 14881—2013等的要求，结合实际生产需要，在相关作业区设置符合要求的个人卫生设施。 2.更衣室、换鞋或鞋靴消毒设施以及洗手、干手、消毒设施应结合产品性质和防护要求确定。 3.车间内卫生间应设置在更衣室外侧，且进入更衣室的门与进入卫生间的门不得相通，防止空气对流。卫生间内必须设置洗手消毒设施
			个人卫生设施略有不足	1		
			个人卫生设施严重不符合规范要求，或者卫生间与生产、包装、贮存等区域直接连通	0		

续表

序号	核查项目	核查内容	评分标准		核查得分	核查要求
2.6	通风设施	应当配备适宜的通风、排气设施，避免空气从清洁程度要求低的作业区域流向清洁程度要求高的作业区域；合理设置进气口位置，必要时应当安装空气过滤净化或除尘设施。通风设施应当易于清洁、维修或更换，并能防止虫害侵入	符合规定要求	3	1.现场核查情况全部符合核查内容规定要求的，得3分。 2.通风设施略有不足的，得1分。例如，个别通风设施损坏或防虫害侵入措施不足等。 3.通风设施严重不足，不能与产能相匹配，或者不能满足必要的空气过滤净化、除尘、防止虫害侵入的需求的，得0分	1.必要时，在粉尘、蒸汽多的区域，应配备适宜的通风、排气措施，以控制生产环境的温度、湿度、洁净度。 2.企业应对洁净间进行监控，对空气净化设施定期开展清洁维护
			通风设施略有不足	1		
			通风设施严重不足，或者不能满足必要的空气过滤净化、除尘、防止虫害侵入的需求	0		

续表

序号	核查项目	核查内容	评分标准		核查得分	核查要求
2.7	照明设施	厂房内应当有充足的自然采光或人工照明，光泽和亮度应能满足生产和操作需要，光源应能使物料呈现真实的颜色。在暴露食品和原辅料正上方应当使用安全型或有防护措施的照明设施；如需要，还应当配备应急照明设施	符合规定要求	3	1.现场核查情况全部符合核查内容规定要求的，得3分。 2.照明设施或者防护措施略有不足的，得1分。例如，个别照明设施损坏或光泽、亮度不足，个别生产区域的照明设施防护不足等。 3.照明设施或者防护措施严重不足的，得0分。例如：照明设施的光泽、亮度不能满足生产需要，无法使食品呈现真实的颜色；多数安装在暴露食品和原料正上方的照明设施无相关防护措施等	1.厂房内应装设有充足的自然采光或人工照明的设施，应保证照度能够满足相应的生产和操作需要。 2.安装在暴露食品和原料正上方的照明设施，应使用安全型照明设施或采取必要的措施防止照明设施破裂时造成的污染。根据生产需要及安全生产的有关规定，厂房操作区域应设置应急照明设施；对易燃易爆产品生产及存放区域应安装防爆照明设施等
			照明设施或者防护措施略有不足	1		
			照明设施或者防护措施严重不足	0		

续表

序号	核查项目	核查内容	评分标准		核查得分	核查要求
2.8	温控设施	应当根据生产的需要，配备适宜的加热、冷却、冷冻以及用于监测温度和控制室温的设施	符合规定要求	3	1.现场核查情况全部符合核查内容规定要求的，得3分。 2.温控设施略有不足的，得1分。例如，个别温控设施的仪表指示不准确等。 3.温控设施严重不足的，得0分。例如：无必要的温控设施，或者温度监测、室温控制效果不能满足相关规定要求	1.应根据食品生产加工的特点及需要，配备适宜的加热、冷却、冷冻等设施，以及用于监测温度的设施。 2.应根据相关生产卫生规范和生产工艺的需要，设置控制室温的设施，用以降低室内存放的食品、原料中微生物生长繁殖速度，防止食品受到微生物污染
			温控设施略有不足	1		
			温控设施严重不足	0		

续表

序号	核查项目	核查内容	评分标准		核查得分	核查要求
2.9	检验设备设施	自行检验或部分自行检验的，应当具备与所检项目相适应的检验室、检验设备和检验试剂。检验室应当布局合理，检验设备的数量、性能、精度应当满足相应的检验需求，检验仪器设备应当按期检定或校准	符合规定要求	3	1.现场核查情况全部符合核查内容规定要求的，得3分。 2.检验室布局略不合理，或者检验设备性能略有不足，个别设备未按期检定或校准的，得1分。例如，分析天平放置于高温设备或振动设备旁边，微生物检验室个别紫外杀菌灯损坏。 3.检验室布局不合理，或者检验设备数量、性能、精度不能满足检验需求，大部分设备未按期检定或校准的，得0分。例如，缺少检验方法标准规定的检验设备等	1.企业应具备检验能力要求的检验设备，且设备应按期检定或校准。 2.出厂检验可以采取自行检验或委托有资质的检验机构检验两种方式。自行检验的，核查要求如下： （1）应具备与所检项目适应的检验室和检验设备。 （2）检验室应布局合理，检验设备的数量、性能、精度应满足相应的检验方法标准要求。 3.出厂检验项目全项委托检验的，企业可不具备化验室，但应落实委托检验机构相关资质；协议应明确批批检验，且应按实际情况至少保证1年有效期。 4.出厂检验项目的确定：标准中明确规定的以标准为准，标准中未规定出厂检验项目时，企业出厂检验项目应至少包含审查细则中规定的且标准中有判定依据的项目。 5.出厂检验允许使用快检设备．当发现问题时，应及时采用标准规定方法予以确认。企业使用快检设备时，应定期与国标规定的方法进行比对，确保快检的准确性。 6.企业应配备留样室，留样室的条件应满足产品的存贮要求
			检验室布局略不合理，或者检验设备性能略有不足、个别设备未按期检定或校准	1		
			检验室布局不合理，或者检验设备数量、性能、精度不能满足检验需求	0		

三、设备布局和工艺流程(共 9 分)

序号	核查项目	核查内容	评分标准		核查得分	核查要求
3.1	设备布局	生产设备应当按照工艺流程有序排列，合理布局，且要便于清洁、消毒和维护，避免交叉污染	符合规定要求	3	1.现场核查情况全部符合核查内容规定要求的，得 3 分。 2.个别设备布局不合理的，得 1 分。例如，个别设备的安装、布局不利于清洁、维护；检修、暂停使用等标示不明确。 3.设备布局存在交叉污染的，得 0 分。例如：加工生制品与加工熟制品的设备混杂或紧邻放置，存在严重交叉污染隐患；设备布局不合理，未留下足够的人员进出通道和操作空间，导致设备无法正常操作以及清洁、维护	1.申请材料中的生产设备布局图应与实际设备布局一致。 2.设备布局应符合生产卫生规范以及生产工艺流程要求，合理、有序，避免不同清洁度要求的设备、操作人员及加工物料混杂，产生交叉污染。 3.设备应留空隙地固定在墙壁或地板上，避免藏污纳垢，或者在安装时与地面和墙壁间保留足够空间，方便人员进出，利于设备的清洁和维护。 4.设备、工艺布局交叉污染问题统一根据该条进行判断
			个别设备布局不合理	1		
			设备布局存在交叉污染	0		

续表

序号	核查项目	核查内容	评分标准		核查得分	核查要求
3.2	工艺流程	1.应当具备合理的生产工艺流程，防止生产过程中造成交叉污染。申请的食品类别、产品配方、工艺流程应当与产品执行标准相适应。执行企业标准的，应当依法备案	符合规定要求	3	1.现场核查情况全部符合核查内容规定要求的，得3分。 2.个别工艺流程略有交叉，或者略不符合产品执行标准规定的，得1分。 3.工艺流程相互交叉污染，或不符合产品执行标准的要求，或企业标准未依法备案的，得0分	1.申请材料中的生产工艺流程图应与实际生产工艺流程一致。 2.工艺流程应与申请现场的工艺文件一致。 3.生产工艺流程应符合产品标准要求。工艺配方应符合标准规定要求。 4.工艺流程不应存在交叉污染风险。 5.申请人的产品执行企业标准的，企业标准还应依法备案公示，且应在备案有效期内。企业标准审查要求：产品名称应符合GB 7718—2011等强制性要求；涉及食品安全的指标，如污染物、微生物等不应与国家要求相冲突；所有原辅料均应为可以用于食品生产加工的原辅料
			工艺文件略有不足	1		
			工艺文件严重不足	0		

续表

序号	核查项目	核查内容	评分标准		核查得分	核查要求
3.2	工艺流程	2.应当制定所需的产品配方、工艺规程、作业指导书等工艺文件，明确生产过程中的食品安全关键环节	符合规定要求	3	1.现场核查情况全部符合核查内容规定要求的，得 3 分。 2.工艺文件件略有不足的，得 1 分。例如，个别工艺规程、工艺参数规定得不明确或与实际情况有偏差。 3.工艺文件严重不足的，得 0 分。例如，未制定关键控制环节的工艺文件，工艺文件存在严重错误，或者实际生产工艺与产品标准规定的工艺严重不符	1.应根据实际生产工艺，确定生产关键控制环节，并制定可操作的生产工艺规程，明确关键控制参数。 2.要关注产品配方表，配方表中要明确体现产品配方中使用的食品添加剂等关键配料的详细情况，且应符合要求
			工艺文件略有不足	1		
			工艺文件严重不足	0		

四、人员管理（共 9 分）

序号	核查项目	核查内容	评分标准		核查得分	核查要求
4.1	人员要求	应当配备专职或兼职食品安全管理人员和食品安全专业技术人员，明确其职责。人员要求应当符合有关规定	符合规定要求	3	1.现场核查情况全部符合核查内容规定要求的，得 3 分。 2.人员职责不太明确的，得 1 分。例如：个别食品安全管理人员（食品安全总监、食品安全员）的岗位职责规定得不太明确；虽有专业管理人员和技术人员，但能力稍有欠缺。 3.相关人员配备不足，或者人员要求不符合规定的，得 0 分。例如：未配备相应的食品安全管理人员及专业技术人员或者人员数量严重不足；关键岗位（如企业负责人、食品安全负责人、各部门负责人）的岗位职责不明确，或其资格不符合规定要求	1.申请材料中的名单应与现场食品安全管理及专业技术人员一致，且所在部门、文化程度、专业应相符。 2.食品安全管理人员及专业技术人员的学历、专业、工作经历应符合审查细则的规定以及食品安全管理的需求。关键岗位人员应存在行业进入限制。 3.食品安全管理人员及专业技术人员的配备应满足食品安全工作需要，食品安全管理人员及专业技术人员的岗位职责应明确。 4.企业具备化验室的，应配备具有检验能力的化验员。现场核查中应对化验员进行考核，考核内容应尽可能覆盖所申报产品的出厂检验项目。应对化验员的能力予以评价。生产线应根据需要开展过程检验控制。 5.针对关键控制点的控制要求，应考核验证该工艺专业技术人员的实际操作能力。 6.特殊工种人员应持证上岗
			人员职责不太明确	1		
			相关人员配备不足，或者人员要求不符合规定	0		

续表

序号	核查项目	核查内容	评分标准		核查得分	核查要求
4.2	人员培训	应当制订和实施职工培训计划，根据岗位需求开展食品安全知识及卫生培训，做好培训记录。食品安全管理人员上岗前应当经过培训，并考核合格	符合规定要求	3	1.现场核查情况全部符合核查内容规定要求的，得3分。 2.培训计划及计划执行略有不足的，得1分。例如，个别培训计划未按期实施或培训人员、培训内容未全面覆盖。 3.无培训计划，或者已上岗的相关人员未经培训或考核不合格的，得0分	1.申请人应根据食品生产不同岗位的需求，制订和实施食品安全年度培训计划并进行考核，做好培训记录。 2.当食品安全相关的法律、法规、标准更新时，或者企业内部相关食品安全管理制度（文件）修改、更新后，应及时开展培训。 3.未经培训的人员或培训考核不合格的食品安全管理人员及生产加工操作人员不得上岗
			培训计划及计划执行略有不足	1		
			无培训计划，或者已上岗的相关人员未经培训或考核不合格	0		

续表

序号	核查项目	核查内容	评分标准		核查得分	核查要求
4.3	人员健康管理制度	应当建立从业人员健康管理制度，明确患有国务院卫生行政部门规定的有碍食品安全疾病的或有明显皮肤损伤未愈合的人员，不得从事接触直接入口食品的工作。从事接触直接入口食品工作的食品生产人员应当每年进行健康检查，取得健康证明后方可上岗工作	符合规定要求	3	1.现场核查情况全部符合核查内容规定要求的，得3分。 2.从业人员健康管理制度内容略有缺陷，或者个别人员未能提供健康证明的，得1分。例如，个别食品生产加工人员未洗手、更衣进入食品生产现场等。 3.无人员健康管理制度，或人员健康管理存在严重不足的，得0分。例如，从事接触直接入口食品工作的食品生产人员普遍未进行健康检查，未取得健康证明即上岗工作	1.申请人应建立从业人员健康管理制度。 2.食品加工人员每年应进行健康检查，上岗前应接受卫生培训并考核合格。企业有机会直接接触食品加工的人员均应取得健康证明。 3.患有有碍食品安全疾病的或有明显皮肤损伤的人员不应从事影响食品安全的工作
			制度内容略有缺陷，或者个别人员未能提供健康证明	1		
			无制度，或者人员健康管理严重不足	0		

五、管理制度(共27分)

序号	核查项目	核查内容	评分标准		核查得分	核查要求
5.1	采购管理及进货查验记录制度	1.应当建立并执行采购管理制度,规定食品原料、食品添加剂、食品相关产品验收标准。采购时,应当查验供货者的许可证和产品合格证明;对无法提供合格证明的食品原料,应当按照食品安全标准及产品执行标准进行检验。 2.应当建立并执行进货查验记录制度,记录采购的原辅料名称、规格、数量、生产日期或者生产批号、保质期、进货日期以及供货者名称、地址、联系方式等信息,保存相关记录和凭证	符合规定要求	3	1.现场核查情况全部符合核查内容规定要求的,得3分。 2.制度内容略有不足的,得1分。例如,制度规定得不详细;个别原辅料进货未查验许可证和相关批次产品合格证明,相关记录表格的项目、内容不太全面,未记录某批次原辅料的进货记录等。 3.无制度,或者制度内容严重不足的,得0分。例如,未制定原辅料验收标准或进货查验记录制度,未查验供货者的许可证和相关批次产品合格证明,未设计或使用进货查验记录表格,记录表格设计的项目、内容严重不符合《中华人民共和国食品安全法》第五十条的要求等	1.应核查供方资质,与供方签订的协议应明确双方的质量安全责任,且应对供方进行定期审核评估。 2.申请人应建立进货查验记录制度,制度内容应符合要求。 3.参照企业配方表查看企业原辅料进货验证相关记录。 4.申请人应如实记录食品原料、食品添加剂、食品相关产品的名称、规格、数量、生产日期或生产批号、保质期、进货日期以及供货者名称、地址、联系方式等内容,并保存相关凭证。 5.所有原料均应来自符合国家相关标准要求的水域。已死亡的黄鳝、鳌虾、河蟹、贝类不应作为原料进行生产加工。自身带有生物毒素的水产制品原料应进行毒素检测,并按相关规定进行验收和处理,确保原料的安全性
			制度内容略有不足	1		
			无制度,或者制度内容严重不足	0		

续表

序号	核查项目	核查内容	评分标准		核查得分	核查要求
5.2	生产过程控制制度	应当建立生产过程控制制度，制定所需的操作规程或作业指导书，明确原料（如领料、投料、余料管理等）、生产关键控制环节（如生产工序、设备、贮存、包装等）控制的相关要求，防止交叉污染，并记录产品的加工过程（包括工艺参数、环境监测等）	符合规定要求	3	1.现场核查情况全部符合核查内容规定要求的，得3分。 2.个别制度内容略有不足的，得1分。例如，个别制度的内容规定得不全面或者个别控制环节与实际生产过程控制略有不符。 3.无制度，或者制度内容严重不足的，得0分。例如，缺少上述任一控制环节的管理制度，制度内容与申请人的实际生产过程控制制度严重不符	1.核查原料控制情况。 2.核查生产关键环节控制记录，评价关键点控制制度落实情况。 3.生产过程控制要求如下： （1）原料预处理、冷冻、蒸煮、干制、熏制、盐渍等加工过程应按照各自加工工艺和产品特点进行相对隔离，防止人流、物流和气流交叉污染。应避免废水、废弃物对原料及产品造成污染。 （2）应严格控制水产制品原料的解冻时间和温度。 （3）干制水产品应严格控制干燥时间、干燥温度、环境湿度，以确保干制水产品的水分活度在安全范围内
			个别制度内容略有不足	1		
			无制度，或者制度内容严重不足	0		

续表

序号	核查项目	核查内容	评分标准		核查得分	核查要求
5.3	检验管理及出厂检验记录制度	1.应当建立并执行检验管理制度，规定原料检验、过程检验、产品出厂检验以及产品留样的方式及要求，综合考虑产品特性、工艺特点、原料控制等因素明确制定出厂检验项目，保存相关检验和留样记录。 2.应当建立并执行产品出厂检验记录制度，规定产品出厂时，应当查验出厂食品的检验合格证和安全状况，记录食品的名称、规格、数量、生产日期或者生产批号、保质期、检验合格证号、销售日期以及购货者名称、地址、联系方式等信息，保存相关记录和凭证	符合规定要求	3	1.现场核查情况全部符合核查内容规定要求的，得3分。 2.制度内容略有不足的，得1分。例如，制度规定得不详细，相关记录表格的项目、内容不太全面，个别产品出厂检验记录内容不齐全等。 3.无制度，或者制度内容严重不足的，得0分。例如，未设计或使用出厂检验记录表格，记录表格设计的项目、内容严重不符合《中华人民共和国食品安全法》第五十一条的要求，未执行出厂检验记录制度等	1.核查检验控制情况。企业应制定检验管理制度，包括对原辅料、半成品和出厂检验的管理规定。企业应根据产品类别、工艺特点确定检验项目和检验频次。应特别关注企业自行界定生产批次的合理性。 2.申请人应建立出厂检验记录制度，制度内容应符合要求。 3.申请人应配备相关表格，表格内容应合理，记录信息应齐全，且可追溯，记录保存应符合要求。 4.出厂检验为委托检验的，需现场查验并评价出厂委托检验合同。出厂检验项目包含执行标准所规定的出厂检验项目。 5.若采用快速检验方法，应定期与国家标准规定的检验方法比对或验证。非标检验结果不合格时，应使用国标规定的检验方法进行确认。 6.根据企业的出厂检验报告，应查阅相关检验原始记录。 7.应关注企业实验室产品留样的记录情况
			制度内容略有不足	1		
			无制度，或者制度内容严重不足	0		

续表

序号	核查项目	核查内容	评分标准		核查得分	核查要求
5.4	运输和交付管理制度	应当建立并执行运输和交付管理制度，规定根据产品特点、贮存要求、运输条件选择适宜的运输方式，并做好交付记录。委托运输的，应当对受托方的食品安全保障能力进行审核	符合规定要求	3	1.制定了该制度，并有相关记录的，得3分。 2.制度内容略有不足的，得1分。例如：制度的内容规定得不全面或者个别要求不符合产品贮存、运输控制要求；委托运输的，对受托方的食品安全保障能力未进行审核。 3.无制度，或者制度内容严重不足的，得0分。例如，缺少上述管理制度，制度内容与申请人的实际产品的贮存、运输要求严重不符	1.核查运输控制情况。若企业存在冷链运输，应记录冷链运输情况。企业无冷链运输工具的，应提供运输协议，且协议内容应合理，应对受托方的食品安全保障能力进行审核。 2.核查交付控制情况。查看企业的交付记录
			制度内容或执行略有不足	1		
			制度内容或执行严重不足	0		

续表

序号	核查项目	核查内容	评分标准		核查得分	核查要求
5.5	食品安全追溯管理体系	应当建立并执行食品安全追溯管理体系，记录并保存法律、法规及标准等规定的信息，保证产品可追溯	符合规定要求	3	1.制定了追溯管理相关体系，并能提供相关批次产品运行记录的，得3分。 2.管理体系运行略有不足，记录内容略有缺陷的，得1分。例如，企业实际的生产控制过程未完全按体系要求运行，有关记录缺少个别项目等。 3.未建立体系，或者未按体系要求运行，相关运行记录无法提供的，得0分	1.核查追溯管理体系建立情况。 2.核查追溯管理体系运行记录
			管理体系或执行略有不足	1		
			管理体系或执行严重不足	0		

续表

序号	核查项目	核查内容	评分标准		核查得分	核查要求
5.6	食品安全自查制度	应当建立食品安全自查制度，并规定对食品安全状况定期进行检查评价，并根据评价结果采取相应的处理措施	符合规定要求	3	1.现场核查情况全部符合核查内容规定要求的，得3分。 2.制度内容略有不足的，得1分。例如，制度内容规定得不全面，自查期限规定的间隔过长等。 3.无制度，或者制度内容严重不足的，得0分。例如，未定期开展自查，或对自查发现的问题未及时按照规定处置等	1.申请人应制定食品安全自查制度，制度内容应符合要求。 2.申请人应定期开展食品安全自查评价，并根据自查评价结果采取相应的处理措施。 3.自查应参照《食品生产经营日常监督管理办法》相关规定执行，新建企业应有自查制度、检查表格。自查频次每年应至少一次
			制度内容略有不足	1		
			无制度，或者制度内容严重不足	0		

续表

序号	核查项目	核查内容	评分标准		核查得分	核查要求
5.7	不合格品管理及不安全食品召回制度	1.应当建立并执行不合格品管理制度，规定原料、半成品、成品及食品相关产品中不合格品的管理要求和处置措施。 2.应当建立并执行不安全食品召回制度，并规定停止生产、通知相关生产经营者和消费者召回和处置不安全食品的相关要求，记录召回和通知情况	符合规定要求	3	1.现场核查情况全部符合核查内容规定要求的，得3分。 2.制度内容略有不足的，得1分。例如，制度的内容不够全面，相关记录表格设计的项目、内容略有缺陷。 3.无制度，或者制度内容严重不足，管理要求和处置措施严重不足的，得0分。例如，无相关记录表格，记录表格设计的项目、内容存在严重缺陷，发现不安全食品未按规定实施召回，不合格品管理规定违反法律法规要求，未对不合格品进行标识、隔离以及违规处置等	1.申请人应建立不安全食品管理制度，且应规定生产过程中发现的原辅料、半成品、成品中不合格品以及回收食品、过期食品的管理要求和处置措施。应按照规定对不合格品进行标识、隔离，以防止错用、误用。 2.应有对不合格品的返工、纠正或采取纠正措施的制度、程序文件，防止或减少不合格品的再次发生。应对不合格品进行统计分析，做好不合格处理记录。 3.申请人应建立不安全食品召回制度，且应规定食品召回计划、召回公告的必备内容。应规定将不安全食品召回和处理情况向相关监管部门报告的要求，且要查看实施召回的记录
			制度内容略有不足	1		
			无制度，或者制度内容严重不足	0		

续表

序号	核查项目	核查内容	评分标准		核查得分	核查要求
5.8	食品安全事故处置方案	应当建立食品安全事故处置方案，并规定食品安全事故处置措施及向相关食品安全监管部门和卫生行政部门报告的要求	符合规定要求	3	1.现场核查情况全部符合核查内容规定要求的，得3分。 2.方案内容略有不足的，得1分。例如，食品安全事故处置方案的内容不太全面，可操作性相对较差。 3.无方案，或者方案内容严重不足的，得0分。例如，食品安全事故处置方案的内容违反法律法规的规定；未定期检查各项食品安全防范措施的落实情况，发生食品安全事故未按规定处置等	1.申请人应建立食品安全事故处置方案。 2.申请人建立的食品安全处置方案应全面
			方案内容略有不足	1		
			无方案，或者方案内容严重不足	0		

续表

序号	核查项目	核查内容	评分标准		核查得分	核查要求
5.9	其他	应当按照相关法律法规、食品安全标准以及审查细则规定，建立其他保障食品安全的管理制度	符合规定要求	3	1.现场核查情况全部符合核查内容规定要求的，得3分。 2.个别制度内容略有不足的，得1分。例如，个别制度的内容规定得不全面或者制度内容与实际情况略有不符。 3.无制度，或者制度内容严重不足的，得0分。例如，缺少必要的管理制度，制度内容违反法律法规或者与申请人的实际情况不符	1.应建立真实完整的生产销售记录并保存相关凭证。 2.应建立文件管理制度，有文件编制、更改、审批、发放、回收规定，保证在使用时有适用文件的有效版本。 3.应建立记录管理制度，规定各类记录的标识、维护、保存期限和处置要求。 4.企业应制定废弃物的存放和处置制度。废弃的原辅料包装物及加工过程中分拣出的寄生虫、贝壳、海胆壳、虾肠线、海参石灰质嘴等废弃物应及时有效处理，防止对水产制品、水产制品接触面、供水及地面造成污染
			个别制度内容略有不足	1		
			无制度，或者制度内容严重不足	0		

六、试制产品检验合格报告(共 1 分)

序号	核查项目	核查内容	评分标准		核查得分	核查要求
6.1	试制产品检验合格报告	应当提交符合产品执行的食品安全标准、产品标准、审查细则和国务院卫生行政部门相关公告的试制食品检验合格报告	符合规定要求	1	1.产品检验合格报告中的非食品安全标准规定的检验项目不全的，得 0.5 分。 2.无检验合格报告，或者食品安全标准规定的检验项目不全的，得 0 分	1.试制产品检验合格报告的种类、检验项目及检验结论应符合规定要求。 2.报告的提供原则：按照产品执行标准、产品工艺特性和审查细则规定提供相应检验报告，即按照企业申报产品执行标准分别提供检验报告；执行同一标准但工艺存在明显差别的，应分别提供报告；应描述试制产品检验报告出具单位、报告编号、出具日期、产品名称、生产日期、检验结论等信息。 3.检验报告可以全项自检、自检加委托、全项委托等方式出具。自检加委托应为同一批次产品。 4.产品检验报告由企业全项自检的，应分析评价企业自检能力，其相应的检验设备应在申请材料中予以申报。 5.同一产品检验报告不允许企业委托两家及以上单位共同完成，但允许检验机构分包。 6.检验报告检验项目包括：①标准中直接明确规定的检验项目；②审查细则中列明的项目；③食品安全国家标准中规定的项目。 7.延续换证企业生产条件未发生变化、未增加新产品的，无须提供报告但应提供生产条件未发生变化的声明
			非食品安全标准规定的检验项目不全	0.5		
			无检验合格报告，或者食品安全标准规定的检验项目不全	0		